इतिहास और आलोचना

इतिहास और आलोचना

नामवर सिंह

राजकमल प्रकाशन

ISBN : 978-81-267-0510-8

मूल्य : ₹795

पहला संस्करण : 1957
बारहवाँ संस्करण : 2024
This book is printed on Print on Demand Technology : 2025

प्रकाशक : राजकमल प्रकाशन प्रा. लि.
1-बी, नेताजी सुभाष मार्ग, दरियागंज
नई दिल्ली-110 002
शाखाएँ : अशोक राजपथ, साइंस कॉलेज के सामने, पटना-800 006
पहली मंजिल, दरबारी बिल्डिंग, महात्मा गांधी मार्ग, प्रयागराज-211 001
1, अनमोल सोराबजी संतुक लेन, धोबी तलाव, मरीन लाइंस, मुम्बई-400 002
वेबसाइट : www.rajkamalprakashan.com
ई-मेल : info@rajkamalprakashan.com

ITIHAS AUR AALOCHANA
by Namwar Singh

क्रम

विज्ञप्ति

'इतिहास और आलोचना' वर्षों तक अप्राप्त रहने के बाद अब मित्रों के आग्रह पर पुनः उपलब्ध करायी जा रही है। इधर युवा प्रगतिशील लेखकों ने इस पुस्तक में विशेष दिलचस्पी दिखलायी है और कुछ लोगों ने तो यहाँ तक कहा है कि मेरे परवर्ती विचारों की अपेक्षा 'इतिहास और आलोचना' में कहीं अधिक प्रामाणिकता के साथ मार्क्सवादी साहित्य-दृष्टि की अभिव्यक्ति हुई है। इस अतिरिक्त उत्साह के बारे में अपनी ओर से मैं कुछ भी कहना आवश्यक नहीं समझता—सिवा इसके कि यह पुस्तक छठे दशक के वैचारिक संघर्ष का एक विवादमूलक दस्तावेज है। इस वैचारिक संघर्ष में प्रगतिविरोधी विचारों का 'जवाब देने में इन निबन्धों ने भी एक भूमिका अदा की थी। प्रकृति से विवाद-मूलक होने के कारण कुछ स्थलों पर अतिसरलीकरण और अतिरिक्त आग्रह भी मिल सकता है। परन्तु वे विचार अब इतिहास के तथ्य बन चुके हैं इसलिए उनकी सीमाओं को पहचानते हुए भी आज मैं उनमें संशोधन करना उचित नहीं समझता।

अन्तिम दो निबन्धों को छोड़कर जो 1961 ई. में लिखे गये, शेष सभी निबन्ध 1952-56 ई. के बीच लिखे गये थे। इस संस्करण में एक और निबन्ध 'हिन्दी साहित्य के इतिहास पर पुनर्विचार' जोड़ दिया गया है क्योंकि विषय-वस्तु और चिन्तन प्रक्रिया की दृष्टियों से यह निबन्ध प्रस्तुत संकलन का ही स्वाभाविक अंग है। प्रसंगवश यह निबन्ध भी उस दशक के एक अन्य वैचारिक संघर्ष का निमित्त बन गया था। हिन्दी के प्राध्यापकों की संस्था 'भारतीय हिन्दी परिषद' के कलकत्ता अधिवेशन (1961) में 'हिन्दी साहित्य के इतिहास पर पुनर्विचार' विषयक विचारगोष्ठी में विषय-प्रवर्तन के लिए पठित इस निबन्ध के कारण एक वरिष्ठ प्राध्यापक के शब्दों में उस समय बड़ी मुश्किल से एक "वैचारिक रक्तपात" होते-होते बचा।

बहरहाल, समय-समय पर लिखे जाते हुए भी वस्तुतः ये निबन्ध एक योजना के अन्तर्गत लिखे गये हैं, जिसे विज्ञ पाठक सहज ही देख सकते हैं। जहाँ-जहाँ ये निबन्ध पहली बार प्रकाशित हुए हैं उनके प्रति लेखक अपनी हार्दिक कृतज्ञता ज्ञापित करता है।

नामवर सिंह

जवाहर लाल नेहरू विश्वविद्यालय
नयी दिल्ली
1 मई, 1978

व्यापकता और गहराई

अक्सर देखते हैं कि पानी के सोते की तरह लेखक भी साफ होता है तो उथला कहा जाता है और गेंदला होता है तो गहरा। इसका ताजा नमूना यह है कि 'आलोचना' के सम्पादक अपने को गहरा बता रहे हैं और प्रेमचन्द को सतही। प्रेमचन्द का दोष यह है कि उन्होंने समस्याओं का 'सरल समाधान' दिया है परन्तु इसी 'सरल समाधान' पर गहरे समझे जानेवाले उपन्यासकार जैनेन्द्र कुमार मुग्ध हैं। 'ग़बन' की आलोचना करते हुए 'प्रेमचन्द की कला' शीर्षक निबन्ध में वे कहते हैं—"बात को ऐसा सुलझाकर कहने की आदत मैं नहीं जानता, मैंने औरं कहीं देखी है। बड़ी-से-बड़ी बात को बहुत उलझन के अवसर पर ऐसे सुलझाकर थोड़े से शब्दों में भरकर, कुछ इस तरह कह जाते हैं, जैसे यह गूढ़, गहरी, अप्रत्यक्ष बात उनके लिए नित्य प्रति घरेलू व्यवहार की जानी-पहचानी चीज हो।...उनकी कलम सब जगह पहुँचती है; लेकिन अँधेरे से अँधेरे में भी वह कभी धोखा नहीं देती। वह वहाँ भी सरलता से अपना मार्ग बनाती चली जाती है। स्पष्टता के मैदान में प्रेमचन्द अविजेय हैं। उनकी बात निर्णीत, खुली, निश्चित होती है।"

आलोच-सम्पादक जिस समाधान को 'सरल' कहते हैं वह जैनेन्द्र कुमार के अनुसार 'बड़ी से बड़ी बात को बहुत उलझन के अवसर पर सुलझाना' है। वह 'सरल' इसलिए मालूम होता है कि स्पष्ट है, निर्णांत है, खुला है और निश्चित है। ऐसी सरलता तक पहुँचने में कितनी कठिनाइयों को पार करना पड़ता है, इसे जो नहीं जानते उनके लिए यह 'शॉर्टकट' है। जंगल में भटकने-वालों की यह पुरानी शिकायत है। कदम-कदम पर संघर्ष करते हुए जिस 'होरी' ने जिन्दगी का लम्बा रास्ता तय किया, उसने तो अपनाया 'शॉर्टकट' और जिसने बैठे-बिठाये आसमान में 'सूरज का सातवाँ घोड़ा दौड़ाया उसका रास्ता हुआ लम्बा! क्यों न हों? आसमान से धरती तक की लम्बी दूरी, सपनों का भारी बोझ और टाँगें बेकार! नौ दिन चले अढ़ाई कोस!

'शॉर्टकट' की शिकायत केवल सातवें घोड़े के सवार को ही हो, ऐसी बात

नहीं है। शिकायत करनेवाले और भी हैं। इनका विरोध 'सीधी रेखा' से है। 'सीधी रेखा' से उनका मतलब है सोद्देश्यता। साहित्य में जहाँ सोद्देश्यता होती है, उसे वे समाज की 'सीधी छाया' या सत्य की 'सीधी रेखा' कहते हैं। यह 'सीधी रेखा' वही 'शॉर्टकट' है, जिसका निषेध करके 'वर्तुल अथवा वक्ररेखा' पर चलने की सलाह दी जाती है। 'चलइ जोंक जल वक्र गति जद्यपि सलिल समान।'

मतलब यह कि सोद्देश्यता 'शॉर्टकट' है, इसलिए सतही साहित्य-रचना से बचने के लिए लम्बे अर्थात् अनन्त रास्ते पर निरुद्देश्य यात्रा करनी चाहिए! लेकिन ये निरुद्देश्य पथिक इतने सरल नहीं हैं कि अपने को स्पष्ट शब्दों में निरुद्देश्य कह दें। इनका भी उद्देश्य है और वह उद्देश्य है अन्वेषण—आत्मान्वेषण। यह आत्मान्वेषण वैसा ही है जैसे बच्चे कभी-कभी अपनी ही आँखें मूंदकर माँ से पूछते हैं कि बताओ मैं कहाँ हूँ। फर्क इतना ही है कि ये बच्चे नहीं हैं। इस प्रकार निरुद्देश्यता को ही इन्होंने अपना उद्देश्य बना लिया है और भरसक इसी का प्रचार करते रहते हैं।

निरुद्देश्यता के कार्यक्रम का पहला सूत्र यह है कि साहित्य का सम्बन्ध समाज से काट दिया जाये क्योंकि समाज के साथ बँधे रहने पर कुछ-न-कुछ सामाजिक कर्तव्य का बन्धन रहेगा ही। फलतः 'वक्र रेखा' के अन्वेषक ने स्थापित किया कि "जिन कारणों से साहित्यिक प्रतिच्छाया में विकृति उत्पन्न होती हैं, उनके पीछे साहित्य और सौन्दर्य के अपने नियम हैं जो सामाजिक आवश्यकता के बावजूद काम करते हैं। इन नियमों की क्रियाशीलता के कारण ही साहित्य ऊँची उड़ानें भरता है और उसमें सार्वभौमिकता एवं श्रेष्ठता उत्पन्न होती है।" (आलोचना 9, पृ. 147)

साहित्य को श्रेष्ठ और सार्वभौम बनानेवाले वे 'अपने' नियम कौन से हैं, इसे बताने की क्या जरूरत? यह तो सभी जानते हैं। बताने की बात तो वह जो सबको न मालूम हो। इसीलिए लोगों का भ्रम दूर करने के लिए जोर देकर कहा गया कि साहित्य के सौन्दर्य का कारण समाज नहीं है। इस विषय में फिर कोई भ्रम न रह जाये, इसलिए आगे यह भी कह दिया है कि आलोचना के सामने असली सवाल सामाजिक यथार्थ का नहीं है, बल्कि उस यथार्थ की विकृतियों के अध्ययन का है।

इतना कहने के बाद भ्रम के लिए कहाँ गुंजाइश है! बेशक 'आलोचना' 'यथार्थ की विकृतियों' का ही अध्ययन प्रस्तुत कर रही है। और ऐसे अध्ययन के लिए सामाजिक यथार्थ से जितना ही दूर रहा जाये उतना ही अच्छा है! साहित्य-सौन्दर्य के 'अपने' नियम समाज से दूर रहकर ही गढ़े जा सकते हैं और वे गढ़े हुए नियम कैसे होते हैं उसका प्रत्यक्ष उदाहरण उपर्युक्त उद्धरण है।

आश्चर्य की बात नहीं है। यह वक्र रेखा' लेखक को इसी तरह अपने समाज से दूर ले जाती है और इसके बाद तो वह 'सार्वभौम' हो जाता है; अपने देश काल से

जड़ कट जाने पर वह स्वभावतः सारी दुनिया का हो जाता है। ऊँचाई पर पहुँचकर वह व्यापक दृष्टिकोण से सभी देशों के लिए समान भाव से साहित्य रचने लगता है। इस 'सार्वभौमिकता' की झलक इन लेखकों के उपन्यासों के सार्वभौम चरित्रों और विविध भाषाओं के उद्धरणों में मिल सकतीं है। पतनोन्मुख पश्चिमी लेखकों के विचारों से अपनी सम्पादकीय टिप्पणियों को अलंकृत करके 'आलोचना' में इसी सार्वभौमिकता का ऊँचा आदर्श उपस्थित किया जाता है। इस सार्वभौमिकता का आदर्श यह है कि साहित्य में समाज की छाया को किस प्रकार अधिक-से-अधिक बिगाड़कर प्रस्तुत किया जाये। साहित्यिक छाया में जितना ही बिगाड़ होगा, रचना में उतनी ही गहराई होगी! इस प्रकार वक्र रेखा से चलकर सार्वभौमिकता तक और सार्वभौमिकता से चलकर 'गहराई' तक की यात्रा पूरी होती है।

गहराई सार्वभौमिकता का ही दूसरा 'आयाम' है जो 'आलोचना' के सम्पादकों का तकिया कलाम बन गया है। कभी ऊँचाई की ओर तो कभी गहराई की ओर! दोनों आयामों के इस व्यायाम में यदि कोई चीज नहीं आने पाती तो वह है सतह! शायद ऊभ चूभ करनेवालों के लिए सतहवाले आयाम का अस्तित्व नहीं होता। विचारों की गहराई का नमूना है व्यक्ति स्वातन्त्र्य का घोषणा-पत्र, तो अनुभूतियों की गहराई के नमूने दर्जनों व्यक्तिवादी कविताएँ और उपन्यास। इस प्रकार हम देखते हैं कि सतह के खिलाफ गहराई की आवाज उठानेवाले दरअसल समाज के खिलाफ व्यक्ति स्वातन्त्र्य की ही बात कहते हैं। यही उनकी गहराई भी है और सतह भी। और जिस तरह उनकी गहराई और सतह में कोई विरोध नहीं है, उसी तरह सभी लेखकों की गहराई और सतह में अविरोध है।

लेकिन जिन लोगों का दिल उनसे अलग जा पड़ा है और दिमाग के छिलके उतर गये हैं, उनके लिए एक-दूसरे से जुड़ी हुई चीजें भी अलग-अलग और विरोधी दिखायी पड़ती हैं। जहाँ उन्हें व्यापकता दिखायी पड़ती है, वहाँ गहराई नहीं मिलती; और गहराई मिलती है तो व्यापकता नहीं मिलती। प्रेमचन्द में व्यापकता है तो गहराई नहीं है; जैनेन्द्र में गहराई है तो व्यापकता नहीं है। इसी तरह तुलसीदास में व्यापकता है तो गहराई गायब है और सूरदास में गहराई है तो व्यापकता नदारद। व्यापकता और गहराई के विरोध में कुछ लोग : तो 'अपने आप में' दोनों को महान कहकर जान छुड़ाते हैं। लेकिन जिन्होंने आलोचना के मूल्य-मान-मर्यादा का दायित्व लिया है वे व्यापकता के ऊपर गहराई को तरजीह देते हैं। इस कसौटी पर सूर श्रेष्ठ हो जाते हैं तुलसी से और शरच्चन्द्र श्रेष्ठ हो जाते हैं प्रेमचन्द से (क्योंकि जैनेन्द्र या अज्ञेय को खुलकर प्रेमचन्द से श्रेष्ठ कहने का साहस अभी लोगों में नहीं आया है!)

देखना यह है कि किसी लेखक में व्यापकता के होते हुए भी जब हम गहराई

की कमी पाते हैं तो वस्तुतः वह गहराई की कमी व्यापकता की ही कमी तो नहीं है? इसी तरह यदि कोई लेखक संकीर्ण होते हुए भी गहरा मालूम हो तो विचारने की जरूरत है कि कहीं उनकी उस गहराई में ही तो कमी नहीं है?

सबका कहना हैं कि जैनेन्द्र और अज्ञेय प्रेमचन्द की अपेक्षा बहुत कम व्यापक जीवन का केनवस लेते हैं; फिर भी कुछ लोगों को उनमें प्रेमचन्द से अधिक गहराई मिलती है। यह गहराई क्या है? कहते हैं यह अनुभूति की गहराई है। अनुभूति किसकी? दर्द की। दर्द किसका? प्रेम का। 'पेन ऑफ लविंग' और 'पेनफुल ट्रुथ'। प्रेम का दर्द और दर्द की अनुभूति, क्योंकि कोई भी अनुभूति दर्द से रहित नहीं होती। प्रेमानुभूति का यही दर्द शेखर और भुवन को है तथा शशि और रेखा को है—शशि और रेखा को शायद अधिक दर्द की परिसमाप्ति है मृत्यु या निराशा। यह अनुभूति हमारे जीवन को कितनी गहराई तक जाकर आन्दोलित करती है? यह दर्द हमें दबोचता है, अवसन्न करता है, निष्क्रिय बनाता है या हमें अपने सम्पूर्ण जीवन पर फिर से विचार करके नये सिरे से जीने के लिए प्रेरित करता है।

इस प्रकार इस अनुभूति की गहराई की परीक्षा करते हुए हम अनिवार्य रूप से इसकी व्याप्ति में जा पड़ेंगे। किसी को गहराई तक प्रभावित करने का अर्थ है उसके सम्पूर्ण अस्तित्व, व्यक्तित्व और भाव-सत्ता को प्रभावित करना और बहुत देर तक प्रभावित किये रहना। अनुभूति की गहराई का निर्णय एक व्यक्ति और एक क्षण से नहीं किया जा सकता है। गहराई का निर्णय दिक् और काल-सापेक्ष है। इस तरह अनुभूति की गहराई पर विचार करते समय हमें साधारणी-करण के प्रश्न का सामना करना पड़ेगा। तब सवाल उठेगा कि उस विशेष चरित्र तथा अनुभूति में अधिक-से-अधिक लोगों और युगों तक पहुँचने की क्षमता है या नहीं? अनुभूति की गहराई को इस तरह तीव्रता के साथ सामान्यता का निर्वाह करना होगा। अनुभूति की शक्ति केवल तीव्रता में नहीं, बल्कि स्थायित्व में होती है और स्थायित्व का आधार वस्तुतः व्यापक मानवीयता ही है। जब किसी अनुभूति को हम गहरी कहते हैं तो उसे मानवीय कहते हैं। और मानवीयता से व्यापकता खारिज नहीं है। मतलब यह कि मानवीयता की व्यापक भूमि पर ही कोई अनुभूति गहरी हो सकती है।

इस दृष्टि से देखने पर तथाकथित गहरी अनुभूतिवाले सुनीता, त्यागपत्र, शेखर, नदी के दीप जैसे उपन्यासों की गहराई की सीमाएँ प्रकट होने लगती हैं। व्यापकता की कमी से उनमें गहराई की भी कमी आ गयी। उनमें व्यापकता की कमी इस बात में नहीं है कि राजनीतिक, सामाजिक या आर्थिक जीवन के चित्रण की उपेक्षा का गयी है। केवल नारी-पुरुष के प्रणय पर लिखने से ही कोई उपन्यास संकुचित नहीं हो जाता; संकुचित वह तब होता है जब प्रणय को सम्पूर्ण जीवन से काटकर चित्रित

किया जाता है; और वे उपन्यास इसी अर्थ में संकुचित हैं। समस्या चाहे जितनी छोटी हो परन्तु व्यापक रूप से उपस्थित की जाने पर बड़ी हो जाती है। किसी उपन्यास की व्यापकता इस बात में है कि वह जीवन की छोटी-से-छोटी समस्या को कितने बड़े परिवेश में और किस स्तर पर उपस्थित करता है।

व्यापक परिवेश में और ऊँचे स्तर पर किसी समस्या को रखने का कार्य वही लेखक कर सकता है जिसका सम्बन्ध अधिक-से-अधिक व्यापक सामाजिक परिवेश से हो और इस सम्बन्ध के विषय में जिसकी समझ का स्तर भी काफी ऊँचा हो। बड़ी मोटी बात है कि अपने बारे में ठीक से जानने के लिए अपने से सम्बन्धित दूसरे लोगों के बारे में भी जानना जरूरी है। लेकिन जो लेखक अपने को उस ग्रन्थि की तरह समझता है जिसके सभी सूत्र खो गये हैं, वह इन सम्बन्ध-सूत्रों को न तो जान सकता है और न पा सकता है। 'जीवन की बढ़ती हुई जटिलता के परिणामस्वरूप' जिनकी 'व्यापकता का घेरा क्रमशः अधिकाधिक सीमित होना चाहता है' उनकी हीनता-ग्रन्थि ने अपनी संकीर्णता को ही गहराई का गौरव दे डाला हैं।

वैज्ञानिक आविष्कारों के कारण जीवन की जटिलता बढ़ रही है तो इसका मतलब है कि हमारे सामाजिक सम्बन्धों के सूत्र और भी व्यापक और घने हो रहे हैं। जरूरत इससे घबड़ाने की नहीं, बल्कि इसे समझने की है। इन जटिल सम्बन्ध-सूत्रों को समझने और सुलझाने से ही हमारे व्यक्तित्व में समृद्धि आ सकती है और फिर ऐसे ही व्यक्तित्व की अभिव्यक्ति साहित्य में श्रेष्ठता ला सकती है। मतलब यह है कि किसी अनुभूति की गहराई व्यापक परिवेश पर निर्भर है।

तोल्स्तोय के 'पियरे' की नितान्त निजी चिन्ताओं में अनुभूति की इतनी गहराई इसलिए है कि उसके पीछे सारे रूस की राष्ट्रीय स्वाधीनता का संघर्ष है। अन्ना का अन्तर्द्वन्द्व इसीलिए इतना मार्मिक है कि उसके पीछे रूस के कुलीन घरानों के व्यापक नैतिक ह्रास की छाया है। प्रेम के साथ यहाँ सम्पूर्ण सामाजिक जीवन लिपटा चला आया है। इस तरह सम्बन्ध-सूत्र जोडने के लिए लेखक को व्यक्ति-व्यक्ति और क्षण-क्षण की अनुभूतियों का सम्बन्ध मिलाना पड़ता है। लेकिन गहराई का दम भरने वाले लेखक अलग-अलग क्षणों में जीते हैं। उनका हर क्षण अपने में पूर्ण और एक-दूसरे से अलग है। इसलिए वे क्षण-सुख और क्षण की अनुभूति का चित्रण करते हैं। क्षण की अनुभूति अर्थात् इन्द्रिय-बोध और क्षण सुख अर्थात् इन्द्रिय सुख। निःसन्देह इन ऐन्द्रिय बोधों के चित्रण में अत्यन्त तीव्रता होती है और इसीलिए कुछ पाठक इन्हीं को अनुभूति की गहराई मान बैठते हैं। शशि की सप्तपर्णी छाँह में सोते की तरह सोनेवाले शेखर के ऐन्द्रिय बोध, तुलियन में रेखा के हिम-पिण्डों पर जमते और पिघलते भुवन का ऐन्द्रिय सुख और सुनीता द्वारा सम्पूर्ण इन्द्रियों को खुली दावत

प्रायः अनुभूति की गहराई के रूप में स्मरण किये जाते हैं। कुछ आलोचकों ने इन स्थलों को अश्लील बताकर इनकी निन्दा भी की है। लेकिन जो साहित्य के मूल्यांकन का नैतिक मानदण्ड स्वीकार ही नहीं करते उनकी 'गहराई' तो इस अश्लीलता से खण्डित नहीं होती। इसलिए इनसे अनुभूति के उसी अखाड़े में मिलना होगा।

उन ऐन्द्रिय वर्णनों की दुर्बलता इस बात में है कि वे अनुभूति के प्रथम चरण तक ही रुक गये हैं। ऐन्द्रिय बोध अनुभूति की केवल पहली अवस्था है; इसके बाद उनकी मानसिक प्रतिक्रिया भावानुभूति की सृष्टि करती है जो अन्त में चिन्तन के आलोक से आलोकित हो उठती है। परन्तु ऐन्द्रिय बोध को भाव और चिन्तन की अवस्थाओं तक ले जाने के लिए क्षणों के प्रवाह से गुजरना होता है। और क्षणजीवी लेखक ऐन्द्रिय सुख के क्षण से आगे बढ़ते ही नहीं और बढ़ते भी हैं तो मन ही मन उसी क्षण को जीते रहते हैं। इसी तरह काल-प्रवाह में बहने से इनकार करके ये लेखक अपनी अनुभूति का सहज आवेग और विकास क्रम भी खत्म कर देते हैं। बंधे हुए क्षणों की बँधी हुई उन अनुभूतियों में इसलिए स्वास्थ्य और उल्लास का अभाव मिलता है। चिन्तन की प्रौढ़ता और भाव की तरलता में व्यक्त हुए सशक्त ऐन्द्रिय बोधों का वर्णन देखना हो तो गेटे का 'फाउस्ट' और तोल्स्तोय का 'युद्ध और शान्ति' अथवा 'अन्ना करेनिना' देखें। भाव और चिन्तन के कारण ऐन्द्रिय बोध में गहराई इसीलिए आती है कि इनमें क्रमशः साधारणीकरण की शक्ति अधिक होती है। विशेष ऐन्द्रिय बोध-भाव और चिन्तन की सामान्यता के सहारे व्यापकता प्राप्त करता है; उपन्यास के किसी विशेष चरित्र के निजी कार्य-कलाप ऐसे ही सामान्य तत्त्वों के सहारे बहुतों की दिलचस्पी के हेतु बन जाते हैं। इस तरह वह चरित्र किसी विचार का प्रतिनिधि बन जाता है। लेखक अपने चरित्र के व्यक्तित्व को भावों और विचारों की जितनी भूमियों पर उद्घाटित करता है, उससे उतनी ही शक्ति आती है।

मतलब यह कि अनुभूति की गहराई हर हालत में अनुभूति की व्यापकता से निर्धारित होती है। व्यापकता का तिरस्कार करके जो लेखक गहराई लाने का दम भरता है, वह दरअसल संकीर्णता के अन्धकूप में पड़ता है। उसकी अनुभूति का अर्थ संकुचित होता है और गहराई उथली होती हैं। 'तुलसीदास की भावुकता' पर विचार करते हुए आचार्य शुक्ल ने काफी पहले लिखा था कि "जो केवल दाम्पत्य रति ही में अपनी भावुकता प्रकट कर सकें या वीरोत्साह का ही चित्रण कर सकें, वें पूर्ण भावुक नहीं कहे जा सकते। पूर्ण भावुक वे ही हैं जो जीवन की प्रत्येक स्थिति के मर्मस्पर्शी अंश का साक्षात्कार कर सकें और उसे श्रोता या पाठक के सम्मुख अपनी शब्द-शक्ति द्वारा प्रत्यक्ष कर सकें।" इसके बाद विस्तार और गहराई का प्रश्न उठाते हुए शुक्लजी फिर कहते हैं कि "गोस्वामीजी की भावात्मक सत्ता का अधिक विस्तार

स्वीकार करते हुए भी यह पूछा जा सकता है कि क्या उनके भावों में पूरी गहराई या तीव्रता भी है? यदि तीव्रता न होती, भावों का पूर्ण उद्रेक उनके वचनों में न होता, तो वे इतने सर्वप्रिय कैसे होते?" इससे गहराई और व्यापकता का सम्बन्ध स्पष्ट होता है।

साहित्यकार की गहराई इस बात में है कि वह सतह को तोड़ता है और इस तरह वह भ्रमों को हटाकर वास्तविकता का सही रूप उद्घाटित करता है। उद्घाटन-कार्य ही साहित्यकार का रचना कार्य है—वास्तविकता का निर्माण वह उद्घाटन से ही करता है; भौतिक कारीगरों की तरह वह सचमुच कोई चीज नहीं बनाता। इसीलिए सार्व लेखक के पेशे को 'गौण कार्य' कहता है। उसके अनुसार, "लेखक वह आदमी है जिसने गौण कार्य करने का एक निश्चित तरीका चुन रखा है जिसे हम उद्घाटन के द्वारा कार्य कह सकते हैं।" भाषा, जो कि लेखक का सबसे बड़ा साधन है, जिह्वा का गौण कार्य ही है।

सवाल यह है कि लेखक क्या उद्घाटित करता है? सबसे पहले वह अपना हृदय उद्घाटित करता है। लेकिन हृदय के माध्यम से क्या उद्घाटित होता है? कुछ साहित्यकार ऐसे हैं जो अपने मन की गाँठें खोलते हैं, मन की एक-एक पर्त खोलकर रख देते हैं। चेतन की सतह के नीचे अवचेतन में पड़ी हुई बहुत-सी बातों को खोलना ही उनके लिए सबसे बड़ा उद्घाटन कार्य है। इस तरह के साहित्यकारों ने अब तक अधिकांशतः सेक्स और अहं सम्बन्धी रहस्य का ही उद्घाटन किया है। साहित्य में गहराई का यह भी एक रूप है।

दूसरी ओर ऐसे भी लेखक हैं जो अपने मन के माध्यम से उस मन के साथ-जुड़े हुए सैकड़ों दूसरे मनों का उद्घाटन करते हैं; इस तरह वे अपने मन के द्वन्द्व का उद्घाटन करते-करते उस युग के पूरे समाज के संघर्ष को खोलकर रख देते हैं। तोल्स्तोय ने 'युद्ध और शान्ति' में पियरे के माध्यम से अपने मन में जीवन और

मृत्यु को लेकर चलनेवाले संघर्ष का उद्घाटन करते-करते सारे रूस के विभिन्न वर्गों में विभिन्न स्तरों पर चलते समस्त संघर्षों को खोलकर रख दिया। जैसाकि सभी लोग जानते हैं, 'संसार की हर एक बात और सब बातों से सम्बद्ध है।' इसलिए यदि एक तथ्य का उद्घाटन किया जाये तो उसके साथ जुड़े हुए सैकड़ों तथ्य उघड़ते चले जायेंगे। जैसाकि अकबर इलाहाबादी ने कहा है :

मैं चाहता हूँ कि बस एक ही ख़याल रहे,
मगर ख़याल से पैदा ख़याल होता है।

कोई लाख कोशिश करे कि मन एक ही खयाल पर टिका रहे, लेकिन मन का स्वभाव है कि वह उस खयाल से जुड़े दूसरे खयालों पर दौड़ जाये। अगर आप

कोई नैतिक समस्या लें तो उसका विश्लेषण करते ही अनेक धार्मिक, सामाजिक, राजनैतिक और आर्थिक समस्याएँ उठ खड़ी होंगी। इस प्रकार साहित्यकार अपने व्यक्ति से शुरू करके अनेक अन्तर्वैयक्तिक सामाजिक सम्बन्धों में चला जाता है और उसके साहित्य में इन सम्बन्धों की जटिलता गहरे से गहरे स्तरों पर व्यक्त होती चली जाती है। साहित्य में गहराई का यह दूसरा रूप है।

सवाल यह है कि गहराई किसमें ज्यादा है? उस रचना में जो केवल एक मन के विभिन्न स्तरों का उद्घाटन करती है अथवा उस रचना में जो एक मन के, अनेक मनों से विभिन्न स्तरों पर मिलनेवाले, सम्बन्धों का चित्रण करती है? फ्लोबेयर का 'मादाम बोवारी' और तोल्सतोय का 'अन्ना करेनिना' दोनों ही महान उपन्यास हैं। दोनों की नायिकाएँ अपने पति को छोड़कर दूसरे पुरुष की ओर आकृष्ट होती हैं। फिर भी अन्ना के चरित्र में जो गहराई है वह मादाम बोवारी में नहीं है। अपने पुत्र शेरेजा के प्रति अन्ना का जो प्रेम है। वह उसे मादाम बोवारी से बहुत ऊँचा उठा देता है। यही नहीं, अपने प्रेमी व्रोस्की में कभी-कभी उसे शेरेजा की झलक मिलने लगती है। इसके अतिरिक्त अन्ना में जो अन्तर्द्वन्द्व है उसका शतांश भी मादाम बोवारी में नहीं है। अन्ना के अन्तर्द्वन्द्व में इतनी गहराई क्यों है? यह अन्तर्द्वन्द्व क्या उसके मन में अपने-आप पैदा होता है? जब भी वह अपने परिचितों, मित्रों अथवा समाज के अन्य लोगों के सम्पर्क में आती है, उसके मन में एक नया तूफान उठ खड़ा होता है। गहराई से विचार करने पर पता चलेगा कि अन्ना के अन्तर्द्वन्द्व की गहराई अन्ना के सामाजिक-अन्तर्वैयक्तिक सम्बन्धों की जटिलता और विविधता से जुड़ी हुई है। इसलिए अन्ना का नैतिक स्तर भी मादाम बोवारी से बहुत ऊँचा है। अन्ना की प्रेम-कहानी और नैतिक समस्या के बीच तोल्स्तोय ने लेविन के कृषि सम्बन्धी कार्यों का टाट-पटोरा बुना है। अप्रासंगिक प्रतीत होती हुई भी ये घटनाएँ अन्ना की भावात्मक गहराई को दूर तक प्रभावित करती हैं। अन्ना की दुखान्त कहानी की पीठिका में लेविन की आत्म-चिन्ता सम्पूर्ण उपन्यास के स्वर को और भी मार्मिक बना देती है। यद्यपि लेविन की मृत्यु भावना का प्रत्यक्ष सम्बन्ध अन्ना की आत्मपीड़ा से कहीं भी नहीं दिखता, लेकिन लगता है कि दोनों के मूल में एक ही सा सामाजिक कारण है। लगता है कि अन्ना की जो व्यथा भावनाओं के रूप में व्यक्त होती है, वही लेविन के यहाँ चिन्तन के स्तर पर उठती है। और 'वेंजिएन्स इज माइन, आइ विल रिपे'---बाइबिल का यह उद्धरण सम्पूर्ण सामाजिक पीड़ा का समवेत स्वर है। मादाम बोवारी की अपेक्षा अन्ना की गहराई का यही वस्तुगत कारण है।

इससे साबित होता है कि व्यापक सम्बन्ध-सूत्रों का उद्घाटन करने से ही भावों में भी गहराई आती है।

दरअसल जिसे हम भावों की गहराई कहते हैं वह भी भावों का ब्यौरा ही है और भावों के ब्यौरे का ही दूसरा नाम सम्बन्ध-सूत्र है। विभिन्न प्रकार की मानसिक प्रतिक्रियाओं से ही एक भाव के अन्तर्गत कई छोटे-छोटे भाव उठते जाते हैं। इन भावों के पुंज से उपन्यास में किसी चरित्र का व्यक्तित्व समृद्ध होता है, किन्तु उस चरित्र के मन में वे भाव अन्य व्यक्तियों और स्थितियों की प्रतिक्रिया से ही उत्पन्न होते हैं।

एक ही भाव पर लिखी हुई दो कविताओं में से उसे हम अधिक गहरी कहते हैं जिसमें उस भाव के अन्तर्गत अनेक छोटी-छोटी अन्तर्दशाओं का चित्रण रहता है। सामान्य विलाप और दुख की कविता में यही अन्तर होता है। निराला की 'सरोज स्मृति' में जो व्यथा की गहराई है वह व्यथा के विभिन्न सम्बन्ध-सूत्रों के कारण है। पुत्री की मृत्यु की दुखद स्मृति के बीच जीवन के अन्य दुखों की भी स्मृतियाँ जागती जाती हैं और उनके साथ-साथ सुख की मधुर स्मृतियाँ भी आती हैं, और इन निजी स्मृति-चित्रों के बीच समाज के व्यापक संघर्ष की भी झलक मिल जाती है। यही वजह है कि 'सरोज स्मृति' अपने क्षेत्र में अद्वितीय कृति है। नये दर्दवादी कवियों के विलाप से निराला के दुख में जो अधिक गहराई है उसका कारण उस दुख की व्यापकता ही है। विरोधाभास तो यह है कि निराला की कविता अत्यधिक वैयक्तिक होते हुए भी इतनी सामाजिक है जबकि आज की बहुत-सी निर्वैयक्तिकतावादी कविताएँ वैयक्तिक सीमा में ही बन्दी रह जाती हैं।

प्रेमचन्द की गहराई का भी यही रहस्य है कि वे चाहे नारी-समस्या लें अथवा किसान समस्या, उसके विविध सूत्रों को वे उकेल के रख देते हैं। 'सेवा-सदन' मुख्यतः एक पराधीन नारी की मुक्ति भावना को लेकर लिखा गया है। सुमन अपने पति के घर में नित्य अपमानित और उपेक्षित होती रहती है और एक दिन अपने पड़ोस में एक वेश्या को सम्मानित होते देखकर स्वयं भी कोठे पर जा बैठती है। वहाँ जाने पर उसे पता चलता है कि इस अवस्था में भी उसका नारीत्व अपमानित होगा। फलतः वह उस कीचड़ से अपना उद्धार करती है। प्रेमचन्द ने नारी की पराधीनता का चित्रण करते समय समाज के उन सभी वर्गों को उभारकर सामने ला दिया है जिनके कारण नारी पराधीन है। प्रेमचन्द के सभी उपन्यासों में किसानों की मुक्ति का आन्दोलन नारी-स्वाधीनता के भाव से जुड़ा हुआ है। समाज की सर्वाधिक शोषित ये दोनों शक्तियाँ उनके उपन्यासों में एकसाथ एक तरह से चित्रित होती हैं।

वास्तविकता के स्तर-स्तर उद्घाटित करने में प्रेमचन्द का जवाब नहीं। 'गोदान' में होरी का साक्षात् शोषण कोई नहीं करता, फिर भी होरी तबाह रहता है; तबाह वह इसलिए है कि अपने शरीर में लगी हुई जोंकों को नहीं देख पाता। लेकिन प्रेमचन्द ने उन सबका उद्घाटन इस तरह किया है कि होरी के बाद आनेवाली पीढ़ी इन्हें

पहचान ले। प्रेमचन्द ने इस उपन्यास में भारतीय समाज का 'एक्सरे' करके रख दिया है और इसी को कहते हैं साहित्यकार का उद्घाटन-कार्य। सतह को इसी तरह तोड़ने का नाम गहराई है।

लेकिन आज के बहुत से लेखक हैं जो वास्तविकता पर परदा डालने को ही गहराई समझते हैं। ये आज के शोषण और सामाजिक प्रगति पर रहस्य और दर्द के कुहासे का परदा डालते हैं। जो सत्य का उद्घाटन करने की ओर कदम ही नहीं बढ़ाता उसकी गहराई कैसी?

सचाई यह है कि 'गहराई' के हिमायती अधिकांशतः अन्तर्मुखी हैं और अपने अन्दर निरन्तर सिमटते जाने को ही वे गहराई कहते हैं। परिस्थिति पर प्रहार करना तो दूर, वे उल्टे या पीछे भागते हैं, 'यदा सहरते चाय कूर्मोऽङ्गानीव सर्वशः।' इसी को गुलेरीजी ने 'कछुवा धर्म' कहा है। इस तरह ये लेखक जैसे-जैसे अपने भीतर सिमटते जाते हैं, उसी क्रम से समाज से दूर होते जाते हैं। रत्नाकरजी की गोपियों की तरह उन्हें भी कहना चाहिए कि—

ज्यों ज्यों बसे जात दूरि दूरि प्रिय प्रान मूरि
त्यों त्यों धँसे जात मन मुकुर हमारे मैं।

फिर भी ये रणछोड़-बहादुर अपने को पलायनवादी नहीं मानते, गोया समाज से आसमान में भागना ही एक पलायनवाद है।

इस आन्तरिक पलायन को ये लेखक 'आन्तरिक सामाजिकता' कहते हैं। इसका मतलब यह हुआ कि समाज विभिन्न व्यक्तियों के अन्दर रहता है। यदि ऐसी बात है तो व्यक्ति की सीमा से बाहर जो पारस्परिक सम्बन्ध हैं उनका नाम क्या होगा?

अगर यह कहें कि 'आन्तरिक सामाजिकता' का अर्थ है समाज को अपने अन्दर ले आना तो भी यह समस्या नहीं सुलझती। समाज के अन्दर रहे बिना समाज व्यक्ति के अन्तर में कैसे आयेगा? कमण्डल को नदी में डाले बिना कमण्डल में पानी कैसे आयेगा? दरअसल यह सामाजिकता को चोर दरवाजे से अन्तर में घुसाने की तरकीब है-सामने से समाज को लेने का साहस नहीं है और उस पर यह हाल!

कोई उनसे पूछे तो कि अधिक गहराई कहाँ सम्भव है—समाज के अन्तर में या अन्तर के समाज में? अन्तर की सामाजिकता कैसी होती है, इसका नमूना उनके दर्द-भरे क्षीण विलाप में है। विलाप के स्वर में भी गहराई नदारद! इसकी वजह यह है कि ताल के सूखने से उसकी व्यापकता के साथ गहराई भी कम होती है। अपने भीतर सिमटने से गहराई नहीं आती; गहराई आती है वास्तविकता के भीतर प्रवेश करने से।

सच पूछिए तो सामाजिक वास्तविकता में प्रवेश करने पर ही हम अपने भी मन

में प्रवेश करते हैं। जिन्होंने समाज की वर्तमान विषमता से आँखें मूंद ली हैं, उन्हें अपने जीवन के बारे में भी सोचने-विचारने से छुट्टी है और यदि वे सोचते-विचारते भी हैं तो केवल निजी जरूरत की बातें। उनके सोचने में गहराई नहीं होती; इसीलिए उनमें मानवता नहीं होती। इस प्रकार गहराई की व्यापकता मानवता तक जाती है।

1956

कलात्मक सौन्दर्य का आधार

माला ने कहीं लिखा है कि कविता विचारों से नहीं, शब्दों से लिखी जाती है। और वह अर्थहीन होती है, इतना जोड़ना भूल गया। विचारों से शब्दों का बिलगाव करके और शब्द-शिल्प पर अधिक जोर देकर, उसने अत्यन्त दीक्षागम्य तथा सांकेतिक कविताएँ लिखीं। यह प्रवृत्ति थोड़े-बहुत अन्तर के साथ यूरोप के अन्य देशों में भी दिखायी पड़ी। आज हमारे साहित्य में भी किसी-न-किसी रूप में इस सिद्धान्त और प्रयोग का चलन है। इसलिए मालामें के. उस सूत्र की सीमाओं पर विचार करना आवश्यक है।

साहित्य की अभिव्यक्ति का माध्यम है भाषा। इसलिए साहित्य में कलात्मक सौन्दर्य लाने के लिए उस माध्यम पर अधिकार प्राप्त करना आवश्यक है। लेकिन उस माध्यम को ही साध्य मानकर उसी की कारीगरी में सिमट जाना, कोरा रीतिवाद अथवा रूपवाद है। ऊपर से देखने पर ऐसा लगता है कि कोई साहित्यकार ऐसा नहीं कर सकता, किन्तु व्यवहार में बड़े-बड़े साहित्यकार इस राह भटकते देखे गये हैं। हिन्दी कथा-साहित्य में नयी शैली के प्रवर्तक जैनेन्द्र कुमार निर्जीव शिल्पाभास के छोर पर पहुँच गये और हिन्दी समीक्षा में रुचिर गद्य के शिल्पी शान्तिप्रिय द्विवेदी भी धीरे-धीरे चमत्कारपूर्ण सूक्ति-विधान में जा भटके। लेकिन विचार-विरहित अतिशय शिल्प-प्रियता का दुष्परिणाम गद्य में उतना नहीं दिखायी पड़ता, जितना कविता में। रीतियुग के कवि अन्तिम दिनों में घनाक्षरी या सवैया का अन्तिम चरण खूब जोरदार या चमत्कारपूर्ण गढ़ने लगे थे और शेष चरण केवल छन्द-पूर्ति के लिए भर देते थे। इधर नये गीतकार भी कविता की पहली पंक्ति खूब रंग जमानेवाली ढूंढ़कर बाकी पंक्तियाँ केवल गीत को आकार देने के लिए बिठाते पाये जाते हैं। परन्तु अत्याधुनिक काव्य-प्रवृत्ति में यह रूपवादी मनोवृत्ति कुछ सुसंस्कृत रूप में प्रकट होती है। यहाँ कवि अपने माध्यमों के साथ 'प्रयोग' करता है; कभी छन्द के साथ, कभी प्रतीकों के साथ, कभी केवल कुछ शब्दों के साथ, कभी विराम चिह्नों के साथ और कभी

एक ही कविता में इन सबके साथ। वह इस शिल्प में इतना तल्लीन हो जाता है कि विषयवस्तु पीछे छूट जाती है और ऊपर उसकी कारीगरी हीदिखायी पडती है। इन कवियों के आग्रह पर इन्हें 'प्रयोगवादी' न कहकर, 'प्रयोगशील' ही क्यों न कहा जाये, उससे उनके प्रयोग में तात्विक अन्तर नहीं पड़ता। विचार या भाव से रहित कोरे शिल्प-संस्कार को वे असफल प्रयोग कहकर तिरस्कृत भले ही कर दें लेकिन है उन सबके मूल में वही रूपवाद।

रूपवादी अथवा प्रयोगवादी रचना का यह मतलब नहीं है कि उसमें किसी विचार या भाव का सर्वथा अभाव हो; बल्कि यह कि उसमें विचार या भाव से अधिक शिल्प का उभार हो। जब रचना में सार्थक और साकांक्ष शब्दों का प्रयोग है तो कुछ-न-कुछ अर्थ होगा ही और अर्थ के साथ किसी-न-किसी विचार या भाव का अनुबन्ध स्वाभाविक है; लेकिन रूपवादी रचना में विचार या भाव की आन्तरिक समृद्धि नहीं मिलती। साफ शब्दों में, रूपवादी बहुत कुछ उस बतक की तरह है जिसमें बात करने का कौशल तो खूब हो, परन्तु कहने के लिए कोई महत्त्वपूर्ण बात न हो और उसके साथ घण्टे-दो घण्टे बात करने के बाद भी कुछ हासिल न हो। यह आकस्मिक नहीं है कि हिन्दी के ये प्रयोगवादी कवि कभी विषयवस्तु की चर्चा नहीं करते। रूप-कल्प और शैली-शिल्प की इतनी चर्चा, लेकिन जिस वस्तु से ये सभी चीजें सजीव, सशक्त और सुन्दर होती हैं, उसके विषय में बिल्कुल चुप रहने का और क्या अर्थ हो सकता है? वहाँ वे कभी-कभी गोलमोल शब्दों में विषयवस्तु का उल्लेख करते हैं, लेकिन वह भी रूपवाद पर परदा डालने के लिए अथवा उस अभिप्राय के लिए, जिसे मनोविज्ञान में 'रेशनलाइज़ेशन' कहते हैं। यह तर्क भी विचित्र है : 'नया रूपविधान नये रागात्मक सम्बन्धों के कारण और नये रागात्मक सम्बन्ध नयी सामाजिक परिस्थितियों के कारण।' ऊपर से देखने में सामाजिक आवश्यकता का परिणाम प्रतीत होने पर भी, प्रयोगों में सारा नया रूपविधान नये रागात्मक सम्बन्धों के नाम पर केवल समाज-निरपेक्ष मध्यवर्गीय व्यक्ति की मानसिक बीमारियों का सहानुभूतिपूर्ण और मोहक अलंकरण हैं। इसी आत्महीनता के कारण वे विषयवस्तु पर जोर नहीं देते। "चोर नारि जिमि प्रगट न रोयी"। गरज कि जिस प्रकार रूपविधान की चर्चा करते समय विषयवस्तु की समस्याओं में उतरना अनिवार्य हो जाता है, उसी प्रकार रूपविधान के साथ विषयवस्तु के अभिन्न सम्बन्ध अथवा उसके महत्त्व पर जोर देना आवश्यक है। यदि बड़े से बड़ा रूपवादी भी अपनी वकालत के लिए ही सही, विषयवस्तु और 'सामाजिक आवश्यकता' का सहारा लेने के लिए बाध्य है, तो इसका साफ मतलब है कि रूपविधान की अपेक्षा विषयवस्तु का महत्त्व अधिक है। इसीलिए प्रगतिशील समीक्षक साहित्य में विषयवस्तु की चर्चा अधिक करते हैं

और उस पर जोर भी अधिक देते हैं।

हमारे साहित्य की महान परम्परा भी यही रही है। तुलसीदास ने भी विषयवस्तु की महत्ता पर ही अधिक बल दिया है—

भनिति विचित्र सुकवि कृत जेऊ।
राम नाम बिनु सोहन न सोऊ॥

अथवा

हृदय सिन्धु मति सीप समाना।
स्वाति सारदा कहहिं सुजाना॥
जौ बरषइ वर बारि बिचारू।
होंहि कबित मुकुतामनि चारू॥

यहाँ हृदय, मति और विचार का यह संघटन सोद्देश्य और साकांक्ष है—यों ही रूपक-निर्वाहमात्र नहीं है। 'सरल कवित कीरति विमल' का आदर्श रखने-वाले महाकवि ने स्पष्ट शब्दों में कहा है कि "सो न होइ विनु विमल मति।" कहने के लिए बात बड़ी चाहिए, ढंग तो उसके आवेग से स्वयं लिपटा आता है। भक्त कवियों के पास यही विशेष बात थी, जिसने बिहारी आदि कुशल शब्द-शिल्पी कवियों से उन्हें ऊपर उठा दिया। भक्त कवियों को 'लोक-संग्रह' की चिन्ता अधिक थी; वे कवि दग्ध प्राणियों के उद्धार के लिए आकुल थे; उनकी कविता का आदर्श था, "सुरसरि सम सब कहँ हित होई।" इसके विपरीत रीतिवादी कवि दिन-रात काव्य शास्त्र के नियमों और लक्षणों की चिन्ता में लीन थे, उन्हें ऊँचे आदर्श की परवा कहाँ? समाज के दुख-दर्द की ओर उनकी दृष्टि क्यों जाती? परिणाम सामने है। काव्य के रूपविधान की चर्चा न करते हुए भी भक्त कवियों ने ऊँची काव्य-क्रिया का उदाहरण रखा और रीतिवादी कवि दिन-रात उसकी साधना करने पर भी टापते रहे। प्रयोग-प्रिय आधुनिक कवियों को अपने इतिहास से सीख लेना चाहिए। यह अभ्यास बहुत कुछ वैसा ही है, जैसे कोई स्वस्थ होने के लिए घी-दूध फल आदि पौष्टिक पदार्थों का सेवन न करके या तो योगासन और स्वास्थ्यरक्षा आदि की पुस्तकों से नियम रटता रहे अथवा उन नियमों का अभ्यास करे। यह प्रयत्न पेड़ काटकर पल्लव सींचने के समान है।

इसलिए निष्कर्ष यह निकला कि विषयवस्तु पर विशेष बल देना एकांगी होना नहीं है, बल्कि सही तरीका है; और रूपविधान पर जोर देना गलत है। अब सवाल यह उठता है कि विषयवस्तु पर जोर देने के सही माने क्या हैं? कुछ लोग सिद्धान्तों

के अनुकथन को ही ऊँची कविता समझते हैं। भक्त कवियों ने भी कहीं-कहीं अपने दार्शनिक सिद्धान्तों की पद्यबद्ध उद्धरणी की है। लेकिन सुधीजन जानते हैं कि उन महाकवियों की कीर्ति उन अनुवादों के कारण नहीं है। पन्तजी ने भी 'युगवाणी' की कुछ कविताओं में यही किया है। आगे चलकर उनके 'स्वर्ण किरण,' 'स्वर्ण धूलि', 'उत्तरा' और 'रजत शिखर' में भी यही प्रवृत्ति पायी जाती है। इधर 'नवीन', 'दिनकर', उदयशंकर भट्ट को भी दार्शनिक सूक्तियाँ पद्मबद्ध करने की आदत पड़ने लगी है। प्रगतिशील काव्य तथा कथा-साहित्य के नाम पर भी इसी तरह कोरे मार्क्सवादी विचारों की अभिव्यक्ति हुई है। क्या विषयवस्तु पर जोर देने का अर्थ यही है? क्या कविता में महान विचारों की अभिव्यक्ति का ढंग यही है? जवाब साफ है। स्वयं इन रचनाओं के कृती कवि और लेखक ही इसको हेय मानेंगे।

कहानियों और उपन्यासों में अभिप्रेत विचार को पात्रों के जीवन और उनके पारस्परिक सम्बन्धों के सजीव रूपों से सहज उद्भूत और ध्वनित होना चाहिए; निष्कर्ष को चित्रित प्रसंगों में अन्तर्भूत होना चाहिए, उन पर आरोपित नहीं। कविता में इन विचारों को सजीव चित्रों और प्रतिमाओं के रूप में व्यक्त होना चाहिए। लेकिन यह शक्ति कैसे आती है? विचार जिस प्रकार प्राप्त होता है, उसी प्रकार अभिव्यक्त भी होता है। यदि वह पुस्तकों से प्राप्त होता है, तो पुस्तकी ढंग से प्रकट होता है; यदि वह जनारण्य से दूर एकान्त कमरे में आरामकुर्सी के चिन्तन से प्राप्त होता है, तो रचना में भी एकान्त और वैयक्तिक चिन्तन का रूप लेता है; और यदि वह जीवन के संघर्षों में कुछ निछावर करने से प्राप्त होता है, तो उसी गर्मी, उसी ताज़गी, उसी सजीवता, उसी सक्रियता तथा उसी मूर्तिमत्ता के साथ रूपायित होता है। साहित्य में इसी रूपायन का महत्त्व है।

व्यापक समाज से कटे हुए मध्यवर्गीय व्यक्ति की तरह उसके विचार भी अर्थ-उदास और निरंग होते हैं और इन अमूर्त विचारों को वहन करनेवाली रचना भी एकान्तिकता से अभिशप्त दिखायी पड़ती है। यह फल के उस रस की तरह होती है, जिसे सजीव फल में से निचोड़कर बोतल में बन्द कर दिया जाता है। उस निचोड़े हुए रस में भी मिठास होती है, लेकिन पल्लवों से सुशोभित छिलका, रेशा, गुठलीवाले सजीव फल की शोभा तथा सरसता और ही है। साहित्य में ऐसी ही सुषमा तथा ऐसे ही रस की महिमा है। यह तभी सम्भव है, जब साहित्यकार जीवन का सक्रिय उपभोग करे और उस भोग की बाधक शक्तियों से संघर्ष करे तथा साधक शक्तियों के सुख-दुख में भाग ले। जीवन का भलीभाँति उपभोग करने के लिए आवश्यक है कि जीवन-सत्य को पूर्णत: समझ लिया जाये। क्योंकि :

देह धरे को दण्ड है, सब काहू को होय।
ज्ञानी भुगतै ज्ञान करि, मूरख भुगतै रोय॥

इसलिए साहित्य में विषयवस्तु पर बल देने का अर्थ है यथार्थ जगत् के सत्य का पूर्ण और गहरा ज्ञान। इसी ज्ञान से जीवन के प्रति वह अडिग आस्था आती है, जो सम्पूर्ण साहित्य को अदम्य दीप्ति देती है। यह आस्था समाज के व्यापकतम सम्बन्ध और उन सम्बन्धों को वैज्ञानिक ढंग से समझने के प्रयत्न से ही सम्भव है।

आज हमारे सामने सबसे बड़ी समस्या यही है कि अधिकांश लेखक मध्यवर्ग के हैं—उस वर्ग के, जिसका सम्बन्ध व्यापक जनजीवन से दिन-पर-दिन कम होता जा रहा है अथवा यह सम्बन्ध मानवोचित न होकर क्रमशः पण्यवस्तुपरक होता जा रहा है। अपनी साहित्यिक परम्परा का अध्ययन करने से पता चलता है कि व्यापक जनजीवन से साहित्यकार का अलगाव इतना अधिक पहले न था। व्यास, वाल्मीकि, कालिदास आदि संस्कृत कवियों तथा कबीर, सूर, तुलसी, आदि हिन्दी कवियों के युग में समाज इस गहराई तक विभाजित न था। गाँवों और नगरों के बीच ऐसी खाई न थी। मनुष्य मनुष्य के बीच इस कदर बाजारू सम्बन्ध न था। यह अतीत के प्रति अन्धानुरागमात्र नहीं, बल्कि ऐतिहासिक तथ्य है। आधुनिक युग में भी रवीन्द्रनाथ, प्रेमचन्द प्रसाद आदि के काल में मध्यवर्ग सामान्य जनजीवन से इतना विच्छिन्न न था। गांधीजी के नेतृत्व में राष्ट्रीय आन्दोलन ने गाँवों और नगरों को एक चेतन-धारा का रूप दे दिया था। इसीलिए उन सभी साहित्यकारों की वाणी में ओज, शक्ति, आशा तथा तरल आकांक्षा के अनेक धूपछाँही रूप सजीव हो उठे हैं। लोक-गीतों की मार्मिकता का यही रहस्य है कि लोक कवि अपने समाज का अभिन्न अंग होता है। लेकिन आज का साहित्यकार दो नावों पर है एक ओर है उसके मध्यवर्ग का संस्कार और दूसरी ओर व्यापक जनजीवन से मिलने की आकांक्षा। उसमें अन्तर्द्वन्द्व है। अनुभूति प्रवण सभी साहित्यकार अनुभव करते हैं कि वर्तमान समाज व्यवस्था साहित्य और कला की विरोधी है। इस व्यवस्था ने साहित्यकार के साथ-साथ, उसके साहित्य को भी पण्य-वस्तु बना दिया है। 'एक अध्ययन' सीरीजवाली पुस्तकों की निन्दा करना आसान है, लेकिन देखा जा रहा है कि चार साल पहले जो लोग उनके निन्दक थे, वही लोग आज दिल्ली, आगरा आदि नगरों के प्रकाशकों के तकाजे पर स्वयं भी छात्रोपयोगी समीक्षा-संग्रहों का कार्य कर रहे हैं। यही हाल है 'वासना और हत्या'-परक बाजारू उपन्यासों का। दोष इन साहित्यकारों का ही नहीं है, दोष है उस वणिग्-व्यवस्था का। दूसरी ओर वे शुद्ध साहित्यकार रो रहे हैं, जिनकी ऊँची (?) कला-कृतियों को कोई छाप नहीं रहा है और छाप भी रहा है तो वे बिक नहीं

रही हैं; प्रायः अपनी पुस्तकें वे स्वयं छापने को बाध्य हो रहे हैं। अपनी 'शुद्धता' के सीमित दायरे में सिमटे हुए ये साहित्यकार भी वर्तमान सामाजिक व्यवस्था का दबाव अनुभव कर रहे हैं। सैद्धान्तिक चर्चा में प्रायः ऐसी बातों को बचा जाना ही अच्छा समझा जाता है। लेकिन यहाँ जान-बूझकर ये बातें उन लोगों के लिए कही गयी हैं, जो इस आर्थिक चक्की में पिसते हुए भी साहित्य-शास्त्र की चर्चा में 'साहित्य के आर्थिक आधार' पर बे-तरह भड़क उठते हैं।

साहित्यकार का दोष यही है। यथार्थ को देखते और अनुभव करते हुए भी, जब वह इस साहित्य-विरोधी व्यवस्था का विरोध करने के लिए वैज्ञानिक दृष्टिकोण से काम नहीं लेता, तो समझना चाहिए कि वह स्वयं अपने ही विरुद्ध है और अपने ही हितों का निषेध कर रहा है। साहित्य में विषयवस्तु पर जोर देने का यही अर्थ है कि वह इस आत्म-सत्य को स्वीकार करे। जब तक वह इसे स्वीकार नहीं करता, उसमें वह आस्था नहीं आयेगी, जो उसकी रचना को कलात्मक सौन्दर्य प्रदान कर सकती है।

इस सत्य का निषेध करके कुछ साहित्यकार व्यक्ति स्वातन्त्र्य का नारा बुलन्द करते हैं। वे इस पीड़ा को व्यक्ति की पीड़ा मानते हैं और सम्पूर्ण समाज को अपना दुश्मन समझते हैं। यह ढँग अराजकतावादी है। ये साहित्यकार वर्तमान से उतने पीड़ित नहीं हैं, जितने भविष्य से। इन्हें वर्तमान की सम्पूर्ण पीड़ा इसी सूत्र में दिखायी पड़ती है कि 'व्यक्ति स्वातन्त्र्य आज खतरे में है।' सामूहिक स्वातन्त्र्य में ही सच्चा व्यक्ति-स्वातन्त्य है, इस सत्य को वे नहीं समझ पाते। इस प्रकार भविष्य की स्वतन्त्र जन-व्यवस्था से डरनेवाले ये साहित्यकार वर्तमान दासता की पीड़ा को झुठलाते हैं; दूसरे शब्दों में ये यथार्थ का निषेध करते हैं। ये आत्म-विरोधी साहित्यकार अपने देश की जनता के निकट जाने की बात न करके, सोवियत रूस की 'सेंसरशिप' की चर्चा बहुत करते हैं। वस्तुतः इन सभी बातों के मूल में है उनका चरम व्यक्तिवाद। उन्हें भय है कि जब सामान्य जन भी स्वतन्त्र हो जायेंगे, तो उनके अबाध व्यक्ति स्वातन्त्र्य को धक्का लगेगा। लेकिन वे यदि थोड़ा रुककर समाज-निरपेक्ष अकेलेपन की पीड़ा, निराशा, उदासीनता, मानसिक कुण्ठा का विश्लेषण करते तो साम्यवादी देशों की 'सेंसरशिप' की फिजूल चर्चा छोड़कर अपने देश के सामान्य जन-स्वातन्त्र्य में सक्रिय योग देने का 'प्रयोग' करते। ऐसा न करना उनकी 'अनजानी गैर ईमानदारी' है। वस्तुतः उनके 'भविष्य की कल्पना' ही गलत है। वे चाहते हैं कि इस परिवर्तन के बाद ऐसी व्यवस्था आये, जिसमें औरों की स्वतन्त्रता चूल्हे-भाड़ में जाये, लेकिन उनको अबाध छूट मिले। इस तरह उनकी 'स्वतन्त्रता' की धारणा ही गलत है। वह निषेधात्मक है; उसमें परस्पर सहकारिता का अभाव है। पारस्परिक सहयोग की पराकाष्ठा की प्राप्ति ही स्वतन्त्रता है। ऐसे ही सहयोग और सुविधा में महान् व्यक्तित्ववाले युग

पुरुष तथा साहित्यकार पैदा होते हैं जिनके व्यक्तित्व में सम्पूर्ण समूह और जाति का पौरुष पुंजीभूत हो उठता है। ऐसे भविष्य का विश्वासी साहित्यकार अपनी रचना में महान् विषय-वस्तु दे सकता है, क्योंकि उसकी जिस प्रतिभा-वल्लरी में ऐसे स्वप्न का फूल खिलनेवाला है, उसकी जड़ें वर्तमान जन-जीवन के प्रयत्नों की यथार्थ भूमि में गहराई तक गयी हैं।

लेकिन यहाँ तो कुछ साहित्यकारों को अपने ही सन्देहों से फुरसत नहीं है और उसी को वे अपना धन समझते हैं। इसी कारण इन सन्देहवादी साहित्यकारों की कृतियों में जब घोर निराशाजनक लम्बे चित्रण के बाद अन्त में भावी समाज का काल्पनिक चित्रण आता है, तो वह एकदम अस्वाभाविक और आरोपित प्रतीत होता है। मानवतावाद की लम्बी-चौड़ी वार्ता के बाद भी मानव-जय का कोई मूर्त रूप इनके सामने नहीं होता। मूर्त रूप नहीं होता, क्योंकि जनता की यथार्थ शक्ति से इनका परिचय नहीं है। अस्तु, उनका मानवतावाद खोखला, झूठा और, आदर्शवादी है, क्योंकि उसमें यथार्थ की आग नहीं होती। इनका गोल-मोल और हवाई मानवतावाद बिल्कुल निर्लिप्त और निर्विकार होता है; उसका किसी से विरोध नहीं है, वह सबका कल्याण मनाता है, यदि वह विरोध भी करता है, तो पाप, शोषण, दैन्य, कलुष आदि अमूर्त मनोविकारों का; वह मूर्त मानव-मूर्तियों का नाम लेते ही मौन हो जाता है। इस मानवतावाद का अभिप्राय कुछ-कुछ ऐसा है कि विचारमात्र से ही विचार बदल जायेंगे और फिर जगत भी आदर्श हो जायेगा; इन विचारों को सक्रिय रूप देने की बात वे सोच भी नहीं सकते, क्योंकि वहाँ कुछ लोगों से संघर्ष हो जाने की आशंका है। पन्त जी का नवीन मानवतावाद बहुत कुछ इसी तरह का है, जो मूलत: आदर्शवादी है।

इसमें तनिक भी सन्देह नहीं है कि जिसका मानवतावाद जितना ही अस्पष्ट और उलझा हुआ होगा, उसके साहित्य का रूप-विधान भी उतना ही अस्पष्ट और उलझन पूर्ण होगा। सूक्ष्म मानवतावादी कवि सदैव 'सामान्य' बातें कहता रहेगा, क्योंकि 'विशेष' के चित्रण से खतरा है; फलत: 'विशेष चित्रों' और 'विशेष मानव-मूर्तियों' के अभाव में उसका सारा काव्य और कथा-साहित्य निर्जीव सामान्यीकरण-मात्र रह जायेगा। इसके विपरीत जिसका मानवतावाद जितना ही स्पष्ट और मूर्त होगा, उसके चित्रों और पात्रों में भी उतनी ही सजीवता होगी तथा उसकी भाषा भी उतनी ही सहज, स्वाभाविक, संवेद्य और ओजस्विनी होगी। हम दूसरों को धोखा दे सकते हैं, लेकिन अपने को नहीं; और जो साहित्यकार ऐसा करने का प्रयत्न करता है, वह तमाम शिल्प ज्ञान के बावजूद अपनी कला को चौपट करता है।

इसलिए विषयवस्तु पर जोर देने का सही अर्थ है मूर्त और ठोस रूप में युग सत्य को पहचानना और स्पष्ट रूप से मानव-जय वाहिनी का पक्षधर होना।

युग-सत्य को मूर्त रूप में पहचानना ही काफ़ी नहीं है; साहित्यकार के जीवन और साहित्य में वह जितनी प्रगाढ़ता से अन्तर्भूत रहेगा उसकी रचना उतनी ही कलात्मक पराकाष्ठा पर पहुँचेगी। अनेक साहित्यकार ऐसे हैं, जो जनता की पार्टी के सक्रिय सदस्य हैं, जनवादी विचारों के अच्छे ज्ञाता तथा प्रवक्ता हैं, फिर भी वे अपने साहित्य में मध्यवर्गीय बीमारियोंवाले कलाकारों के साथ हैं। इसी बात को लेकर कुछ लोगों का आरोप है कि वे ईमानदार नहीं हैं। बात ठीक है, यदि ठीक ढंग से कही जाये। यदि इसका अर्थ यह है कि वे मध्यवर्गीय बीमारियों का जो साहित्य लिखते हैं, उसी के अनुकूल अपने राजनीतिक विचार भी रखें, तो यह शुद्ध और तार्किक ईमानदारी, बेईमानी से बड़ा पाप—आत्महत्या है। यदि इस आरोप का अर्थ यह है कि वे जनवादी विचारों को क्रमशः व्यावहारिक जीवन और साहित्य में अन्तर्भुक्त रूप से लायें, तो बात कुछ समझ में आती है और उनसे इतना ही कहा जा सकता है कि यह काम एक दिन का नहीं है। साहित्य का इतिहास इस बात का प्रमाण है कि जिन मध्यवर्गीय कवियों ने जिस क्रम से जनवादी शक्तियों के साथ तादात्म्य स्थापित किया है, उनकी कला उसी क्रम से स्वस्थ और सुन्दर होती गयी है। विभाजित समाज में तादात्म्य का यह कार्य अपेक्षाकृत मद्धिम होता है क्योंकि साहित्यकार के मार्ग में अनेक व्यक्तिगत और सामाजिक बाधाएँ आती हैं। जब तक सामाजिक अन्त-विरोध दूर न होगा, व्यक्ति-जीवन का भी अन्तर्विरोध दूर न होगा और जब तक व्यक्ति जीवन का यह अन्तर्विरोध दूर न होगा, साहित्य की विषयवस्तु और रूप-विधान में भी यह अन्तर्विरोध बना रहेगा।

यह अन्तर्विरोध किसी मनोवैज्ञानिक प्रक्रिया से दूर नहीं हो सकता; यह तो तभी दूर होगा, जब मानव-मानव के बीच स्वस्थ और सहज सामाजिक सम्बन्ध होगा, परस्पर सौहार्द और सहयोग की भावना होगी। अस्तु, ऐसा समाज निर्माण जिस क्रम से होता जायेगा, मध्यवर्गीय साहित्यकार का अन्तर्विरोध भी उसी क्रम से दूर होता जायेगा। इसलिए तर्क-संगत यही है कि साहित्यकार इस सामाजिक परिवर्तन में अधिक से अधिक सक्रिय योग दे। साहित्यकार जीवन संग्राम का योद्धा होता है, तटस्थ दर्शक नहीं।

यहाँ सहज ही यह प्रश्न पूछा जा सकता है कि सोवियत रूस, नये चीन आदि देशों में, जहाँ यह सामाजिक अन्तर्विरोध लगभग दूर हो चुका है, साहित्य सृजन की क्या प्रगति है? सोवियत संघ की ही बात लें। पहली बात तो ध्यान में रखने योग्य यह है कि शेष संसार के दो-तिहाई पूँजीवादी देशों से घिरा हुआ वह भू-भाग समाजवादी व्यवस्था का लाभ उठाता हुआ भी, प्रतिपल युद्ध की आशंकाओं से सतर्क रहा है। इससे सच्चे अर्थों में सामाजिक अन्तर्विरोध वहाँ भी दूर नहीं हो सका है। वह तो

विश्व जनता की मुक्ति से ही सम्भव है। दूसरी बात यह है कि उत्पादन के साधनों में उन्नति के समानान्तर ही साहित्य और कला में उन्नति नहीं होती। सामाजिक और साहित्यिक विकास में घनिष्ठ सम्बन्ध और किंचित् समानान्तरता भी अवश्य है, किन्तु साहित्यिक श्रेष्ठता उत्पादन की उपलब्धि के स्तर की अपेक्षा सामाजिक यथार्थ और साहित्यकार के सम्बन्ध पर अधिक निर्भर होती है। इन दो कारणों को ध्यान में रखते हुए यह निस्सन्देह कहा जा सकता है कि सोवियत साहित्य ने स्वस्थ और सशक्त विषय-वस्तु तथा सहज रूप-विधान के क्षेत्र में निश्चय ही उन्नति की है, विशेषतः कथा साहित्य के क्षेत्र में। प्राप्त अनुवादों के आधार पर हम इतना ही कह सकते हैं। तीसरी बात यह है कि वहाँ अभी सामान्य जनजीवन के निम्नतम साहित्यिक स्तर से काम शुरू हुआ है और क्रमशः जनशिक्षा के माध्यम से उसे ऊपर उठाया जा रहा है। उस साहित्य को मध्यवर्गीय मानों से मापना अनुचित होगा। फिर भी फिल्म-चित्रकला के क्षेत्र में सोवियत भूमि ने इस समय के सभी देशों की कलाकृतियों कौ चुनौती दी है। फिल्म-चित्रकला की यह उन्नति उत्पादन के साधनों के अनुरूप ही है। वस्तुतः यान्त्रिक उन्नति उन कलाओं के विकास में प्रत्यक्ष योग देती है, जिनके निर्माण में यान्त्रिक साधनों का अपेक्षाकृत अधिक उपयोग होता है। साहित्य में ऐसा नहीं होता, इसलिए उसका विकास प्रायः परोक्ष और मन्दतर होता है। यही कारण है कि उत्पादन के साधनों के अल्प विकसित प्राचीन युग में भी ऋग्वेद, महाभारत, रामायण जैसी महान काव्य-कृतियाँ उत्पन्न हो गयीं और आधुनिक युग इतनी यान्त्रिक उन्नति के बाद भी उस कोटि की रचनाएँ न दे सका क्योंकि यह औद्योगिक युग उस कोटि के सुघटित सामाजिक संगठन और परस्पर सौहार्द की रक्षा न कर सका।

इसलिए सोवियत संघ में यदि साहित्यिक श्रेष्ठता सामाजिक विकास के अनुपात में कम हो, तो इससे यह निष्कर्ष नहीं निकलता कि समता और स्वतन्त्रता पर आधारित समाज-व्यवस्था का साहित्य अनिवार्यतः श्रेष्ठ नहीं हो सकता। श्रेष्ठ समाज में श्रेष्ठ साहित्य-रचना का सिद्धान्त सत्य है; परन्तु उसमें साहित्यकार की सामाजिक यथार्थ सम्बन्धी धारणा तथा शक्ति को भी ध्यान में रखना होगा। ऐसे सुविधा प्राप्त समाज में यदि साहित्यकार, साहित्य-परम्परा तथा शब्दशिल्प का अच्छा अभ्यासी है और जीवनानुभवों का जागरूक द्रष्टा है, तो निश्चय ही श्रेष्ठ कलाकृतियाँ दे सकता है।

सूर, तुलसी, प्रेमचन्द आदि महान साहित्यकारों ने वर्ग समाज में रहते हुए भी जो महान कृतियाँ दी हैं, उसका कारण गरीबी नहीं, बल्कि सामाजिक यथार्थ की सच्ची पकड़ तथा मानव-जय के प्रति अदम्य विश्वास रहा है। इससे यह निष्कर्ष निकालना तर्क का दिवाला निकालना होगा कि गरीबी में ही महान साहित्य की रचना हो सकती है। भूलना नहीं चाहिए कि गरीबी ने अनेक प्रति-भाओं को असमय ही पीस भी दिया।

जिस तरह शकटार अपने पुत्रों का सत्त खाकर महापद्म नन्द के अन्ध कारावास से प्रतिकार के लिए ऊपर उठा था, उसी प्रकार अपने युग की अनेक पीड़ित आत्माओं की नष्टप्राय शक्तियों के पुँज को अपने में समेटकर उनके प्रतिनिधि-स्वरूप ये महाप्राण व्यक्ति ऊपर उठे थे।

इधर साहित्यकार के जीवन और साहित्य के अलगाव की भी बात उठायी जाती है और उसे सैद्धान्तिक रूप देने के लिए इलियट का वह सूत्र रखा जाता है कि कलाकार जितना ही पूर्ण होगा, उतना ही उसके भीतर भोगने वाले प्राणी और रचनेवाली मनीषा का पृथकत्व होगा। इस बात को यदि इतने ही तक लिया जाये कि साहित्यकार की अपनी रचना अपने व्यक्तिवाद के उभार का निषेध करे, तब तो ठीक हैं। कीट्स ने इसी बात को 'निगेटिव-कैपेबिलिटी' कहा है। तोल्स्तोय, चेखोव, प्रेमचन्द आदि माने हुए कथाकारों के चरित्र-चित्रण में यह विशेषता देखी जा सकती है। आज के उपन्यासकारों की तरह उनमें हर जगह 'निजीपने का आरोप' नहीं है। लेकिन उस सूत्र की आड़ में यदि यह कहा जाये कि साहित्यकार अपने जीवन में चाहे जिस विचार का हो, चाहे जिन राजनीतिक दलों से सम्बद्ध हो परन्तु अपने साहित्य में उससे भिन्न चित्रण कर सकता है तो गलत होगा। साहित्यकार 'अनजाने ही प्रगतिशील' होता है यह बात प्रगतिशील समीक्षकों की ओर से भी उठायी जाती है। प्रेमचन्द ने 'अखिल भारतीय प्रगतिशील लेखक संघ' की प्रथम बैठक में यही कहा था कि साहित्यकार स्वभावतः प्रगतिशील होता है। उसका मतलब यही है कि प्रेमचन्दजी अपनी बात कह रहे थे और वे मानवहित के साथ इतने घुल-मिल गये थे कि दूसरों के सम्बन्ध में अन्यथा सोच भी नहीं सकते थे और जो लोग 'अनजानी प्रगतिशीलता' की बात कहते हैं, उनके दिमाग में लेनिन द्वारा की हुई तोल्स्तोय की वह समीक्षा है, जिसमें तोल्स्तोय को उसके धार्मिक विचारों के बावजूद रूसी क्रान्ति का दर्पण कहा गया है। लेकिन ऐसे समीक्षक सामाजिक विकास के ऐतिहासिक सोपानों को भूल जाते हैं। तोल्स्तोय अथवा प्रेमचन्द के समय सामाजिक संघर्ष इतना तीव्र न था और न साहित्यकार के सामने तीखे राजनैतिक मतवादों का निमन्त्रण था। सामाजिक यथार्थ की समस्या भी उस समय इतनी गूढ़ न थी। फलतः वैज्ञानिक दृष्टिकोण के अभाव में भी प्रत्यक्ष जीवनानुभव के बल पर वे महान साहित्यकार यथार्थ का अंकन कर गये। आज ऐसी स्थिति नहीं है। साहित्य-कार अपनी वैयक्तिकता के प्रति इतना सचेत है कि यथार्थ पर उसका आरोप किये बिना नहीं चूकता। ऐसी दशा में यह आवश्यक है कि उसके जीवन और साहित्य को तुलनात्मक रूप से देखा जाये। नित्य तीखे होते हुए सामाजिक संघर्ष में जिस तरह हवाई मानवतावाद का नारा नहीं चल सकता, उसी तरह 'अनजानी प्रगतिशीलता' का नारा भी धोखा है।

इस प्रकार हिन्दी साहित्य में इस समय कलात्मक सौन्दर्य की प्राप्ति के लिए समीक्षकों और कृती साहित्यकारों के सम्मुख ये बातें स्पष्ट हो जानी चाहिए—

रूप-विधान पर विशेष बल देना ग़लत है।

विषयवस्तु पर बल देना ही सही है।

विषयवस्तु पर बल देने का अर्थ है कलाकार द्वारा वास्तविक जयत के यथार्थ का यथासम्भव पूर्णतम और गहरा ज्ञान।

यथार्थ का पूर्ण ज्ञान योग समाधि और इलहाम से नहीं हो सकता। मार्क्सवादी सिद्धान्तों के अध्ययनमात्र से भी नहीं हो सकता। किसी वैज्ञानिक दृष्टि अथवा विवेक के बिना सांसारिक संघर्षों में इधर-उधर ठोकरें खाने से भी नहीं हो सकता। वैज्ञानिक सामाजिक दृष्टिकोण के साथ जीवन संग्राम में सक्रिय भाग लेने से ही यथार्थ का पूर्ण और गहरा ज्ञान हो सकता है।

इस परिवर्तमान परिस्थिति में 'अनजानी प्रगतिशीलता' का नारा काम नहीं दे सकता।

स्पष्ट और सचित्र रूप-विधान के लिए आवश्यक है कि यथार्थ की परख बहुत ठोस और स्पष्ट हो; सामान्य सिद्धान्तों के रूप में नहीं, बल्कि विशेष मानव-मूर्तियों और स्थितियों के रूप में हो।

सामयिक यथार्थ का ज्ञान होना ही काफी नहीं है, बल्कि भावी स्वप्न का स्वरूप भी स्पष्ट रहना चाहिए, जिस पर लेखक की आस्था हो।

वर्तमान की परीक्षा और भविष्य की कल्पना के साथ साहित्यकार में अतीत की महान साहित्यिक परम्परा का जीवित बोध और स्वायत्तीकरण भी होना चाहिए।

साहित्यकार में वर्तमान, भविष्य और अतीत के साथ जितना घनिष्ठ सम्बन्ध होगा, उसकी रचना भी उतनी ही महान होगी।

1953

सामाजिक संकट और साहित्य

अठारहवीं सदी के अन्त में जर्मनी की राजनीतिक और सामाजिक हालत बहुत खराब थी; फिर भी उसमें गेटे और शिलर जैसे महान साहित्यकार पैदा हुए। एंगेल्स के एक लेख से इस बात का हवाला देकर आज कुछ लेखक यह साबित करना चाहते हैं कि सामाजिक संकट साहित्य के विकास के लिए बाधक नहीं है। दिल के बहलाने को यह ख़याल तो अच्छा है और इससे अपना साहित्यिक अहं भी तुष्ट हो जाता है। लेकिन फिर वही लेखक इस तरह 'अज्ञात भय से आकुल' क्यों हैं? क्यों वे 'दर्द से छटपटा रहे हैं' और क्यों है उनकी कविता में 'अन्धायुग' तथा तथा आलोचना में 'मूल्यगत संक्रमण' का इतना विलाप? यह ख़याल सच है या यह दर्द? प्रबल वह युक्ति है या यह वास्तविकता?

'आलोचना का गहन दायित्व' लेने के कुछ ही दिन बाद '53 की जुलाई में आलोचना-मण्डल ने एक साँस में साहित्यिक और सामाजिक दोनों गतिरोधों को नकारते हुए बड़ी शान से कहा कि उचित प्रतिभा होने पर गतिरोध नहीं है। स्वतन्त्र भारत की 'प्रजातान्त्रिक पद्धति' में उन्होंने आस्था प्रकट की; चारों ओर आशाभरी दृष्टि फेंकी और बेफ़िक्री से कहा कि गतिरोध का प्रश्न ही क्या? हमें तो सब कुछ जीतना ही है, हारना कुछ भी नहीं।

चार महीने भी न बीते कि अक्तूबर की आलोचना में 'मूल्यगत संक्रमण' की ख़बर निकली। फिर तो सब कुछ इतनी तेजी से बदला कि साल ही भर के भीतर 'मूल्यहीनता, रहस्यवादी आस्था, वेदना और विनाशभय की मिली-जुली भावनाओं' की चीख-पुकार सुनायी पड़ने लगी। गतिरोध को नकारनेवाले लोगों ने छाती पीट-पीटकर चिल्लाना शुरू कर दिया कि पूरे के पूरे देश और पूरे के पूरे साहित्यिक निकाय पक्षाघात से अशक्त होकर प्रगति और विकास की दिशाओं में भटक गये।' प्रजातान्त्रिक आस्था काफूर हो गयी और हाथ लगी रहस्यवादी आस्था! 'शाश्वत' साहित्य का आधार खिसक गया। धीरे-धीरे बदलनेवाली भाषा भी सहसा बदल गयी।

जुलाई '53 में 'आलोचना' ने उर्दू के लिए ख़तरे की घण्टी बजायी और अप्रैल '54 में अपनी ही भाषा को 'असमर्थ' और 'दूषित' कहना शुरू कर दिया। क्यों? क्या इतने ही दिनों में प्रतिभा ने साथ छोड़ दिया?

अप्रैल '54 की 'आलोचना' इस पर प्रकाश डालते हुए कहती है कि इसका मूल हमारी राष्ट्रीय और अन्तर्राष्ट्रीय स्थिति में है। स्थिति यह है कि अन्तर्राष्ट्रीय क्षेत्र में हमारे राष्ट्र का सम्मान बढ़ रहा है और आलोचना-मण्डल के लिए 'सबसे ख़तरनाक स्थिति' यही है। नो महीने पहले जिन लोगों को 'भारत के बढ़ते हुए अन्तर्राष्ट्रीय महत्त्व' पर अभिमान था, उन्हीं लोगों को अब 'सत्कार की आँखों में तुच्छता की छाप' दिखायी पड़ने लगी। यह आलोचनात्मक दृष्टि की विशेषता है! लगता है जैसे इस बीच भारत ने कोई बहुत बड़ा अपराध कर दिया! विश्वशान्ति की रक्षा के लिए भारत जो प्रयत्न कर रहा है, आलोचना-मण्डल को उससे बड़ी तकलीफ हो रही है। मारा घुटना फूटी आँख! चोट कहीं लगती है, दर्द कहीं उठता है!

मजेदार बात यह है कि आलोचना-मण्डल को मूल्यहीनता और प्रगति की दिशा से भटकने का एहसास उस वक्त हो रहा है जब युद्ध की आशंका काफी कम हो चली है और शान्ति की आशा पहले से कहीं अधिक है। इधर लोगों में संकट कटने की आशा बढ़ रही है और उधर आलोचना-मण्डल का दर्द बढ़ रहा है। मतलब यह है कि इनके दर्द का कारण विश्वशान्ति है।

विश्वशान्ति के 'ख़तरे' से चीखनेवाले योरप और अमरीका में भी हैं और वहाँ से थोड़ी-सी आह निकलती है तो यहाँ कुहराम मच जाता है। फिर भी 'आलोचना' के सम्पादक बार-बार यह कसम खाते हैं कि 'योरपीय मध्यवर्ग या निम्नमध्यवर्ग की भाँति हूबहू हम में वह चारित्रिक अराजकता, अनास्था, व्यक्तित्व का बिखराव' नहीं आया है। यदि इनकी स्थिति योरपीय मध्यवर्ग की-सी नहीं हुई है तो कविता और आलोचना में ये भारतीय लेखक इलियट, स्पेण्डर, केस्टलर वगैरह को ही हर जगह प्रतिध्वनित क्यों करते रहते हैं? उनसे नहीं हैं, फिर भी उन्हीं की आवाज निकालते हैं। बात बोलेगी हम नहीं।

गरज कि एंगेल्स की आड़ लेने के बावजूद आलोचना-मण्डल ने अपने साहित्य के संकट और उस संकट के सामाजिक कारण का इजहार कर दिया। जाहिर नहीं किया तो केवल यह कि सामाजिक संकट साहित्य के विकास में किस तरह बाधा देता है और सामाजिक संकट में भी साहित्य की पताका झुकने न देने के लिए साहित्यकार को क्या करना पड़ता है? लेकिन उनके ज़ाहिर न करने से ही इन बातों पर पर्दा नहीं पड़ जाता। एंगेल्स के उस लेख में ही उन्हें पर्दाफ़ाश करने की काफ़ी सामग्री है। अफ़सोस, उन्होंने एक ख़तरनाक आदमी की आड़ ली!

एंगेल्स का कहना है कि ह्रास युग में भी गेटे और शिलर जैसे महान साहित्यकार इसलिए हुए कि उन्होंने सम्पूर्ण जर्मन समाज की तत्कालीन स्थिति के विरुद्ध विद्रोह की आवाज़ उठायी। लेकिन सामाजिक ह्रास का प्रभाव इतना जबर्दस्त था कि उमर ढलने के साथ ही इन महान लेखकों में निराशा बढ़ने लगी। एंगेल्स ने बड़े अफसोस के साथ लिखा है कि श्रेष्ठ और सबसे शक्तिशाली बुद्धिवाले मनीषियों ने भी अपने देश के भविष्य की सभी आशाएँ छोड़ दीं।

इससे स्पष्ट है कि साहित्य पर सामाजिक संकट का बड़ा घातक असर पड़ता है। जवानी की उमंग में गेटे और शिलर ने जो विद्रोह और उद्दाम प्रेम की रचनाएँ कीं, वे शीघ्र ही परिस्थितियों की चपेट से दब गयीं। अपने युग के गहरे विषाद से ऐसे महान व्यक्ति भी न बच सके। यदि सामाजिक संकट का प्रभाव साहित्य और संस्कृति के लिए इतना घातक न होता तो मार्क्स और एंगेल्स पूँजीवादी व्यवस्था को ख़तम करने के लिए अपना सारा जीवन क्यों लगा देते? मार्क्स-एंगेल्स ने एक बार नहीं, अनेक बार कहा है कि पूँजीवादी व्यवस्था कला और कविता के लिए घातक है। और यह तथ्य ऐसा है जिसे मार्क्स-एंगेल्स को न माननेवाले लेखकों ने भी स्वीकार किया है। आलोचना-मण्डल के गुरु प्रतीक-सम्पादक अज्ञेय में तो इतनी 'ईमानदारी' है कि "व्यक्तित्व के टुकड़े कर देने-वाली पूँजीवादी जीवन-व्यवस्था, हमारी जिजीविषा के टुकड़े नहीं कर पाती यह सही है, परन्तु उसे व्यर्थ कर देती है।" स्वीकार कर लें, लेकिन शिष्य मण्डली में इतनी अधिक आस्था है कि वह सामाजिक ह्रास के प्रभाव को कतई इनकार करती है! गोया सारा का सारा दर्द, संशय, निराशा, यौन कुण्ठा, प्रभु की पूजा वग़ैरह आसमान से बरसे हैं। इतनी वेदना और ऐसी अश्लीलता समूचे साहित्य में आज से पहले शायद ही कभी व्यक्त हुई हो! लेकिन 'आस्थावादी लेखक हैं कि इसी को साहित्य का गौरव समझते हैं। सामाजिक ह्रास का सबसे ख़तरनाक असर सम्भवतः यही है जब लेखक अपनी कमजोरियों को ही गौरव देने लगता है।

गेटे और शिलर की महत्ता इस बात में है कि उन्होंने उस ह्रास-युग के फलस्वरूप अपने भीतर प्रतिबिम्बित होनेवाली कमजोरियों के विरुद्ध संघर्ष किया। वे अपनी निराशा और वेदना के लिए महान नहीं हैं, बल्कि उस जीवन्त शक्ति के लिए महान हैं जो नैतिक-सामाजिक स्तर पर स्वस्थ-पवित्र जीवन के लिए लड़ रही थी। अस्वस्थ प्रवृत्तियों के विरुद्ध स्वस्थ प्रवृत्तियों का यह संघर्ष केवल उन्हीं दो व्यक्तियों के भीतर नहीं था बल्कि उस युग के अनेक विचारकों के भीतर चल रहा था और बहुत बड़े पैमाने पर किसी-न-किसी रूप में वह संघर्ष सम्पूर्ण जर्मनी में मौजूद था। यह असन्तोष और संघर्ष गेटें और शिलर की 'शुद्ध' प्रतिभा की उपज न थी। एक हद तक वह

तत्कालीन सामाजिक संघर्ष का प्रतिबिम्ब था। अपने युग की ह्रास भावना के विरुद्ध लेखक के मन में असन्तोष तभी पैदा होता है जब समाज के किसी-न-किसी स्तर अथवा एकदम निचले स्तर में उसके प्रति कुछ असन्तोष हो।

उदाहरण के लिए हम अपने हिन्दी साहित्य के दो युगों को लें। एक भक्ति-काल और दूसरा रीतिकाल। यदि राजनीतिक दृष्टि से देखें तो दोनों ही कालों में मुगल बादशाहों का शासन था। सामाजिक ढाँचे में भी कोई मौलिक परिवर्तन नहीं हुआ था। फिर भी भक्तिकाल के कवि हैं कि उन्होंने प्राकृत जनों का गुण गाने से इनकार कर दिया और रीतिकाल के कवि अपने आश्रयदाता राजाओं को रिझाने में लगे रहे। भक्तों ने लौकिक प्रेम के चित्रण में अलौकिक गरिमा भर दी और रीतिकाल के कवियों ने उसमें दरबार का दाग़ लगा दिया। भक्त कवि तो जाति-बरन, ऊँच-नीच भेद भरे कलिकाल के खिलाफ अपने भगवान से शिकायत करते हुए आँसुओं का अर्घ्य चढ़ाते रहे और रीतिकालीन कवि राग-रंग में मस्त रहे।

इसका क्या जवाब है? क्या बिहारी, देव, केशव, मतिराम वगैरह में कबीर, जायसी, सूर, तुलसी इत्यादि से प्रतिभा कम थी? प्रतिभा के आधार पर इस सवाल का बुद्धिसंगत जवाब देना सम्भव नहीं है। रीतिवादी कवियों को कलि-काल से असन्तोष नहीं हुआ, तो यह उनकी कम प्रतिभा का परिणाम है या दरबारदारी का? दरबारों तक दुख की पुकार पहुँचती ही कब थी? दूसरी ओर सन्त और भक्त थे जिन्हें गाँवों में होनेवाले अत्याचार तथा उन अत्याचारों के विरुद्ध उठनेवाले असन्तोष का प्रत्यक्ष अनुभव था। कलिकाल का अत्याचार अपने नग्न रूप में उनके सामने था और साथ ही असन्तोष की वह दबी हुई आग भी प्रत्यक्ष थी। इसीलिए उनकी कविता में वेदना के मार्मिक स्वर के बीच मानव की असन्तुष्ट भावना फूट पड़ी है। तात्पर्य यह कि संकटकाल में भी श्रेष्ठ साहित्य उत्पन्न होता है लेकिन तब जब समाज में उस संकट के विरुद्ध असन्तोष का बीज हो। इस असन्तोष को लोकजीवन से जितना ही बल प्राप्त होता है, उसमें उतना ही ओज आता है और साहित्य का स्वर उतना ही ऊँचे उठता है। सन्त-भक्ति युग में सन्तों के असन्तोष के पीछे लोकजीवन का यही नैतिक बल था।

इतिहास से इस बात के पर्याप्त प्रमाण मिलते हैं कि आरम्भिक मुगल बादशाहों—विशेषत: अकबर के प्रयत्न से उत्तर भारत में व्यापार और खेती सम्बन्धी ऐसे बहुत से कार्य हुए जिससे गाँवों का आपसी बिलगाव कम हुआ और जातीय जीवन की नींव पड़ी, साथ ही सदियों की लूटपाट के बाद देश में कुछ शान्ति और सुव्यवस्था स्थापित हुई। भक्ति काव्य की उत्कृष्टता देश की इस समृद्धि से भी जुड़ी हुई है। इन परिस्थितियों ने लोकजीवन में अपने पुराने अत्याचारों के विरुद्ध असन्तोष का भाव

जगाने की दिशा में काफ़ी काम किया। भक्ति काव्य में लोकजीवन की इसी विजय का उद्घोष है।

यह लोकजागरण इसी तरह समय-समय पर ऊपरी स्तर को सहारा दिया करता है। अंग्रेज़ी राज के दिनों में जब देश पर राजनीतिक और आर्थिक अत्याचार तीखा हो रहा था, प्रेमचन्द, प्रसाद, निराला, और पन्त जैसे साहित्यकारों ने साहित्य की गौरवशाली पताका ऊँची रखी। पराधीनता के युग में भी हमारे साहित्यकारों ने साहित्य को पराधीनता का शिकार नहीं होने दिया, उसके पीछे उनके अपने व्यक्तित्व के बावजूद जनता का महान जागरण भी था। इस जन-जागरण के अभाव में पचास साल पहले भारतेन्दु जैसे महान प्रतिभाशाली साहित्यकार भी यथेष्ट कार्य न कर सके!

इसका अर्थ यह नहीं है कि राजनीतिक और आर्थिक पराधीनता का घातक प्रभाव हमारे साहित्य पर नहीं पड़ा। छायावादी कविता में जो निराशा, वेदना, पलायनवाद वगैरह दिखायी पड़ते हैं वे पराधीनता के प्रभाव नहीं तो क्या हैं? मध्ययुग की ह्रासशीलता ने यदि भक्ति काव्य में लौकिक दुख को उलटकर अलौकिक बना दिया और इस तरह काव्य के स्वर को और भी गीला कर दिया तो आधुनिक युग की पराधीनता ने रहस्यवाद और निराशावाद की सृष्टि की। इस प्रकार ह्रास युग के श्रेष्ठ साहित्य में भी मलिनता की छाया दिखायी पड़ती है। समकालीन ह्रासोन्मुख वातावरण से संसार का श्रेष्ठ से श्रेष्ठ साहित्य भी मुक्त नहीं है। यदि हम अपने युग के हिन्दी साहित्य से उदाहरण लें तो पायेंगे कि जागरूक से जागरूक लेखक भी 'सेक्स' के किसी-न-किसी प्रकार के चित्रण से नहीं बच सका है। इतनी पैनी सामाजिक दृष्टिवाले यशपाल भी 'सेक्स' सम्बन्धी विकृतियों में प्रायः फँस जाते हैं। यदि नैतिक संयम नहीं तो कला का कठोर संयम स्वीकार करनेवाले अज्ञेय भी 'नदी के द्वीप' में इस उफ़ान को न दबा सके। यह सामाजिक ह्रास के मलिन प्रभावों में से एक है।

ह्रास युग में भी श्रेष्ठ साहित्य इसलिए सम्भव होता है कि सम्पूर्ण मानव समाज का एक साथ ही ह्रास नहीं हो जाता; विकास का बीज ह्रास के तल में कहीं-न-कहीं मौजूद रहता है। विकास की स्थिति यदि संसार के किसी कोने में मौजूद हो तो भी उसका असर पड़ के रहता है। विकास का यह बीज सामान्यतः जनता के जीवन में होता है। ह्रास युग के श्रेष्ठ साहित्य की श्रेष्ठता का मूल स्रोत यही लोकजीवन है। ऊपरी स्तर की ह्रास भावना यदि साहित्य को मलिन करती है तो निचले स्तर में दबी हुई जनता उसे संजीवन रस प्रदान करती है। परन्तु प्रायः ऐसा होता है कि ऊपरी स्तर के विषाक्त प्रभाव से सारा वातावरण इतना गन्दा हो जाता है कि साहित्यकार नीचे छिपी हुई संजीवनी शक्ति तक नहीं पहुँच पाते। ऐसा सामान्यतः होता है। विशेष स्थिति में ही साहित्यकार उस वातावरण को भेदकर शक्ति और सौन्दर्य के मूल उत्स

तक पहुँचता है। साहित्यकार को यह प्रेरणा कभी-कभी अपने देश के बाहर किसी अन्य देश के नवजागरण से भी मिलती है। उदाहरण के लिए आज के अनेक हिन्दी साहित्यकार चीन और सोवियत संघ के महान जनजागरण से प्रेरित होकर अपने देश की जनशक्ति से साहित्य के लिए संजीवन रस प्राप्त कर रहे हैं।

जिस प्रकार संसार के अन्य देशों का सामाजिक ह्रास किसी देश के विकासशील वातावरण को भी प्रभावित किये बिना नहीं रहता, उसी तरह देशान्तर का सामाजिक विकास किसी देश की ह्रास-दशा में भी शक्ति का संचार करता है। परन्तु आज के युग में भी ऐसे लेखक हैं जो इस तथ्य से कतई इनकार करते हैं। एक ओर यदि चीन और सोवियत संघ की जनता के महान कार्यों से उन्हें प्रेरणा नहीं मिलती तो दूसरी ओर अमरीका और योरप का सामाजिक संगठन भी उनके लिए 'बौद्धिक स्थिति मात्र' है। प्रेरणा न लेना चाहें तो वे न लें लेकिन अमरीका और योरप के सामाजिक संकट का घातक असर वे कैसे छिपा सकते हैं? निहुरे-निहुरे भी कहीं ऊँट की चोरी हुई है? यह तो उनकी रचनाएँ ही बताती हैं कि योरप का संकट हिन्दी के इन लेखकों के लिए 'बौद्धिक स्थिति मात्र' है या 'भावावेश की परिस्थिति'। सामाजिक संकट के घातक प्रभाव को स्वीकार करना निराशावाद नहीं है। यदि वस्तुस्थिति को पहचानना ही निराशावाद है तो यह निराशावाद उस आशावाद से कहीं अच्छा है जो वस्तुस्थिति से आँख मूँदता है। ऐसे आशावाद का सही नाम पलायनवाद है। परन्तु जहाँ जीभ पर आशा और दिल में निराशा हो वह आत्मप्रवंचना है और यह पलायनवाद से भी ख़तरनाक है। ऐसी प्रवंचना से श्रेष्ठ साहित्य नहीं रचा जाता।

श्रेष्ठ साहित्य मन का लड्डु नहीं है कि जब जी चाहा बना लिया। श्रेष्ठ तो श्रेष्ठ, साहित्य मात्र किसी की स्वेच्छा पर निर्भर नहीं है। जब जैसा जी हुआ वैसा साहित्य कोई नहीं रच सकता। वह एक निश्चित परिस्थिति में और एक निश्चित परिस्थिति से पैदा होता है और यह परिस्थिति उसकी स्वेच्छा को मर्यादित करती है-यहाँ तक कि उसके विद्रोह को भी। परिस्थिति के विरुद्ध लेखक का विद्रोह भी उस परिस्थिति के द्वारा निर्धारित होता है। यह लेखक की ऐतिहासिक सीमा है। मन के लड्डू खाने की अपेक्षा अपनी ऐतिहासिक सीमा को समझने और समझकर बदलने की कोशिश करने में कहीं अधिक स्वाद है।

1954

समाज, साहित्य और लेखक का व्यक्तित्व

समाज और साहित्य के सम्बन्ध की चर्चा चलाते हुए अक्सर लोग इस तरह बात करते हैं गोया समाज अपने-आप साहित्य हो जाता है। जो लोग साहित्य को समाज की छाया मानते हैं उनकी बातचीत से भी ऐसा मालूम होता है कि यह छाया अपने-आप पड़ती है। समाज और समाज की छाया (साहित्य) के बीच यदि कभी किसी तीसरी चीज़ का नाम लिया जाता है तो वह है 'साहित्य का अपना नियम'। लेकिन इस नियम का प्रवेश तब कराया जाता है जब समाज की उस छाया में अत्यन्त विकृति दिखायी पड़ती है। फिर भी सवाल यह है कि साहित्य का यह 'अपना नियम' साहित्य से अलग कोई तीसरी चीज़ कैसे मान ली जाये? 'साहित्य की छाया में विकृति उत्पन्न होती है साहित्य के अपने नियम से' यह कहने का मतलब है कि साहित्य पैदा होता है साहित्य से। नियम की सत्ता यदि स्वतन्त्र मान लें तो सवाल उठता है कि यह नियम कहाँ से पैदा होता है। इसका जवाब स्याद् अवक्तव्यं च! उनमें इतनी भी चेतना नहीं है कि इस नियम को अपनी बुद्धि से उत्पन्न बता सकें। इससे बड़ी विडम्बना और क्या होगी कि लेखक के व्यक्ति स्वातन्त्र्य का ढोल पीटनेवाले लोगों को समाज और साहित्य के बीच स्वयं अपने ही अस्तित्व का बोध नहीं है। व्यक्तित्व याद आता है समाज के विरुद्ध या फिर साहित्य के विरुद्ध; लेकिन जब समाज और साहित्य दोनों ही आमने-सामने आ जाते हैं तो दो पाटों के बीच में वे काया बदलकर 'नियम' बन जाते हैं। बकौल 'आलोचना-मण्डल' यह मार्क्सवादी समीक्षा है जिसका सर्वथा बहिष्कार 'उसकी कम्यूनिस्ट परिणति' में मिलता है लेकिन दरअसल यह है मार्क्सवादी समीक्षा की 'आलोचनावादी' परिणति!

'मार्क्सवादी समीक्षा और उसकी कम्यूनिस्ट परिणति' के अनुसार समाज और साहित्य के बीच की महत्त्वपूर्ण कड़ी है लेखक का व्यक्तित्व। साहित्य के रूप में समाज की जो छाया प्रकट होती है वह लेखक के व्यक्तित्व के ही माध्यम से आती है। साहित्य के निर्माण में इस बीच की कड़ी-लेखक के व्यक्तित्व का बहुत महत्त्व

है और यह महत्त्व इस बात में है कि एक ओर इसका सम्बन्ध लेखक समाज से है तो दूसरी ओर साहित्य से साहित्य रचना की प्रक्रिया में समाज, और साहित्य परस्पर एक दूसरे को इस तरह प्रभावित करते हैं कि इनमें से प्रत्येक क्रमशः परिवर्तित और विकसित होता रहता है—समाज से लेखक, लेखक से साहित्य, और साहित्य से पुनः समाज।

फिर भी कुछ लेखकों का ख़याल है कि मार्क्सवादी समीक्षा में लेखक के व्यक्तित्व का महत्त्व स्वीकार नहीं किया जाता क्योंकि 'लेखक के व्यक्तित्व' से उनका अपना जो मतलब है उसे मार्क्सवाद स्वीकार नहीं करता। स्वयं वे लेखक के व्यक्तित्व को कितना महत्त्व देते हैं इसका सबूत यह है कि साहित्य की श्रेष्ठता का सारा श्रेय या तो लेखक की 'प्रतिभा' को देते हैं या फिर साहित्य के अपने नियम' को। 'प्रतिभा' या तो जन्मजात वस्तु है या फिर ईश्वरीय देन और साहित्य का नियम भी कुछ ऐसा ही शाश्वत, सनातन, सार्वभौम पदार्थ है। इस तरह लेखक की रचना की श्रेष्ठता का सारा श्रेय किसी ईश्वरीय सत्ता को है; फिर उसमें लेखक के अपने व्यक्तित्व का क्या महत्त्व? मनुष्य की अपनी उपार्जित शक्ति का ऐसा घोर अपमान और फिर भी व्यक्तित्व की तरफदारी करने का स्वाँग! जो मनुष्य की अपनी शक्ति में विश्वास नहीं करता, वह चाहे दैवी शक्ति का ही विश्वासी क्यों न हो वस्तुतः मानव-विरोधी है।

प्रतिभा को कुछ लोग लेखक की अपनी निजी साधना का परिणाम मानते हैं। उनके अनुसार रचना की श्रेष्ठता का कारण लेखक का अपना बुद्धिवैभव है। ऐसी हालत में एक बार आ जाने पर इस बुद्धिवैभव को हमेशा श्रेष्ठ साहित्य की रचना करते जाना चाहिए। लेकिन जैनेन्द्र, सुमित्रानन्दन पन्त, महादेवी वर्मा जैसी प्रतिभाओं को अचानक क्या हो गया कि उनकी रचनाओं में निरन्तर ह्रास ही दिखायी पड़ रहा है। यदि लेखक की प्रतिभा स्वयं उसी के भीतर की एकदम अपनी चीज़ है तो इन लेखकों की वह शक्ति आज भी क्यों नहीं प्रकट होती? इसका मतलब यह है कि वह रचना-शक्ति अब या तो क्षीण हो गयी या फिर समाप्त हो गयी। क्या यह केवल उम्र का परिणाम है? यदि उम्र ढलने से ही लेखक की शक्ति क्षीण होती है तो रवीन्द्रनाथ की भी शक्ति उम्र के साथ क्यों नहीं क्षीण हो गयी? यदि यह कहें कि उनके पास अब कुछ कहने की सामग्री नहीं है तो जाहिर है कि सामग्री के स्रोत से वे कट गये हैं और जिसे प्रतिभा अथवा रचना-शक्ति कहा जाता है वह लेखक के भीतर से स्वतः पैदा होनेवाली चीज़ नहीं बल्कि कहीं अन्यत्र से ग्रहण की हुई सम्पदा है। इस सम्पदा के अभाव में भी सिद्धहस्त लेखक कुछ दिनों तक पुरानी सामग्री को नये-नये ढंग से सजाकर उपस्थित करता रहता है जैसा कि जैनेन्द्र आजकल कर रहे हैं। लेकिन पुरानी सामग्री का यह कारोबार ज्यादा दिन तक नहीं चल सकता। ऐसी रचनाओं

में वर्षों के अभ्यास का कौशल कहीं-कहीं झलक सकता है, लेकिन समूची रचना निर्जीव मालूम होती है।

जो अहंवादी लेखक अपनी स्वयंभू रचना शक्ति के भरोसे असमय ही एकान्त भजने लगते हैं उनकी दशा आज के अनेक प्रयोगवादी कवियों की तरह हो जाती है। नतीजा यह होता है कि कविता में या तो दर्द ही दर्द रहता है या सिर दर्द पैदा करनेवाली दुरूह पहेलियाँ! लिखते यह ज़रूर रहते हैं लेकिन वह लिखना ही इन्हें धीरे-धीरे कुतरता जाता है। जैसे बिना चारा के मशीन या बिना झींक के जाँता चलाये जाने पर स्वयं अपने ही को खाता रहता है, उसी तरह ये अपना ही विनाश किये जा रहे हैं। वस्तुतः साहित्य-रचना के साथ सबसे बड़ी मुसीबत यही है कि पाठक पर असर डालने के पहले वह स्वयं लेखक और उसकी कलम पर असर डालती है। निराशावादी रचना किसी और को निराश बनाने से पहले अपने लेखक को कुण्ठित कर देती है। घनानन्द ने जब कहा था कि मोंहि तौ मेरे कवित्त बनावत' तो उनका अभिप्राय कुछ ऐसा ही था। गरज कि रचना की शक्ति को अपने आप तक ही सीमित करके लेखक खुद अपना ही नुक़सान करता है। ऐसी धारणाओं को यह कहकर तरह नहीं दिया जा सकता कि इसके मानने न मानने से कुछ नहीं होता। अन्ततः लेखक पर इनका असर पड़ता ही है।

अपनी शक्ति के वस्तुगत स्रोत का निषेध करके अपने-आपको ही रचना में समर्थ माननेवाले लेखक थोड़े ही दिन बाद काल्पनिक साहित्य गढ़ते दिखायी पड़ते हैं। कहने के लिए जब कुछ वास्तविक नहीं रहता तो सब कुछ अपने दिमाग़ से गढ़ने लगते हैं। इलिया एहरेनबुर्ग के शब्दों में ऐसे लेखक 'स्वप्नों की फैक्ट्री' बन जाते हैं। लेकिन स्वप्नों की यह फैक्ट्री भी वास्तविक खुराक़ के बिना ज्यादा दिन तक नहीं चलायी जा सकती। सपने गढ़ने की भी एक सीमा होती है। कहते हैं कि तिलिस्मी और ऐय्यारी का सपना गढ़ते गढ़ते अन्त में बाबू देवकीनन्दन खत्री पागल हो गये और देखते हैं कि कल्पना के कोमल कवि पन्त जी की 'सपनों की फैक्ट्री' भी अब जवाब दे रही है।

मतलब यह कि लेखक के व्यक्तित्व को अपने-आपमें पूर्ण मान लेना गलत है। इस तरह वह व्यक्तित्व जड़ हो जाता है, जबकि व्यक्तित्व विकासशील तत्त्व है। साहित्य-रचना में जब हम लेखक के व्यक्तित्व का महत्त्व स्वीकार करते हैं तो इसका अर्थ यह नहीं है कि वह स्वयंभू और सर्वोपरि है। साहित्य के सामान्य धरातल से सहसा कोई महान साहित्यकार ऊपर उठता दिखायी पड़ता है तो इसका यह अर्थ नहीं है कि वह ज़न्म से ईश्वरदत्त प्रतिभा लेकर आया था। किसी विशेष व्यक्तित्व का सहसा ऊपर उठना वस्तुतः आकस्मिक नहीं है। हमें वह आकस्मिक प्रतीत होता

है। आकस्मिक इसलिए प्रतीत होता है कि हम उन तत्त्वों को नहीं जानते जिनसे अब तक उसके व्यक्तित्व का निर्माण हुआ है। हम तो उसकी कृति को ही सहसा देखते हैं; उस कृति के पीछे लगी हुई साधना से हम प्रायः अपरिचित रहते हैं। इस प्रकार किसी विशिष्ट व्यक्तित्व का उत्थान आकस्मिक नहीं है, आकस्मिक है उसका हमारी दृष्टि में आना। यह विस्मय बहुत कुछ ऐसा ही है जैसे कोई अपने बच्चे को बचपन के बाद बारह वर्ष पर देखे और चौंक जाये।

महान साहित्यकारों में औरों से जो विशेषता दिखायी पड़ती है उस पर चकित होने की अपेक्षा समझने की कोशिश की जाये तो अधिक आनन्द आ सकता है। समझने में चौंकने की अपेक्षा हमेशा अधिक आनन्द है। विशेषता को समझने के लिए हमें सामान्य से पहले विशेष पर आना चाहिए। अभी-अभी एकदम एक नये लेखक फणीश्वरनाथ रेणु का उपन्यास 'मैला आँचल' निकला है। उपन्यास पढ़ते ही कौतुकी लोग चौंक उठे और विस्मयादि बोधक स्वर में 'प्रतिभा प्रतिभा' चिल्लाने लगे। कुछ लोगों ने तो यहाँ तक भविष्यवाणी कर दी कि रेणु अब ऐसी अथवा इससे अच्छी रचना न कर सकेंगे। इनके कहने से भी ऐसा ही लगता है गोया यह कृति अचानक बन पड़ी है। परन्तु रेणु का यह उत्थान क्या सचमुच आकस्मिक है? संयोग से रेणु ने इससे पहले भी कुछ-एक कहानियाँ छपायी थीं लेकिन उनमें कुछ खास नहीं था जिससे लोग इस तरह आकृष्ट हों। इससे इतना तो पता चलता ही है कि 'मैला आँचल' से पहले रेणु ने और भी चीजें लिखीं और वे उतनी अच्छी नहीं बनीं।

अब स्वयं 'मैला आँचल' को ही लें। लेखक ने इसमें मिथिला के एक गाँव का सर्वांगीण जीवन इतने सजीव रूप में उपस्थित किया है कि हम दंग रह जाते हैं। यही है रेणु की विशेषता, क्योंकि रेणु से पहले किसी अन्य व्यक्ति ने यह कार्य इतनी सफलता से नहीं किया था। लेकिन रेणु से पहले क्या किसी ने इस दिशा में कार्य नहीं किया था? हम जानते हैं कि नागार्जुन इस तरह के उपन्यास लिख चुके थे और 'मैला आँचल' से पहले आंचलिक कथा-साहित्य की प्रवृत्ति का बातावरण बन चुका था अथवा बन रहा था। तात्पर्य यह है कि रेणु का आविर्भाव एक निश्चित ऐतिहासिक परिस्थिति का परिणाम है। इसी तरह हर लेखक की प्रतिभा एक निश्चित परिस्थिति और परम्परा की उपज होती है।

लेखक की विशेषता उस परिस्थिति को ठीक से समझने और समझकर बदलने में है। रेणु की विशेषता यही है कि उन्होंने मिथिला के ग्रामीण जीवन को औरों से अधिक अच्छी तरह समझा है और समझकर उसे साहित्य में बदल दिया है। सवाल यह है कि उन परिस्थितियों को इस एक लेखक ने ही इतना क्यों समझा? जाहिर है कि औरों की अपेक्षा वह इन परिस्थितियों को समझने की स्थिति में अधिक था।

लेकिन स्वयं उस गाँव के रहनेवाले, किसान तो लेखक से अधिक उस परिस्थिति में हैं फिर उन्होंने अपनी स्थिति को इस तरह समझकर 'उपन्यास' क्यों नहीं लिखा? क्योंकि वे खेती करते हैं और उन्हें इतनी फुरसत और सुविधा नहीं है कि अपनी बुद्धि का विकास इस दिशा में कर सकें। मेहनत और पेशे का बँटवारा हो जाने के कारण लेखक ने सोचने-विचारने तथा पढ़ने-लिखने के क्षेत्र में अपना विशेष विकास कर लिया है। मतलब यह है कि रेणु में किसानों से जो विशेषता है वह तो श्रम विभाजन का परिणाम है और दूसरे लेखकों से जो विशेषता है वह उस विशेष परिस्थिति में रहने के कारण।

अधिक समझने की समस्या फिर भी रह जाती है। अक्सर एक ही परिस्थिति में, एक ही पेशे के दो लेखक काम करते हैं फिर भी एक लेखक को दूसरे से अधिक सफलता मिल जाती है। यदि दोनों की सम्पूर्ण जीवनचर्या का व्यौरा प्राप्त हो तो पता चलेगा कि एक की सफलता के पीछे उसका सारा जीवन-चरित और जीतोड़ मेहनत है। समाज के इतिहास के बीच प्रत्येक व्यक्ति का एक अपना भी इतिहास है; व्यक्ति, व्यक्ति के आपसी सम्बन्धों का ताना-बाना विविध प्रकार के व्यक्तित्वों का निर्माण किया करता है। एक व्यक्ति जितने लोगों के सम्पर्क में आता है वे सब-के-सब किसी दूसरे व्यक्ति के सम्पर्क में नहीं आते और यदि इत्तफ़ाक से ऐसा हो तो भी सबके साथ उसका एकदम वैसा ही सम्बन्ध नहीं हो सकता। सम्बन्धों की इस विविधता, घनिष्ठता और जटिलता की जानकारी व्यक्तित्वों में विभिन्नता और विशिष्टता पैदा करती रहती है। किसी व्यक्ति से जुड़े सम्बन्ध-सूत्रों का नाम ही उसका जीवनचरित है—इनके निर्माण में उसकी स्वेच्छा और प्रयत्न का पूरा दखल है। वह चाहे तो अपने इस व्यक्तिगत इतिहास को बदल भी सकता है और न चाहे तो जड होने से उसे कौन रोकनेवाला है।

अक्सर देखते हैं कि अलग-अलग गाँवों से शहर में पढ़ने के लिए युवक आते हैं और पढ़ते-लिखते कुछ लिखने भी लगते हैं। इस तरह लिखने की कोशिश करनेवाले कुछ नये लेखक एक जगह मिलने लगते हैं। कुछ दिनों में मिलने-जुलने के लिए इन लेखकों को बस वही रोजवाले दोस्त रह जाते हैं। नतीजा यह होता है कि अपने साथ लायी हुई विशेषता की पूँजी ख़तम हो जाती है और धीरे-धीरे मण्डली के सभी लिक्खाड़ एक-से हो जाते हैं। खुदा न खास्ता उनके बीच कोई ज्यादा चलता-पुर्जा आदमी निकल आया और इस तरह अपनी मण्डली में बीस हो गया तो बाक़ी सब उसी की नक़ल में परेशान! फिर भी उन सबके बीच उन्नीस-बीस से ज्यादा फ़र्क नहीं होता। उनका बोलना एक सा लिखना एक-सा, सोचना एक-सा, यहाँ तक कि धीरे-धीरे उनकी अनुभूतियाँ और रुचियाँ भी एक-सी होने लगती हैं। आज की बहुत-सी

रचनाओं में इस गोष्ठीजनित एकरसता का दर्शन अक्सर होता रहता है। सामाजिक सम्बन्धों को सीमित कर लेने से व्यक्तित्व की विशेषता किस प्रकार नष्ट होती है, इसका यह ज्वलन्त उदाहरण है।

तात्पर्य यह कि लेखक की विशिष्टता उसकी व्यक्तिगत इकाई के अतिरिक्त अधिकांशत: उसके सम्बन्धों और सम्बन्धों की समझदारी पर निर्भर है। इस तरह लेखक के वैयक्तिक वैशिष्ट्य के वस्तुवादी आधार पर जोर देकर हम अधिक रचनात्मक काम कर सकते हैं। व्यक्तित्व की वस्तुवादी व्याख्या से लेखक को आत्म-विकास की दिशा मिलती है। व्यक्तित्व की वस्तुवादी व्याख्या का प्रयोजन यह है कि महान लेखकों की तथाकथित 'प्रतिभा' या 'विशिष्टता' को भी बुद्धि से समझा जा सकता है और यदि धैर्य के साथ उसके विविध सम्बन्ध-सूत्रों की छान-बीन की जाये तो बुद्धि-संगत कारणों का पता भी चल सकता है। इस तरह की कोशिशें करके हम मानव-बुद्धि की क्षमता की ओर संकेत करते हैं। इससे किसी के विस्मय का आह्लाद भले ही कुछ कम हो जाये और किसी की आँखों का सुखद रहस्यवादी परदा भले ही फट जाये लेकिन मानव बुद्धि का अपमान तो नहीं होता। प्रतिभा की वस्तुवादी व्याख्या से कुछ 'प्रतिभावान' लोगों को अपनी प्रतिभा के पर्दाफाश होने की चाहे जितनी तकलीफ़ हो लेकिन सचमुच प्रतिभावान लेखक आत्म-विकास भी कर सकते हैं।

तात्पर्य यह कि परिस्थितियों को समझने और समझकर बदलने की कोशिश में ही व्यक्तित्व का विकास होता है। परिस्थिति में सभी तत्त्व व्यक्तित्व के लिए साधक नहीं होते, कुछ बाधक तत्त्व भी होते हैं। इन बाधक तत्त्वों को समाप्त करने के लिए प्रयत्नशील लेखक का व्यक्तित्व लोगों की निगाह में ऊँचे उठता है। आग की चिनगारियाँ टक्कर से ही छिटकती हैं। व्यक्तित्व-विरोधी तत्त्वों से लड़ने में लेखक अकेला नहीं है—उसकी समझदारी इस बात में है कि अपनी सहयोगी जनशक्ति को पहचान ले। जनशक्ति का सहयोग न लेनेवाला लेखक जल्द ही टूट सकता है। संघर्ष से छिटकी चिनगारी भी जलने के लिए तिनके का सहारा चाहती है और सहारा न मिलने पर बुझ जाती है। अकेला लेखक दियासलाई की उस सलाई की तरह है जो टकराकर थोड़ी देर तो जलती है लेकिन आधार के अभाव में बुझ जाती है।

इस बात को हम इस प्रकार कह सकते हैं कि लेखक अपने व्यक्तित्व के माध्यम से समाज को साहित्य का रूप देता है। जो लेखक समाज के प्रति कुछ जागरूक हैं वे तो इस तथ्य को स्वीकार करते हैं; लेकिन कुछ लेखक इतने फक्कड़ होते हैं कि अपने व्यक्तित्व के माध्यम से समाज की अभिव्यक्ति को अपने व्यक्तित्व की ही अभिव्यक्ति समझते हैं। कोई ज़रूरी नहीं है कि ऐसे लेखक हमेशा समाज से कटे हुए सर्वथा व्यक्तिवादी ही हों। साहित्य-रचना की भावाकुलता में लेखक अवसर

सब-कुछ भूल जाता है। उसके भीतर प्रसव वेदना की तरह केवल एक ही अनुभूति उमड़ती रहती है कि अपने को यथासम्भव पूरा का पूरा अभिव्यक्त कर दे। रचना के समय वह केवल इतना ही सोचता है कि भीतर जो कुछ घुमड़ रहा है वह सब का सब बाहर आ जाये। इसलिए लिख चुकने के बाद उसे एक प्रकार की राहत-सी मिलती है। रचना के समय इसके अतिरिक्त दूसरी कोई अनुभूति कृति को चौपट करने के लिए काफी हो सकती है। जिस तरह लक्ष्यवेध के समय तीरन्दाज केवल लक्ष्य को देखता है, उसी तरह लिखने के समय लेखक केवल रचना को देखता है। उस समय उसकी सम्पूर्ण इन्द्रियाँ सारे संसार से सिमटकर एक बिन्दु पर केन्द्रित हो जाती हैं। ऐसी ही मन:स्थिति में वह कहता है कि मैं तो स्वान्तः सुखाय लिखता हूँ! इस स्वान्तः सुख में उसकी सारी साधना और सारा व्यक्तित्व अन्तर्निहित है—दृष्टिकोण, उद्‌देश्य, अनुभव, अनुभूति, विचार, विश्वास वगैरह सब कुछ इसी के अन्तर्गत आ जाता है। इन तमाम बातों को वह स्वयं कहे या नहीं, लेकिन साहित्यिक कृति के रूप में इन सबका फल हमारे सामने आता है।

अगर कोई इस बहस में नहीं पड़ना चाहता कि साहित्य में लेखक जो कुछ व्यक्त करता है वह उसका वैयक्तिक व्यक्तित्व है या सामाजिक व्यक्तित्व, तो हमें कोई आपत्ति नहीं; क्योंकि रचना में व्यक्त वास्तविकता सबके सामने है। इस साहित्यगत वास्तविकता की झुठाई-सचाई अपने आप ही रचयिता के व्यक्तित्व की पोल खोलने के लिए काफी हैं। पाठक के सामने वही एक रचना तो नहीं है। और भी रचनाएँ उसके सामने आती हैं। यदि व्यक्ति के मूल्यांकन के लिए समाज में दूसरे व्यक्ति हैं तो किसी रचना के मूल्यांकन के लिए भी साहित्य में दूसरी रचनाएँ हैं। व्यक्तियों की तरह रचनाएँ भी परस्पर सम्बद्ध होती हैं और एक-दूसरे को प्रभावित करती रहती हैं। रचनाओं के पारस्परिक प्रभाव के बारे में प्रायः यही समझा जाता है कि पहले की लिखी रचना से ही कोई रचना प्रभावित होती है। परन्तु इस बात की ओर लोगों का ध्यान नहीं जाता कि रचनाएँ अपनी परवर्ती रचनाओं से भी प्रभावित होती हैं। एक रचना से दूसरी रचना का अर्थ बदल जाता है, मूल्य घट-बढ़ जाता है और वह अपने-आप से कुछ और हो जाती है। इससे कौन इन्कार कर सकता है कि मानस ने वाल्मीकि रामायण को और कामायनी ने मानस को पाठकों के लिए बदल दिया।

गरज कि विभिन्न रचनाओं में व्यक्त जीवन के चित्रों को देखने से पता चलता है कि कुल मिलाकर इन खण्ड-चित्रों से भी कहीं अधिक विशाल जीवन है जो समूचा-का-समूचा किसी एक रचना में नहीं आ सका है और न एक लेखक अथवा एक युग के सभी लेखकों की रचनाओं में ही वह महान चित्र आ पाया है। इससे एक

व्यक्ति-निरपेक्ष वास्तविकता का आभास मिलता है और उसी को हम समाज की संज्ञा देते हैं। इससे साबित होता है कि लेखक अपने व्यक्तित्व के माध्यम से समाज को ही अभिव्यक्त करता है। अभिव्यक्ति के लिए वह जिस भाषा, छन्द अथवा रूप का आश्रय लेता है वह स्वयं समाज की परम्परा से प्रसूत हैं। समाज यदि एक ओर लेखक के व्यक्तित्व के माध्यम से साहित्य-रूप ग्रहण करते हुए व्यक्ति की सीमा से सीमित हो जाता है तो दूसरी ओर व्यक्ति की विशिष्टता के स्पर्श से विशिष्ट हो उठता है। इसीलिए प्रत्येक सार्थक रचना समाज के जीवन में नवीन योगदान होती है। साहित्य में व्यक्त समाज का प्रत्येक सफल चित्र समाज को पहले से कुछ बड़ा बना देता है। हर श्रेष्ठ रचना से समाज महत्तर होता है—महत्तर केवल यश के क्षेत्र में नहीं, बल्कि मानसिक और आध्यात्मिक क्षेत्र में भी। ऐसी रचना स्वयं लेखक की मानसिक तथा आध्यात्मिक सत्ता को भी समृद्ध करती है।

समाज की इस विशिष्ट छाया की विशिष्टता का पता लगाने में, इस प्रकार, लेखक का व्यक्तित्व बहुत सहायक हो सकता है। खेद है कि समाज और साहित्य के बीच की यह कड़ी अक्सर या तो टूट जाती है या फिर आवश्यकता से अधिक महत्त्व पा जाती है। पर वह कड़ी न तो अस्तित्वहीन है और न स्वतः सम्पूर्ण। साहित्य में जहाँ समाज की छाया बिगड़ी हुई दिखायी पड़ती है वह इसी के कारण, किसी अलौकिक नियम के कारण नहीं। लेखक अपने समाज को ज्यों-का-त्यों देख लेने के लिए चाहे जितनी कोशिश करे लेकिन उसकी दृष्टि की एक सीमा होती है; उसकी ईमानदारी के बावजूद रचना में समाज का चित्र कुछ-न-कुछ बदल ही जाता है। संकीर्ण दृष्टिवाले लेखकों का सामाजिक चित्र संकीर्ण होता है और रहस्यवादी दृष्टिवाले लेखक का चित्र रहस्यात्मक अर्थात् अस्पष्ट। इनके विपरीत व्यापक और पैनी दृष्टिवाले सहृदय समझदार लेखकों द्वारा प्रस्तुत चित्र अधिक-से-अधिक वास्तविक होता है। और हीगेल के शब्दों में जो वास्तविक होता है, वही विवेकपूर्ण होता है और जो विवेकपूर्ण होता है, वही वास्तविक होता है।

इस प्रकार विवेकपूर्ण बात है वास्तविकता के चित्रण पर विचार। लेकिन ऐसे भी आलोचक हैं जिन्हें न तो विवेक से कोई मतलब है और न वास्तविकता से। उनकी बिगड़ी मति के अनुसार आलोचना के सामने 'असली सवाल सामाजिक यथार्थ का नहीं है, बल्कि उस यथार्थ की विकृतियों के अध्ययन का है।'

यथार्थ की विकृतियों का अध्ययन करते-करते भृंगकीटन्याय से उनका मस्तिष्क इतना विकृत हो गया है कि आलोचना, कविता, कथा आदि सभी क्षेत्रों को वे अपनी मानसिक विकृतियों से विकृत कर रहे हैं। कोई ज़रूरी नहीं है कि जो सवाल इनके लिए असली हो, वह सारे साहित्य का भी असली सवाल हो जाये। लेकिन विकृत

मस्तिष्क की यही तो बीमारी है कि सारी दुनिया विकृत मालूम होती है! फिर भी यह निश्चित है कि दो-चार लेखकों के इस साहित्य-बिगाड़ काम से सामाजिक यथार्थ की अभिव्यक्ति नहीं रुक जायेगा। मुर्गे की तबीयत, बाँग न दे लेकिन सुबह का होना नहीं रुकेगा। समाज अपनी वास्तविक अभिव्यक्ति के लिए हमेशा की तरह व्यक्ति और व्यक्तित्व पैदा कर लेगा!

1954

अनुभूति और वास्तविकता

अनुभूति के बिना साहित्य नहीं लिखा जा सकता, यह सभी जानते हैं लेकिन जानने से क्या होता है? जब तक 'अनुभूति' का नाम-जाप बराबर न किया जाये, फल नहीं मिलता—'भाव कुभाव अनख आलसहू। नाम जपत मंगल दिसि दसहू।' इस नियम को कुछ लेखक इतनी तत्परता से निभा रहे हैं कि उनके लेखों में 'अनुभूति' ही 'अनुभूति' की बहार दिखायी पड़ती है। 'आलोचना' के सम्पादकों ने जब साहित्य का महान दायित्व अपने सिर पर लिया है तो इस कर्त्तव्य पालन में वे किसी से कैसे पीछे रह सकते हैं!

अक्टूबर 53 की 'आलोचना' में सौन्दर्यबोध पर प्रकाश डालते हुए संपादक कहते हैं—"साहित्यिक सौन्दर्य बोध के क्षेत्र में अनुभूति की निर्भरता, अभिव्यक्त की निर्वैयक्तिकता अथवा प्रभाव की अलौकिकता को हम वैयक्तिक अनुभूति के विशिष्ट क्षणों और सामाजिक जीवन के विशिष्ट मूल्यों के सन्तुलन के अर्थ में ही ग्रहण कर सकते हैं अन्यथा नहीं।"

एक ही वाक्य में पहली बार 'अनुभूति की निर्भरता' तो दूसरी बार 'वैयक्तिक अनुभूति'! कोई बात नहीं। केशवदास की सीख मान 'जपत रहत न डरत पुनरुक्ति को!' शब्द अच्छा है तो दो बार आने से गुणकारी ही होगा। अनुभूति के विशिष्ट क्षणों में शायद इसी तरह पुनरावृत्ति हुआ करती है। पहली बार निर्भरता को समेटने में वैयक्तिकता छूट गयी तो दूसरी ओर वैयक्तिकता को सम्भालने में निर्भरता चली गयी। पता नहीं अनुभूति वैयक्तिकता पर निर्भर है या निर्भरता पर? शायद यह प्रभाव की अलोकिकता है! इसीलिए अनिर्वचनीय भी। अलौकिकता से कोई परलोक की ओर आँखें न कर ले इस लिए कहा गया है कि यह अभिव्यक्ति की निर्वैयक्तिकता है; अर्थात् यह कथन किसी एक व्यक्ति का नहीं है और न उसमें किसी का व्यक्तित्व है! इसमें अनेक विशिष्ट मूल्यों के बीच सन्तुलन स्थापित करने का प्रयत्न किया गया है! कितना मुश्किल काम है! सन्तुलन स्थापित हो तो कैसे? एक ओर वैयक्तिकता

खींचती है तो दूसरी ओर निर्वैयक्तिकता! एक ओर अलौकिकता है, दूसरी ओर सामाजिकता। एक ओर अनुभूति है तो दूसरी ओर अभिव्यक्ति। एक ओर क्षण हैं तो दूसरी ओर मूल्य। क्या ग्रहण करें और क्या छोड़ दें? इसलिए सबको एक वाक्य में तोलकर फेंक दिया।

इस असन्तुलन में भी एक बात साफ है कि अनुभूति का अर्थ वैयक्तिक अनुभूति है। अनुभूति तो व्यक्ति को ही होती है इसलिए 'वैयक्तिक अनुभूति' में यदि 'वैयक्तिक ' शब्द अनावश्यक नहीं है तो उसका एक ही मतलब हो सकता है--(व्यक्ति को) व्यक्ति की अनुभूति। जो व्यक्ति अनुभूति का विषय है, वह अनुभूति करनेवाले से भिन्न भी हो सकता है और अभिन्न भी, लेकिन यहाँ इस तरह का कोई संकेत नहीं है कि अनुभूति का विषय अपने से भिन्न है। इसलिए वैयक्तिक अनुभूति का अर्थ हुआ अपने तईं अपनी अनुभूति अर्थात् अपने को अपनी अनुभूति।

जब हम अपने को अनुभव करते हैं तो अपना क्या अनुभव करते हैं? वैयक्तिक अनुभूतिवादी इस पर भी चुप हैं। शायद उनके लिए यह केवल अनुभूति का विषय है, विचार का नहीं। लेकिन अनुभूति की चर्चा को अनुभूति का विषय कहकर तो नहीं टाला जा सकता। विचार के स्तर पर तो उसे लाना ही होगा।

अनुभव बताता है कि जब हम अपने को अनुभव करते हैं तो अपने कार्यों को अनुभव करते हैं। कार्य का सम्बन्ध अपने अलावा किसी और से भी होता है। कार्य करने का मतलब है अपनी व्यक्तिगत सीमा से बाहर निकलना। इस तरह हम कार्य करने के साथ ही अपने से बाहर समाज की सीमा में आ जाते हैं और हमारा कार्य सामाजिक हो जाता है। व्यक्ति अपने इन्हीं सामाजिक कार्यों का अनुभव करता है। लेकिन जो लोग अनुभूति को सर्वथा वैयक्तिक सीमा तक ही रखना चाहते हैं उन्हें अनुभूति का यह रूप क्योंकर स्वीकार हो? इसलिए वैयक्तिक अनुभूति को उन्हें वैयक्तिक कार्यों की अनुभूति तक ही सीमित रखना पड़ेगा।

सवाल यह है कि मनुष्य का ऐसा कौन-सा कार्य है जो एकदम वैयक्तिक है और जिसे वह एकदम अपने ही भीतर करता है, और इस तरह करता है कि उसका असर उसके तन-मन के बाहर कहीं प्रकट न हो। जाहिर है कि व्यक्ति का यह कार्य उसका भाव और विचार है। सोचने-विचारने और अनुभव करने का काम व्यक्ति अपने ही भीतर करता है। इस प्रकार जो लोग अनुभूति को वैयक्तिक ही रहने देना चाहते हैं वे अपनी अनुभूति को ही अनुभव करने की बात करते हैं। वैयक्तिक अनुभूति का मतलब अनुभूति की अनुभूति।

जब अनुभव करने को और कुछ नहीं, केवल अनुभूति है और अनुभूति पर भी विचार न करके केवल अनुभूति की जाती है तो कहने के लिए भी केवल अनुभूति

रह जाती है। आलोचनावालों के अनुभूति अनुभूति जपने का यही कारण है। लगता है, जैसे किसी ने कान में मन्त्र तो फूँक दिया लेकिन अर्थ नहीं बताया।

इस वैयक्तिक अनुभूति के मन्त्रदाता हैं अज्ञय। मन्त्रदाता गुरु को शिष्य से कुछ तो अधिक जानना ही चाहिए! आलोचना-संपादकों ने अनुभूति की व्याख्या करने का जो कार्य छोड़ दिया है, वह अज्ञेय के साहित्य में मौजूद है। अनुभूति को अज्ञेय लेखक का सत्य मानते हैं और सत्य को रागात्मक तथ्य। रागात्मक तथ्य अर्थात् तथ्य के साथ रागात्मक सम्बन्ध। इस तरह अज्ञेय ने अनुभूति के साथ ही तथ्य का भी अस्तित्व स्वीकार किया है। किस की अनुभूति? तथ्य की। अब देखना चाहिए कि इस अनुभूति में तथ्य क्या है?

'पठार का धीरज' कहानी में इस तथ्य का उद्घाटन किया गया है। वे कहते हैं कि "यथार्थ के स्तर हैं। स्थूल वास्तव, फिर सूक्ष्म वास्तव जिसमें हमारे भाव का भी आरोप है, फिर क्या और भी कोटियाँ नहीं हैं, जहाँ भाव ही प्रधान हो, जहाँ तथ्य वहीं पहचाना जाये, जहाँ वह व्यक्ति जीवन के प्रसार में गहरी लीकें काट गया हो, नहीं तो और पहचानने का कोई उपाय न हो, क्योंकि व्यक्ति जीवन, व्यक्ति जीवन के क्षण का स्पन्दन इतना तीव्र हो कि सब कुछ उसी स गूँज रहा हो, और कोई ध्वनि सुनी न जा सके।"

वास्तव में इन स्थूल, सूक्ष्म, सूक्ष्मतर, और सूक्ष्मतम स्तरों में अज्ञेय किस स्तर पर रहना पसन्द करते हैं, यह उनके अन्तिम वाक्य से स्पष्ट है। उन्हें वह स्तर सबसे प्रिय है जहाँ केवल भाव की सत्ता हो और तथ्य को पहचानने का कोई उपाय न हो। वे उस स्तर पर रहना चाहते हैं जहाँ क्षण के तीव्र स्पन्दन की गूँज के अतिरिक्त और कोई ध्वनि सुनी न जा सके। गरज कि वे शुद्ध भाव-जगत में रहना चाहते हैं! इसी का दूसरा नाम है अनुभूति की अनुभूति।

ऐसी तीव्र मनःस्थिति में तथ्य का बोध खो बैठना स्वाभाविक है। तथ्य पर भावों के आरोप से गढ़ी हुई छाया जब प्रेय हो जाती है तो 'भीतर की वास्तविकता---न जाने कब उसमें घुल जाती है।' उसी घनी दुर्भेद्य छाया के कारण तथ्य दिखायी नहीं पड़ता। धीरे-धीरे उस छायालोक का सम्बन्ध स्थूल वास्तविक जगत से टूट जाता है।

अज्ञय के शब्दों में "पठार की अपनी एक वास्तविकता है, उनकी अपनी एक वास्तविकता है। दोनों समानान्तर हैं, सहजीवी हैं, संयुक्त हैं; यह बिल्कुल आवश्यक नहीं है कि वास्तविकता के अलग-अलग स्तर कहीं भी एक-दूसरे को काटें। जो बोध स्वयं ही हो; चेतना स्वतः उभरकर, फैलकर जिस स्तर को भी छू आवे, आवे; चेतना स्वच्छन्द रहे, निर्धूम रहे।"

इस प्रकार अज्ञेय का सत्य तथ्य से रागात्मक सम्बन्ध जोड़कर भी ऐसा रागात्मक

सम्बन्ध स्थापित करता है जिससे फिर तथ्य से कोई सम्बन्ध ही नहीं रह जाता। ऐसा सम्बन्ध जिसमें सम्बन्ध ही न हो, अपना खण्डन आप है। यह तो आत्महत्या करके जीवित रहने की तरह है। सम्बन्धी को अलग करके भी सम्बन्ध बने रहने की सम्भावना मन में तभी उठती है जब कोई सम्बन्ध का सारा श्रेय अपने-आपको ही दे देता है। इस प्रकार वह सम्बन्ध को ही सम्बन्धी समझ लेता है—अनुभव के कार्य को ही वस्तु समझ लेता है। इस प्रकार अज्ञेय भी अनुभूति से वास्तविकता तक जाकर फिर अनुभूति की गुहा में वापस लौट आते हैं। यहाँ आने पर फिर रह जाती है वही अनुभूति की अनुभूति।

सवाल यह है कि यह अनुभूति है क्या? अज्ञेय कभी इसे दर्द कहते हैं और कभी विकलता। विकलता किसकी? खोज की। खोज किसकी? उसी विकलता की--विकल अनुभूति की। जब वास्तव जगत को छोड़ आये तो फिर यह विकल रहने की अनुभूति कहाँ से प्राप्त हो सकती है? अज्ञेय का कहना है कि यह विकल अनुभूति साहित्य जगत की वास्तविकता से खोजी ज़ा सकती है। लिहाजा वे विकल अनुभूतिवाले साहित्य से अनुभूतियाँ जुटाया करते हैं। कोई बात नही। यदि वास्तव जगत में जाने का साहस नहीं तो साहित्य जगत ही सही। लेकिन साहित्य-जगत में भी तो वास्तविकता के अनेक रूप हैं और यहाँ से भी अपनी अनुभूतियों का भण्डार भरा जा सकता है। लेकिन जो यहाँ भी आकर केवल विकलता की ही खोज करता हो, उसके लिए अन्य सभी प्रकार की अनुभूतियों के लिए द्वार बन्द हैं। इस प्रकार साहित्य जगत में आने पर भी विकलता की विकलता और खोज की खोज तक जाकर रास्ता ख़त्म हो जाता है। अपने से बाहर निकले तो अपने ही जैसे विकल लोगों के बीच पहुँचे और फिर अपने में लौट आये। अज्ञेय ने यह सब 'ईमानदारी' से स्वीकार किया है।

देखना यह है कि इस विकलता का कोई समझ में आने लायक ठोस रूप भी है या यह केवल भावना जगत की ही उपज है। अज्ञेय का कहना है कि यह विकलता 'निघरे-पन' और 'नि-जड़ेपन' की है और यह पूँजीवादी जीवन-व्यवस्था का अभिशाप है जिसके कारण हमारे 'व्यक्तित्व के टुकड़े-टुकड़े' हो गये हैं और 'जर्जीविषा' व्यर्थ हो गयी है। इस अनुभूति में और विकलता में निःसन्देह पूरी ईमानदारी है; इसलिए यह अनुभूति भी वास्तविक है। इस वास्तविकता ने उनके साहित्य को काफ़ी मार्मिक बना दिया है। उनके साहित्य में इसीलिए मन को पकड़ लेने की और विकल कर देने की क्षमता है। इस तथ्य को झुठला देने-वाले अपनी जड़ता का परिचय देते हैं। ऐसे टूटते व्यक्ति और इनका साहित्य हमारे जीवन का एक तथ्य है-वास्तविकता का एक अंग यह भी है। इसमें व्यक्त होनेवाली अनुभूति की तीव्रता मन को छूती है तो

इसकी टूटन मन को तोड़ती भी है। साथ ही इन सबसे मन में खोज की विकलता भी उत्पन्न होती है जो इसे छोड़कर किसी समाधान की ओर दौड़ता है। ऐसा दर्दनाक साहित्य स्वयं का निषेध करता है; थोड़ी देर के बाद ही यह साहित्य पाठक को अपने सम्पर्क से हटाकर किसी स्वस्थ साहित्य की प्यास जगाता है। यही उस साहित्य का अन्तर्विरोध है।

इस अन्तर्विरोध को न देख पाने के कारण कुछ जनवादी आलोचक इस तरह के सम्पूर्ण साहित्य को चुटकी से उड़ा देते हैं। वे उनकी अनुभूत वस्तु और अनुभूति दोनों को भ्रम से एक समझ लेते हैं। विकलता के मूर्त चित्र और विकलता की अनुभूति दोनों एक चीज नहीं हैं। विकलता के मूर्त चित्र वास्तविक हैं लेकिन विकलता भ्रम है और इस भ्रम के कारण वह वास्तविक चित्र भी कुछ सीमित, खण्डित और धुंधला हो जाता है। उदाहरण के लिए 'नदी के द्वीप' की रेखा का चरित्र अपनी आंशिक वास्तविकता के कारण मार्मिक प्रभाव डालने की पूरी क्षमता रखता है लेकिन कोई आवश्यक नहीं कि पाठक के मन में रेखा का चरित्र वही विचार और अनुभूति जगाये जो रेखा, भुवन अथवा अज्ञेय के मन में उठते हैं। रेखा की बहुत-सी अनुभूतियाँ हमारे लिए कोरा हेतुवाद, युक्तिसत्य हैं और स्वनिर्मित भ्रम हो सकती हैं लेकिन अपने जीवन के जिन कार्यों को लेकर वह विचार गढ़ती है तथा उन विचारों के अनुसार जो कार्य करने का प्रयत्न करती है वे कार्य वास्तविकता के अंग हैं। जिस सतर्कता से वह अपने जीवन पर विचार करती है और विचारों को जीती है वह सबको जागरूक बनाने की क्षमता रखता है। रेखा के व्यक्तिवाद से मतभेद की पूरी गुंजाइश है, लेकिन उसके व्यक्तित्व से मुँह फेरना असम्भव है।

दूसरी ओर व्यक्तिवादी आलोचक हैं कि उन्हें भी इस 'दर्दवादी' साहित्य में कोई अन्तर्विरोध दिखायी नहीं पड़ता। उनकी दृष्टि में सम्पूर्ण अनुभूत वस्तु दर्द की अनुभूति में घुल जाती है और इस तरह जो अनुभूति तैयार होती है वह सब की सब अच्छी लगती है। उनके लिए रेखा का व्यक्तित्व एक युक्ति है और वह युक्ति है 'दुख सबको माँजता है।' दुख की इस अनुभूति में वे अपने-आपको इतना गर्क कर देते हैं कि उनका सारा व्यक्तित्व उसमें विलीन हो जाता है। फिर तो वे उसी विकलता को लेकर जीने लगते हैं। जीवन की अन्य अनुभूतियाँ उनके लेखे समाप्त हो जाती हैं। व्यक्तित्व संकुचित हो जाते हैं, भावनाएँ कुण्ठित हो जाती हैं और विचार अस्पष्ट हो जाते हैं। समस्त सम्बन्ध-सूत्रों को तोड़कर वे एक ग्रन्थि के रूप में शेष रह जाते हैं—क्षुद्र ग्रन्थि जो अपने लिए और दूसरों के लिए भी खोलने में कठिन हो।

अज्ञेय ने जिस सत्य के बारे में लिखा है कि सत्य एक है क्योंकि वह एक ग्रन्थि है जिसके सब सूत्र खो गये हैं, वह सत्य वे स्वयं हैं। सत्य की यह अनुभूति लेखक

की वास्तविकता को इसी तरह क्रमशः संकुचित बना देती है और फिर वह संकुचित वास्तविकता उसकी अनुभूति को भी संकुचित करके छोड़ती है; एक बिन्दु पर केन्द्रित दुख इसी संकीर्ण अनुभूति की स्थिति है।

ऐसे समय जब कि कुछ लेखक तथ्य के यथातथ्य चित्रण को ही साहित्य-रचना समझते हैं, अज्ञेय का तथ्य के साथ रागात्मक सम्बन्ध स्थापित करने का नारा देना महत्त्वपूर्ण है। साहित्य में वास्तविकता के चित्रण के लिए उससे रागात्मक सम्बन्ध स्थापित करना अत्यन्त आवश्यक है, यहाँ तक कि वह पहली आवश्यकता है। लेकिन अज्ञेय के रागात्मक सम्बन्ध की सीमा है—वह सीमा उनके अपने व्यक्तित्व, अपनी सामाजिक स्थिति, अपने हित और प्रयोजनों की सीमा है। लेखक की यह निजी सीमा वास्तविकता में से कुछ ही वस्तुओं से सम्बन्ध स्थापित करने को बाध्य करती है, साथ ही उस सीमा से उसके सम्बन्ध का स्वरूप भी निर्धारित होता है। अज्ञेय का सारा रागात्मक सम्बन्ध एक सीमित दायरे के नर-नारियों से है और उस सम्बन्ध की रागात्मकता भी पीड़न-परक सुख भोग तक ही सीमित है। अपनी इन सीमाओं को छिपाने के लिए वे 'अनुभूति', 'रागात्मक सम्बन्ध', 'सत्य', 'तथ्य' आदि की केवल सामान्य और अस्पष्ट बातें ही करते हैं। उनका 'तथ्य' उतना ही सूक्ष्म है जितनी सूक्ष्म उनकी अनुभूति। सामान्यता के असीम आकाश में उड़ती हुई ये बातें सोलहो आने सच प्रतीत होती हैं लेकिन ज्यों ही उन्हें व्यवहार के धरातल पर उतारकर देखें तो सभी सीमाएँ प्रकट हो जाती हैं।

इसलिए सवाल सामान्य अनुभूति और वास्तविकता का नहीं बल्कि यह है कि अनुभूति किसकी और कैसी? वास्तविकता किसकी और कैसी? आज जब कि अनुभूति और वास्तविकता का नारा सभी लोग लगा रहे हैं तब ऐसे ठोस प्रश्न आवश्यक हो उठे हैं। विचारों की आँधी में आज समाज, जीवन, जनता, मानव, प्रकृति आदि मूर्त वस्तुएँ भी विचार मात्र बना दी गयी हैं, फिर अनुभूति, वास्तविकता, स्वतन्त्रता आदि वैचारिक मान्यताओं के बारे में तो कहना ही क्या?

इस सामान्यता से बचने के लिए व्यक्तिवादी लेखकों ने तो निश्चय कर लिया है कि जो कुछ अपनी सीमा में है वही सत्य है, बाकी से कोई अपना मतलब नहीं। लेकिन इस धारणा से व्यक्ति-निरपेक्ष वास्तविकता का न होना तो नहीं साबित हो जाता। संसार में और भी तो लोग हैं और उनकी भी अपनी-अपनी धारणाएँ हो सकती हैं।

इस प्रकार किसी वस्तु के बारे में एक व्यक्ति की जो धारणा है उससे वह वस्तु कुछ अधिक है क्योंकि उस वस्तु के बारे में और भी धारणाएँ दिखायी पड़ती हैं। यदि कोई वस्तु केवल धारणाओं का पुंज ही मान ली जाये तो भी वह एक व्यक्ति की धारणा से अधिक है। स्वयं कोई भी व्यक्ति अपने बारे में बनायी हुई अपनी

धारणाओं से अधिक हो सकता है क्योंकि उसके बारे में समाज की अन्य धारणाएँ भी हो सकती हैं। ऐसी हालत में किसी वस्तु से यदि कोई आँख मूँद ले तो इससे वह वस्तु भी उसकी ओर से नहीं मूँद सकती। जब व्यक्तिवादी लेखक जनता से सम्बन्ध स्थापित न करके भी निश्चिन्त रहने का स्वाँग भरता है तो इससे उसके बारे में जनता अपनी राय बनाना छोड़ नहीं देती। जो लेखक यह समझते हैं कि यदि किसी से रागात्मक सम्बन्ध स्थापित करूँगा तभी सम्बन्ध होगा अन्यथा नहीं होगा, वे भ्रम में हैं। सम्बन्ध एकतरफा कभी नहीं होता। जो लेखक पूँजीवादी व्यवस्था से सम्बन्ध नहीं रखना चाहते वे भी पूँजीवादियों की गिरफ्त में आ जाते हैं क्योंकि उन्हें पूँजीवादियों से मतलब हो या नहीं, पूंजीवादियों को तो उनसे मतलब हो सकता है।

इसी तरह जनता का आन्दोलन भी कभी-कभी बहुत-से तटस्थ लेखकों को उमड़कर अपने में समेट लेता है। वास्तविकता कोई जड़ और निष्क्रिय वस्तु नहीं है, वह लेखक की इच्छा के बावजूद अपना काम करती है। इतिहास में ऐसे अनेक उदाहरण मिलते हैं जब सामयिक आन्दोलन ने शुद्ध साहित्य की दुनिया में रहनेवाले लेखकों को भी आन्दोलनकारी बना दिया। और जब शुद्ध साहित्यकारों में से किसी ने वास्तविकता के इस दबाव के विरुद्ध विद्रोह किया तो शीघ्र ही उसे वेदना या निराशा के लोक में शरण लेनी पड़ी। ऐसे समय कुछ इस तरह के भी लेखक दिखायी पड़ते हैं जो भावुकतावश वास्तविकता के प्रवाह में चले तो गये लेकिन अपनी शक्ति और सीमा के अनुसार उसे ग्रहण न कर सके। इस हालत में कुछ लेखक अपने व्यक्तित्व को दो स्तरों में बाँट लेते हैं जिनमें से एक स्तर पर वे अपनी निजी अनुभूति की रचनाएँ करते हैं और दूसरे स्तर पर सामाजिक वफ़ादारी की। परन्तु स्तरों का यह विभाजन दूर करने के लिए लेखक ने यदि प्रयत्न नहीं किया तो धीरे-धीरे यह स्थायी हो जाता है और खण्डित व्यक्तित्ववाला लेखक न तो ठीक से निजी अनुभूति की रचनाएँ कर पाता है और न सामाजिक वफ़ादारी पूरी कर पाता है। इस स्थिति के दूसरे लेखक कुछ दिनों तक सामाजिक आन्दोलन के भावुक उद्‌गार व्यक्त करते रहते हैं और अनुभूतिहीन सतही चित्र बनाने में लगे रहते हैं, इसके बाद या तो साहित्य छोड़कर राजनीति के क्षेत्र में चले जाते हैं या फिर अख़बारनवीसी करते उम्र काट देते हैं। जो अधिक भावुक होते हैं, उनका मोह सहसा भंग हो जाता है। और मोर्चे से ध्वस्तमन लौटकर वे फिर अपनी पुरानी गुहा में टूटा विश्वास जोड़ने की कोशिश करने लगते हैं।

इन तमाम लेखकों से मजे में अपने को वे लेखक समझते हैं जिन्हें जगत-गति व्यापती ही नहीं। ये व्यक्ति अपनी सीमा में पूरे संघटितमन होने का दावा करते हैं। अपनी अनुभूतियों के परस्पर सामंजस्य का भी इन्हें अभिमान रहता है। विभाजित

व्यक्तित्ववालों की अपेक्षा अपने को ये अधिक 'ईमानदार' कहते हैं। गोया जनता के दुख-दर्द से विचलित न होना ही सबसे बड़ा अन्तः संघटन है और दूसरों के परिश्रम पर स्वयं सुख लूटना ही सबसे बड़ी ईमानदारी है! इतना होते हुए भी ये लेखक सबसे अधिक बिघटित, अस्थिर, विकल और पीड़ित दिखायी पड़ते हैं! सामाजिक चेतनावाले लेखकों की पीड़ा से इन व्यक्तिवादी लेखकों की पीड़ा में यही अन्तर है कि व्यक्तिवादी लेखक अपने लिए दुखी है तो अन्य लेखक समस्त पीड़ित मानव के लिए! इसीलिए इन दोनों प्रकार के साहित्यकारों की पीड़ा में एक-सी शक्ति नहीं है। इस तरह वास्तविकता अनुभूति की प्रकृति और मात्रा दोनों को प्रभावित करती है।

अनुभूति एक रचनात्मक क्रिया है। अपने जीवन और परिस्थितियों को बदलने के क्रम में हमारी अनुभूतियाँ भी बदलती चलती हैं—उनमें नवीनता आती है। वैज्ञानिक आविष्कारों के द्वारा प्रकृति पर विजय प्राप्त करने के कारण मनुष्य के राग-बोध के अनेक नये पहलू प्रकट हुए। अपने देश की स्वाधीनता के लिए लड़ते हुए जिस राष्ट्रीय भावना की अनुभूति प्रेमचन्द, प्रसाद, निराला आदि आधुनिक साहित्यकारों को हुई वह हिन्दी साहित्य में सर्वथा नयी थी। इसलिए जो लोग अपनी अनुभूति के विस्तार की आकांक्षा प्रकट करते हुए भी सामाजिक जीवन को केवल 'आत्मसात् करने अथवा उसके 'सम्पर्क' में आने की बात करते हैं वे अपनी निष्क्रियता का ढिंढोरा पीटते हैं। उनके वाक्य इस प्रकार के होते हैं—लेखक को चाहिए कि 'वह अपने आपको सामयिक जीवन के स्रोत में पूरे वेग से बह जाने दे' और 'वह अपने-आपको अधिक-से-अधिक सशक्त जीवन-प्रवाह में फेंककर उसकी वास्तविक अनुभूति प्राप्त करे।'

अपने आपको प्रवाह में 'फेंक देने' और 'बह जाने देने' से जो अनुभूति प्राप्त होगी वह बहुत नयी न होगी। यह भावना अज्ञेय के 'स्थिर समर्पण' से अधिक नहीं है। अज्ञेय यदि अपने मदमाते दीप को पंक्ति को दे देने की बात करते हैं तो नेमिचन्द जैन अपने को प्रवाह में फेंक देने की। इन दोनों से लेखक की विवशता ही प्रकट होती है। जब तक लेखक में व्यापक वास्तविकता को आत्म-सात करने की ऐसी विवशता रहेगी, उसकी अनूभूति भी इस विवशता की सीमा से आगे न बढ़ेगी। यह विवशता तभी दूर होगी जब लेखक अपनी परिस्थितियों को बदलने में योग देगा।

जो लेखक अपने युग की ज्वलन्त समस्याओं से तटस्थ रहकर केवल 'अनुभूति' की रट लगाया करते हैं वे अनुभूति के सामाजिक आधार का निषेध करते हैं। इसलिए उनकी सारी सदिच्छा सपना बनकर ही रह जाती है। अनुभूति वास्तविकता नहीं बल्कि वास्तविकता सम्बन्धी भावना है। इसीलिए वह वास्तविकता का एक अंश अथवा पहलू है। अनुभूति वास्तविकता की जगह नहीं ले सकती; उसकी सार्थकता इसी बात

में है कि वह वास्तविकता को रचनात्मक रूप दे सके।

विषयवस्तु की अपेक्षा 'अनुभूति' पर जोर देनेवाले वस्तुतः अपनी वैयक्तिक सीमाओं की वकालत करते हैं; वे अनुभूति के नहीं, 'अनुभूति-विशेष' के हिमायती हैं। अपनी अनुभूति के विस्तार की बात करते हुए भी वे अपने प्रयत्नों से उसे संकुचित बनाते हैं।

1955

प्रगतिशील वस्तु और प्रयोगवादी रूप

जब कोई कवि प्रयोगवादी रूप और प्रगतिशील वस्तु के समन्वय की बात कहता है तो मुझे जार्ज बर्नड शॉ और अभिनेत्री की बातचीत का वह टुकड़ा याद आ जाता है जिसमें अभिनेत्री ने शॉ से शादी की चर्चा चलाते हुए कहा था कि 'आपकी बुद्धि और मेरे रूप से रूपवान और बुद्धिमान सन्तान पैदा होगी!' लेकिन यह भी तो हो सकता है कि उसे मेरा रूप और तुम्हारी बुद्धि मिल जाय!' शॉ के इस जवाब में कोरी हाजिरजवाबी का ही मजा नहीं है बल्कि सचाई की चोट भी है। कविता के क्षेत्र में आज ऐसी घटनाएँ अक्सर दिखायी पड़ती हैं।

जनवादी भावनाएँ प्रयोगवादी शिल्प में जाते ही किस प्रकार अपनी शक्ति खोकर एकदम प्रयोगवादी हो जाती हैं इसके लिए मँजे हुए कवि शमशेर की 'वर्ली के किसानों' और 'ग्वालियर के गोली काण्ड' पर लिखी हुई कविताएँ देखिए। जब शमशेर जैसे कबि का यह हाल है तो फिर उनकी बात क्या की जाये जिनके लिए प्रयोगवादी शिल्प एकदम अनसधी मशीन है।

मगर सवाल यह उठता है कि क्या आज की कविता में विषय की तरह शिल्प में भी प्रगतिवादी और प्रयोगवादी दो स्पष्ट प्रवृत्तियाँ हैं? आलोचकों का तो कहना है कि प्रगतिशील कविता ने शिल्प की ओर ध्यान नहीं दिया, इसलिए उसका अपना कोई शिल्प नहीं है। लेकिन जिसे हम 'नयी कविता' कहते हैं उसके रूप-विधान का सारा नयापन क्या अकेले प्रयोगवादी कवियों के प्रयत्न का परिणाम है?

इतिहास के तथ्यों से यह प्रमाणित है कि छायावाद के बाद उसकी प्रति-क्रिया में जो काव्य प्रवृत्ति उत्पन्न हुई वह प्रगतिवाद कहलायी। प्रयोगवाद का कहीं पता न था। उस समय छायावाद के विरुद्ध जो प्रतिक्रिया हुई वह केवल विषयवस्तु के क्षेत्र तक ही सीमित न थी। स्वयं निराला और पन्त ने अपनी काव्य-शैली में परिवर्तन किया। पन्त जी ने पल्लव-गुंजन-कालीन बँधे छन्दों को छोड़कर मुक्त छन्दों की दिशा में कदम उठाया और यथाशक्ति भाषा में सादगी तथा मितव्ययिता लाने की चेष्टा की।

उनकी 'युगवाणी' और 'ग्राम्या' में ये नये प्रयत्न देखे जा सकते हैं। परन्तु निराला जी के लिए न तो मुक्त छन्द ही नये थे और न भाषा में सादगी तथा मितव्ययिता ही। फिर भी 'अणिमा', कुकुरमुत्ता', और 'नये पत्त' में वे भाषा और छन्द की दिशा में पहले से एक कदम और आगे आये। 'अणिमा' 'कुकुरमुत्ता' और 'नये पत्ते' के मुक्त छन्द एकदम 'परिमल' और 'अनामिका' की ही लय-भंगिमा पर नहीं हैं। यही नहीं, 'अनामिका' के 'यह सच है', 'हारी नहीं देख आँखें', 'अणिमा' के 'स्नेह-निर्झर बह गया है', 'मैं अकेला', जैसे छोटे-छोटे गीत छायावादी गीतों से शैली के मामले में स्पष्टतः भिन्न हैं या यों कहें कि नये हैं।

उत्तर-छायावादी कवियों में सियारामशरण गुप्त और नरेन्द्र शर्मा ने भी ऐसी कई कविताएँ लिखीं जो अपनी विषयवस्तु के अतिरिक्त काव्य-शैली में भी छायावाद से भिन्न तथा नयी थीं। नरेन्द्र की 'उस दिन मेरे बटन होल में', 'हवा आती', 'कठिन शीत है', 'सेंमल', 'फागुन की आधी रात', 'वासना की देह', 'ज्येष्ठ का मध्याह्न' आदि कविताएँ एकदम आज की नयी कविता मालूम होती हैं यद्यपि वे आज से बारह-पन्द्रह साल पहले लिखी गयी थीं।

मतलब यह कि नयी कविता में जो रूप की नवीनता है, उसकी बुनियाद बहुत कुछ निराला-नरेन्द्र ने ही डाल दी थी। उस बुनियाद पर कुछ और नयी ईंटें रखने का कार्य कुछ दिनों के बाद सन् 40-41 के आसपास अज्ञेय, गिरिजाकुमार, प्रभाकर माचवे, गजानन मुक्तिबोध, नेमिचन्द, भारत भूषण आदि 'तार सप्तकी' कवियों तथा शमशेर, त्रिलोचन, चन्द्र कुँवर वर्त्वाल, केदारनाथ अग्रवाल, भवानीप्रसाद मिश्र इत्यादि अन्य कवियों ने किया। यह कहना कुछ कठिन है कि इन कवियों में से किस कवि ने कितना नयापन जोड़ा। लेकिन तत्कालीन रचनाओं को देखने से पता चलता है कि शमशेर, अज्ञेय, गिरिजाकुमार, भवानीप्रसाद मिश्र और त्रिलोचन में एक-दूसरे से भिन्न अपनी स्वतन्त्र विशेषताएं ऐसी हैं जो नयी कविता के छन्द, संगीत, शब्द-योजना, प्रतीक-विधान तथा कथन-भंगिमा के विविध पक्षों में कुछ-न-कुछ नयी चीजें जोड़ती हैं।

नयी कविता के रूप और शिल्प की यही पृष्ठभूमि है और यही पूँजी भी है। जाहिर है कि नये रूप-विधान के पुरस्कर्ता प्रगतिशील कवि हैं और उसका निर्माण प्रगतिशील आन्दोलन के दौरान हुआ है। नयी कविता की यह बहुत बड़ी उपलब्धि है। पुरानी कविता के शिल्प-सम्बन्धी बन्धनों से कविता को मुक्त करने में इस प्रयत्न का ऐतिहासिक महत्त्व है। निस्सन्देह इस नवीनता के निर्माण में अंग्रेज़ी की युद्धोत्तर कविता का बहुत बड़ा हाथ है। जिस प्रकार छायावादी कवियों ने रवीन्द्रनाथ और अँग्रेज़ी के रोमाण्टिक कवियों के अनुभवों से लाभ उठाकर हिन्दी कविता को प्राचीनता की जड़ रूढ़ियों से मुक्त किया, उसी प्रकार छायावाद के बाद वाले कवियों ने भी

विदेशी साहित्य के अन्य कवियों से लाभ उठाया।

परन्तु खेद है कि रूपविधान और शिल्प सम्बन्धी यह सारा नया प्रयत्न देखते-देखते क्षयिष्णु भावनाओं के हाथ चला गया। हथियार तो तैयार हुआ लेकिन तैयार होते-होते तैयार करनेवालों में से बहुतों के हाथ कमजोर हो गये। पीछे इस नये रूपविधान में अधिकांशतः ह्रासोन्मुखी भावों की ही कविताएँ लिखी गयीं और धीरे-धीरे उन भावनाओं ने नये शिल्प को अपने रंग से रंगना भी शुरू कर दिया। भावनाओं की टूटन छन्दों की लय में भी घुस गयी। अज्ञेय के परवर्ती छन्दों में आरम्भ का वेग नहीं मिलता, बल्कि विराम और ठहराव बहुलता है। परवर्ती प्रतीक भी या तो असाधारण और अस्पष्ट हो गये या फिर खण्डित। और अब ऐसी स्थिति हो गयी है कि नये रूप-विधान को उसमें व्यक्त होनेवाली ह्रास की भावनाओं से मुक्त करके देखना कठिन है। जिस शिल्प ने कविता को हर तरह की पुरानी रूढ़ियों से किसी समय मुक्त किया वह स्वयं एक नये ह्रास का शिकार हो गया। यह शिल्पविधान पन्द्रह साल पहले अँग्रेज़ी की जिस कविता से लिया गया था, वह स्वयं युद्धपीड़ित अनास्था, विद्रोह और असन्तोष के वैयक्तिक भावों की कविता थी परन्तु हिन्दी कवियों ने उस समय उसकी विषयवस्तु को छोड़कर केवल रूपविधान ही अपनाया था और इस तरह अपनी परिस्थितियों के सम्मुख उसका उपयोग किया। उस समय यह कार्य अत्यन्त ऐतिहासिक महत्त्व का था। लेकिन अब वह बात नहीं है। आज के प्रयोगवादी कवि विदेशी ह्रासोन्मुख कवियों की भावनाओं के भी हिस्सेदार हो गये हैं—हिस्सेदार ही नहीं, बल्कि गुलाम हो चले हैं।

ऐसी स्थिति में जब भी कोई नया कवि प्रयोगवादी रूप को लेकर प्रगतिशील कविता लिखने का साहस करता है तो उसके लिए बराबर यह ख़तरा है कि वह ह्रास की उन भावनाओं में भी गिरफ़्तार हो जाये। किसी प्रतीक को ग्रहण करते समय केवल उसका रूप पकड़ में नहीं आता बल्कि उसके साथ उसका भाव भी लिपटा चला आता है। ऐसी हालत में उसे देखकर अपनी आवश्यकता अनुसार कोई नया प्रतीक गढ़ लेने की क्षमता बहुत जागरूक कवि में ही हो सकती है। प्रयोगवादी शब्दों को पचाने की शक्ति जिन नये प्रगतिशील कवियों में नहीं है उनके लिए यही अच्छा है कि वे अपनी ही पूँजी सँभालें। अज्ञय के शब्दों को लेकर अज्ञेय से भिन्न कविता लिखना उसी के लिए सम्भव है जिसकी काव्य-शक्ति अधिक प्रौढ़ हो! जो आधी छोड़कर सारी के लिए दौड़ते हैं वे अपनी आधी भी गँवा बैठते हैं। सिद्ध कवि अपने विशिष्ट शब्दों को अनुभूतिविशेष से पाग देते हैं और जब कोई नया कबि उन शब्दों की नवीनता से आकृष्ट होकर लेने के लिए लपकता है तो उससे लिपटी विशेष अनुभूति से बेखबर रहता है और वही शब्द उसकी कविता में प्रयुक्त होकर

समूची कविता के साथ गद्दारी कर बैठता है। शब्दों का मूल्य बदलने के लिए भिन्न सन्दर्भ-प्रवाह अपेक्षित हैं और उस प्रवाह में भी जब तक पर्याप्त शक्ति नहीं होती, वे शब्द अपना मूल अर्थ नहीं छोड़ते।

सामान्य पाठक इसी को अनुकरण कहते हैं जबकि कोई भी नयी रचना अनुकरण नहीं होती। रचना का अर्थ ही है—वास्तविकता का रचनात्मक रूपान्तर। यह बात किसी शिल्प या रूप के ग्रहण के लिए भी लागू होती है। यदि किसी शिल्प को रचनात्मक ढंग से आत्मसात् नहीं किया जाता तो उसे 'रचना' के रूप में व्यक्त भी नहीं किया जा सकता। वस्तु हो चाहे शब्द, रचना में उसका रचनात्मक रूपान्तर तो होना ही चाहिए। ऐसा करने पर ही वह रचना में रचा हुआ प्रतीत होता है।

मतलब यह कि विरोध प्रयोगवादी रूप-मात्र से नहीं है---विरोध है उस रूप के रचनात्मक रूपान्तर न कर पाने से।

जो प्रगतिवादी कवि और आलोचक प्रयोगवादी रूप मात्र का बहिष्कार करते हैं वे बहुत कुछ वैसी ही बात कहते हैं जैसी अक्तूबर क्रान्ति के बाद सोवियत देश के कुछ कट्टर कामरेड कहा करते थे कि हम बोर्जुवा रेल पर नहीं चढ़ेंगे। बोर्जुवा व्यवस्था ख़त्म करने का यह मतलब नहीं है कि हम उस व्यवस्था के शिल्प सम्बन्धी अनुभवों और उपलब्धियों को भी खत्म कर दें। यदि प्रयोगवादी कवियों ने रूप सम्बन्धी कुछ नये प्रयोग किये हैं तो उन प्रयोगों से लाभ उठाकर हम कविता के क्षेत्र में कुछ महत्त्वपूर्ण योग दे सकते हैं। बल्कि यहाँ तक कहा जा सकता है कि शिल्प के क्षेत्र में जितना विकास हो चुका है, उसका उपयोग न करके हम अपने पिछड़ेपन का प्रमाण देंगे। ऐतिहासिक गतिविधि का साथ न देना कमजोरी है।

आज कई प्रगतिशील गीतकार ऐसे हैं जिनका शिल्प ऐतिहासिक दृष्टि से काफ़ी पुराना है। ऐसे गीतकारों की कविताओं के प्रगतिशील तत्त्वों की दाद देते हुए भी रूप के पिछड़ेपन की आलोचना होनी चाहिए। रूप की प्राचीनता से विषय-वस्तु भी ग्रस्त हो जाती है। उनमें सस्ती भावुकता, हल्का-फुल्का भावावेग और कोरा उद्‍बोधन ही अधिक मिलता है। इन सबका सम्बन्ध पुरानी शैली-वाले गीतों की सीमा से ही है। पुरानी शैली के गीतों और घिसे-पिटे प्रतीकों में व्यक्त होनेवाले भावोच्छ्‌वसित जनवादी भाव अपनी क्षणभंगुरता आप प्रकट कर देते हैं। परिस्थिति को ऊपर-ऊपर से ग्रहण करनेवाला कवि ही पुराने रूप में भावुक ढंग की गरम बातें कहता है। नयी वास्तविकता के साथ-साथ जैसे-जैसे कवि का सम्बन्ध गाढ़ा हो जाता है, उसके भाव और विचार क्रमश: बदलते जाते हैं; हर नयी वस्तु और उसके सम्पर्क के हर नये क्षण से जगा हुआ भाव कवि में नये शब्द और रूप की चेतना जगाता है। उसके ठोस अनुभवों से प्राप्त भाव नया रूपविन्यास चाहते हैं और फिर रूपविन्यास करते

भी हैं। इस रूप में व्यक्त होने पर उन भावों में गम्भीर प्रभाव की क्षमता आती है क्योंकि उनके मूल में अनुभव की आत्मीयता होती है।

दिनकर और नीरज के गर्जन-तर्जन में इसीलिए केवल फेन है। भावावेग के उस उफ़ान में गम्भीरता कहीं नहीं है। इस प्रकार रूप में ही नहीं बल्कि भाव में भी वे ऐतिहासिक विकास की दृष्टि से पुराने हैं। उनके भावोच्छ्वास का वर्तमान वास्तविकता से कोई सम्बन्ध नहीं है क्योंकि जो सम्बन्ध दिखायी पड़ता है वह केवल बिखरी हुई फुटकल घटनाओं का सम्बन्ध है और इसलिए यह सम्बन्ध एकदम सतही है। इसलिए उन्हें नये रूपविधान की आवश्यकता का अनुभव ही नहीं होता। जब भूमि मूलतः पुरानी है तो पुरानी शैली में भी अपनी बात मजे में कही जा सकती है। हाँ, अपने को नये कवियों में शामिल कराने के लिए कभी-कभी नया रूपविधान अपना लिया तो इसे केवल शौक का तक़ाजा समझना चाहिए। जो कवि 'शान्ति' को भी पिछले महायुद्ध की तरह एक घटना समझता है जिसका अस्तित्व कुछ नेताओं के भाषणों से खड़ा हुआ, वह बड़ी आसानी से पुराने रूप में उस पर एक जोरदार नारेवाली कविता लिख डालेगा। लेकिन आज बहुत-सी कविताएँ ऐसी लिखी गयी हैं और लिखी जा रही हैं जिनका शीर्षक शान्ति नहीं है—क्योंकि वे 'शान्ति' के लिए लिखी नहीं हैं—और जो एकदम निजी पीड़ा तथा आशा की आकांक्षा से भरी हैं, वे शान्ति की भावना को अधिक मार्मिक ढंग से व्यक्त करती हैं। ऐसा इसलिए है कि शान्ति इनके लिए एक घटना नहीं है बल्कि उनके जीवन क्रम का एक अंग है और इसीलिए अपनी जीवन प्रक्रिया के विकास में इस आन्दोलन को उन्होंने सहज रूप से ग्रहण किया है। ऐसी कविता का रूप भी नया है और भाव भी स्वस्थ है। नीरज और नागार्जुन की शान्ति-सम्बन्धी कविताओं की तुलना से यह बात झलक जाती है।

तात्पर्य यह है कि यदि कोई व्यक्ति ऐतिहासिक दृष्टि से नयी वस्तु के लिए ऐसा ही नया रूप अपनाता है तो रचना श्रेष्ठ होती है। इस प्रक्रिया में वह रूप भी नया हो उठता है। तोल्सतोय ने 'युद्ध और शान्ति' के लिए उपन्यास का पुराना रूप अपनाया तो उसकी विषयवस्तु ने उपन्यास का ढाँचा ही बदल दिया; फलतः 'युद्ध और शान्ति' का उपन्यास-शिल्प परिपाटी-विहित शिल्प से विशिष्ट हो गया। यही हाल प्रेमचन्द के उपन्यास 'गोदान' में भी हुआ। इसी प्रकार यदि सशक्त प्रगतिशील कवि तथाकथित प्रयोगवादी रूप अपनाते हैं तो विषय की शक्ति उस रूप को भी अपने अनुसार ढाल लेगी। परन्तु इतना ध्यान रहे कि यह समन्वय नहीं बल्कि रचनात्मक रूपान्तर है।

1955

भ्रम और वास्तविकता

कुछ लेखकों का भ्रम है कि 'प्रवृत्ति' (Tendenciousness) के कारण साहित्य का छायापन नष्ट हो जाता है इसलिए 'प्रवृत्ति' से दूर ही रहना चाहिए। इस तरह उनकी 'प्रवृत्ति' साहित्यिक छाया को सामाजिक वास्तविकता से भरसक दूर से दूरतर और फिर दूरतम ले जाने की ओर है। एवमस्तु। ऐसी दूरवर्ती छाया तो अपने-आप समाज से दूर रहेगी। लेकिन हम चाहते हैं कि उनकी यह 'प्रवृत्ति' भी, समाज से नहीं तो पहले स्वयं उन्हीं से दूर हो जाये। और इसके लिए उन्हें दूर नहीं जाना होगा।

सिद्ध, सन्त-भक्ति और छायावादी काव्य अपनी छाया की सुदूरता के लिए प्रसिद्ध हैं। सिद्ध कवियों की प्रवृत्ति योग की थी। वे सम्पूर्ण ब्रह्माण्ड को अपने पिण्ड की काया में देखते थे। उनकी कविता में कुण्डलिनी, अष्टचक्र, ब्रह्मरन्ध्र इत्यादि की ही चर्चा अधिक मिलती है। तत्कालीन समाज से इन बातों का क्या सम्बन्ध है? आचार के क्षेत्र में जो बाहरी आडम्बर का विरोध करते थे और जाति सम्बन्धी ऊँच-नीच के भेद को मिटाना चाहते थे उनका इन योग-परक चित्रों से क्या सम्बन्ध है? बेशक यह छाया बहुत दूर है जिसको सामाजिक वास्तविकता के निकट ले आने का काम मेहनत का है। लेकिन इस गुह्य छाया के मूल में सिद्धि की योगप्रवृत्ति है, इसे समझने में कठिनाई नहीं होनी चाहिए।

कबीर भी एक ओर तो हिन्दुओं-मुसलमानों के बाहरी आडम्बर का विरोध करते थे और जात-पाँत के ढकोसले को दूर कर सबमें प्रेम भावना का प्रचार करते थे लेकिन दूसरी ओर बेहद्दी मैदान की भी सैर करते थे जिसमें बारहो मास बसन्त रहता है, जहाँ जाति-बरन-कुल नहीं हैं, जहाँ देह-मिलावा तो नहीं होता लेकिन सबद-मिलावा जरूर होता है। कभी-कभी वे अपने भीतर के गगन में गहिर गभीर बादलों की गरज सुनते हैं और उनसे बरसनेवाले प्रेम के अमृत में भींगते भी हैं। साहित्यिक छाया प्रतीक उनके सामाजिक विचारों से जो इतने दूर जा पड़े वह कैसे? इस उलटवाँसी के मूल में उनकी साधना-भक्तिवाली प्रवृत्ति नहीं तो क्या थी?

सूर ने भगवान कृष्ण की लीलाओं का जो अलौकिक रूप खड़ा कर दिय और ज्ञान-योग-मूर्ति उद्धव का निर्माण करके प्रेम मूर्ति गोपियों द्वारा उन्हें परास्त करवाया तो उस सम्पूर्ण पौराणिक आख्यान तथा लीला-जगत् का सम्बन्ध तत्कालीन सामाजिक अवस्था से क्या था? वे सारी लीलाएँ भगवान की ही हैं या उनमें यह आकांक्षा भी छिपी हुई है कि संसार में ये सभी लीलाएँ उतर आयें? भगवान कृष्ण इतनी मनोहर लीला करने के लिए धरती पर अवतार क्यों लेते हैं? अपने साथ वे सम्पूर्ण देवलोक लेकर ब्रज में क्यों आते हैं? सारा देवलोक ब्रजमण्डल में आकर गोप-गोपी क्यों बनता है? कृष्ण की सरल शिशु-लीलाओं से ब्रजमण्डल को इतना आनन्दित क्यों किया गया है? वह कौन-सा दुख है जिसे भुलाने के लिए शैशव की निश्चिन्त सरलता का इतना आमोदपूर्ण संसार रचा गया? ज्ञान-योग ने वह कौन-सा दुख फैला दिया है कि सर्वत्र प्रेम का सरल मार्ग बनाया जा रहा है? अपने समाज को सुख के इस सूर-सागर में रसमग्न करने के लिए सूर ने भगवान का आश्रय क्यों लिया? विनय के पदों की व्यथा को उन्होंने लीला-पदों के आनन्द में क्यों उलट दिया? क्या यह सब अकारण और अचानक है? क्या इसके पीछे सूर की पुष्टिमार्ग-पुष्ट सगुण प्रवृत्ति नहीं है?

तुलसीदास ने कलिकाल की सारी व्यथा-कथा कहने के लिए 'विनय-पत्रिका' लिखी तो भगवान राम के दरबार में भेजी। उन्हें विश्वास था कि उनके राम उस पर सही कर देंगे। सारा संसार उनके लिए भ्रम था। वास्तविक थे तो राम। संसार के सभी नाते-रिश्ते उनकी आँखों में स्वार्थ पर आधारित थे और नाता था तो एक राम से! राम ही उनके स्वामी, पिता, सुहृद, बन्धु सब-कुछ थे। उनका विश्वास था कि सामाजिक मर्यादाओं की स्थापना के लिए भगवान राम ने अवतार लिया है और फिर उन्होंने अवतारी राम की सामाजिक मर्यादाओं के आदर्श का ऐसा वर्णन किया जैसे वे वास्तविक हों। परिवार, समाज और राज्य सम्बन्धी अपनी मान्यताओं को तुलसी ने सामाजिक स्तर पर चित्रित न करके भगवान के अवतारी स्तर पर क्यों किया? क्या इसके पीछे उनकी विशेष दार्शनिक प्रवृत्ति नहीं थी?

यह तो हुई मध्ययुग की बात। आधुनिक युग के छायावादी कवि कभी क्षितिज के पार और कभी असीम और अनन्त में क्यों उड़ते दीखते हैं? उनकी कविताओं में कहीं-कहीं रहस्य का झीना परदा क्यों दिखायी पड़ता है? नदी है तो समुद्र से मिलने के लिए दौड़ रही है। आकाश है तो जगती का निर्बाध आवरण बन जाता है। प्रियतम कभी गोधूली के प्रकाश में आते हैं और कभी तम के परदे में। तारे मौन निमन्त्रण देते हैं और तम के पार कोई दिखायी पड़ता है। जिस समय देश में स्वाधीनता के लिए संघर्ष चल रहा हो, इस प्रकार की बातें करना कहाँ तक संगत है? समसामयिक स्थिति से इस छायालोक का क्या सम्बन्ध है? यह छायालोक समाज से कितनी दूर

है? लेकिन दूसरी ओर उसी छायायुग में उन्हीं कवियों ने बादलराग, विधवा के प्रति, भिक्षुक, दान जैसी कविताएँ भी लिखीं। इन सामाजिक कविताओं से वे छायामयी कविताएँ इतनी दूर क्यों हैं? जहाँ छायालोक है वहाँ क्या कोई प्रवृत्ति नहीं है? रहस्यवादी प्रवृत्ति की अभिव्यक्ति वह नहीं है तो क्या है?

साहित्य के इन तमाम छाया चित्रों की एक विशेषता तो यह है कि ये अपनी सामयिक परिस्थिति से काफी दूर प्रतीत होते हैं और दूसरी विशेषता यह है कि ये छाया-चित्र प्राय: उलट गये हैं—मनुष्य की जगह भगवान का चित्र आ गया है और समाज की जगह रहस्यलोक का? दुख की जगह सुख ने ले ली तो अव्यवस्था की जगह मर्यादा ने और सीमा की जगह असीम ने। जिन छाया-चित्रों को हम आज भ्रम समझते हैं, उन्हीं को वे कवि वास्तविक समझते थे। समाज को देखने का उनका दृष्टिकोण ऐसा था कि हर चीज़ उलटे रूप में दिखायी पड़ती थी। मर्यादा की भावना तुलसी में पैदा तो हुई अपनी समसामयिक सामाजिक अवस्था से, लेकिन उन्होंने समझा कि मर्यादा की स्थापना अवतार लेकर राम करेंगे। मतलब यह कि सामाजिक मर्यादा ऊपर से उतरेगी। आधुनिक युग में पन्तजी ने अपनी 'ज्योत्स्ना' में भी सुन्दर मानव-मूर्तियों का अवतार आकाश से करवाया है। क्या यह पन्तजी की 'यूटोपियन' प्रवृत्ति का परिणाम नहीं है?

लेकिन जिस लेखक की मति स्वयं उलट गयी हो वह छायाचित्रों के निर्माण में साहित्यकार की प्रवृत्ति का हाथ नहीं देख सकता। इस उलटी मति का सबूत यह है कि छाया निर्माण को वे छाया के अपने नियमों का परिणाम मानते हैं। गोया छायाएँ भी नियम बनाने की क्षमता रखती हैं। मतलब यह कि जिस नियम से साहित्यकार ने साहित्य की छाया बनायी उससे भिन्न कोई अन्य नियम हैं जिन्हें साहित्यिक छाया ने बनाये हैं। छाया ने अस्तित्व में आने से पहले नियम कैसे बना लिये? मति की उलटबाँसी इसी को कहते हैं। अपनी मति को उलटे छाया पर थोप दिया—जो कार्य स्वयं किया उसे छाया का कार्य मान लिया। जिस तरह सन्तों ने अपने आदर्श को भगवान का आदर्श मान लिया, उसी तरह उलटी मति के आलोचकों ने अपनी पलायनवादी प्रवृत्ति को साहित्य पर थोप दिया। इसी भ्रम के कारण यह सिद्धान्त सामने आया कि श्रेष्ठ साहित्य तो सामयिकता से दूर रहता है और इस दूरी का कारण साहित्य का अपना नियम है। जो लेखक स्वयं सामयिक परिस्थितियों से भागता है और पलायनवादी साहित्य रचता है वह अपनी पलायनवादी प्रवृत्ति पर पर्दा डालने के लिए कहता है कि साहित्य तो अपनी प्रवृत्ति के कारण समाज से दूर रहता है। दूसरे शब्दों में यही तर्क 'शुद्ध साहित्य' वालों का है। साहित्य की सत्ता साहित्यकार से अलग नहीं है, इसलिए साहित्य के नियमों की भी सत्ता साहित्यकार के दृष्टिकोण

से भिन्न नहीं है। साहित्य में पलायनवाद साहित्यकार के पलायनवाद की छाया है।

साहित्य को समाज की छाया कहना आसान है लेकिन उस छाया को समाज में बदलकर देखना सबके लिए आसान नहीं है। साहित्य में समाज की छाया कभी-कभी इतनी उलटी पड़ती है कि शीर्षासन करनेवालों को एकदम सीधी दिखायी पड़ती है। इसलिए साहित्य की उलटी छाया को सीधे ढंग से—सामाजिक छाया के रूप में देखने के लिए स्वयं पैर के बल खड़ा होना बहुत जरूरी है। जो स्वयं विचार पेश करने का अनुभव नहीं करते बल्कि विचारों से पैदा होते हैं वे मध्ययुगीन सन्तों द्वारा पैदा किये भगवान से मनुष्य को नहीं अलगा सकते।

मिसाल के तौर पर तुलसीदास की 'विनयपत्रिका' को लें। अधिकांश आधुनिक युवक उसे भगवद्-भजन समझकर मुँह मोड़ लेते हैं। भगवान के सामने एक कवि का इस तरह विलाप करना नये लोगों को नहीं सुहाता। विलाप की गम्भीरता इसलिए भी कम हो जाती है कि सम्पूर्ण दुखों का मूल इन्द्रियों और काम, क्रोध, मद, लोभ, मोह इत्यादि मनोविकारों को कहा गया है। दिलचस्पी कम होने का कारण यह भी है कि सब कुछ निवेदन कर चुकने के बाद अधिकांश पदों के अन्त में भगवान की कृपा अथवा भक्ति की याचना की गयी है।

लेकिन ये उलटी तस्वीरें हैं। तस्वीर को सीधा करने पर लगेगा कि वास्तविक वस्तु तो यहाँ मानवीय वेदना ही है और वह वेदना अपने ही हृदय द्वारा निर्मित एक श्रद्धा विश्वास मय आदर्श के सम्मुख प्रकट होती है। वेदना की इस अभिव्यक्ति में कितनी आत्मीयता और गोपनहीनता है! इस वेदना की भाव-भूमि भी अत्यन्त व्यापक है। न तो यह प्रेम की विरह-वेदना है न किसी छुद्र अभाव की। वेदना है शान्तिपूर्ण और सात्विक जीवन बिताने की। यह अनुभूति एकदम निजी भी नहीं। इसके साथ सम्पूर्ण समाज की व्यथा घुली मिली है। अपने उद्धार के साथ सबके उद्धार की चिन्ता है। यह अशान्ति सर्वथा धार्मिक और मनोविकार-जनित ही नहीं है। लोकजीवन में व्याप्त आर्थिक, सामाजिक और नैतिक अशान्ति की भी यथास्थान छाया है। 'विनयपत्रिका' की वेदना के पीछे उससे मुक्त होने की जो प्रबल आकांक्षा और दृढ़ विश्वास है, वह मन पर अमिट छाप छोड़ जाता है।

'विनयपत्रिका' पढ़ते समय धर्म के बारे में कहे हुए मार्क्स के वे वाक्य याद आते हैं कि धार्मिक पीड़ा एक साथ ही वास्तविक पीड़ा की वास्तविक अभिव्यक्ति और वास्तविक पीड़ा के विरुद्ध विद्रोह भी है। धर्म दबाये गये जीवों की आह है, हृदयहीन संसार की भावना है और आत्माहीन परिस्थितियों की आत्मा है।

वास्तविक पीड़ा धार्मिक पीड़ा का रूप क्यों ले लेती है इस भ्रम पर प्रकाश डालते हुए मार्क्स ने कहा है कि धर्म, सचमुच, ऐसे मनुष्य की आत्म-चेतना और आत्म-

कल्पना है जिसने या तो अपनी अस्मिता प्राप्त ही नहीं की या फिर उसे खो दिया।

भक्ति काव्य में समाज की वास्तविक स्थिति इस प्रकार उलटकर धार्मिक नैतिक रूप में व्यक्त इसलिए हुई है कि भक्त कवियों का दृष्टिकोण मध्ययुग के सामाजिक विकास से सीमित था। उस समय तक मनुष्य ने प्रकृति पर इतनी विजय प्राप्त न की थी और न तो विज्ञान का इतना विकास ही हुआ था कि भगवान के स्थान पर 'मानव' की प्रतिष्ठा हो पाये। यह कार्य तो आधुनिक बुद्धिवादी आन्दोलन के साथ शुरू हुआ। सन्तों का भ्रम ऐतिहासिक परिस्थितियों द्वारा निर्धारित और सीमित है।

दृष्टिकोण की सीमा के कारण सामाजिक वास्तविकता का भ्रमपूर्ण चित्रण तो अब तक के प्रायः सभी साहित्यकारों ने किया है लेकिन उनमें से कुछ का भ्रम इतिहास-समर्थित है और कुछ का इतिहास-विरोधी है। मानव समाज के इतने विकास पर भी आज के कुछ साहित्यकार जिस प्रकार अन्तर्मुखी अथवा छाया-निवासी हो रहे हैं, उसे देखकर तो यही कहना पड़ता है कि इनके लिए अब तक की सभी औद्योगिक, सामाजिक और राजनीतिक क्रान्तियाँ कभी हुई ही नहीं।

मनुष्य अपने पूर्ववर्ती 'भ्रमों' से क्रमशः मुक्त होता हुआ आगे बढ़ रहा है। मनुष्य का इतिहास 'भ्रमों' का इतिहास नहीं बल्कि भ्रमों के विरुद्ध वास्तविकता की विजय का इतिहास है। वास्तविकता के ये भ्रमपूर्ण चित्र वस्तुतः एक युग के आदर्श हैं। इन आदर्शों की गुठली पर ही समय-समय पर वास्तविकता का सुन्दर रूप सामने आया है। इस गुठली को छोड़ते हुए मानव आगे बढ़ता आया है। पिछले युग की वास्तविकता में निहित आदर्श का खण्डन हम इसलिए करते हैं कि उसे बदलकर किसी दूसरे आदर्श का निर्माण करना चाहते हैं। हमारी आवश्यकता हमारे आदर्शों को उत्पन्न भी करती है और समाप्त भी।

कबीर ने जब कहा था—

शून्य मरे, अजपा मरें, अनहद हू मरि जाय।
राम सनेही ना मुवै, कह 'कबीर' समझाय॥

तो शून्य, अजपा, अनहद आदि के बहाने वे आदर्शमात्र के मरने की बात कह रहे थे। नहीं मरनेवाला है तो राम का स्नेही मानव। भगवान मर सकते हैं लेकिन उनका भक्त मानव अमर है। आदर्श मर जाते हैं, स्नेह अमर रहता है; और यही स्नेह साहित्य की अक्षय अजस्र रसधारा है। यह रसधारा मानव हृदय से निकली है और मानव-हृदयों में होकर बह रही है। 'तुलसी का भक्ति मार्ग निबन्ध में इसी मानव-सत्य का उद्घाटन करते हुए आचार्य शुक्ल ने आज से पच्चीस साल पहले कहा था कि "उनका शस्त्र भी मानव हृदय है और लक्ष्य भी।" इस वास्तविकता पर जोर देते हुए उन्होंने एक

जगह फिर कहा है कि "हम तो जगत के बीच हृदय के सम्यक् प्रसार में ही भक्ति का प्रकृत लक्षण देखते हैं क्योंकि राम की ओर ले जानेवाला रास्ता इसी संसार से होता हुआ गया है।"

रास्ता कोई अपनाइए लेकिन जाये वह संसार से ही होता हुआ; सम्भव है यहाँ इतिहास के पथ पर बढ़ती हुई जनवाहिनी का पन्थ मिल जाये!

1955

आस्था का प्रश्न

लोककथाओं में एक ऐसे दानव की कहानी आती है जिसके प्राण दूर जंगल में एक पेड़ पर रहनेवाले तोते में बसते थे और जब उस तोते की टाँग तोड़ी गयी तो इधर दानव की भी टाँग टूट गयी। इसी तरह उस तोते के साथ उसका भी एक-एक अंग टूटता गया और अन्त में तोते के मरते ही दानव ने भी दम तोड़ दिया, क्योंकि उसके प्राण उस तोते में बसते थे।

आज ऐसी बात कही जाये तो कोई विश्वास न करेगा क्योंकि लोग अपने प्राणों को अब अपने ही अन्दर समझते हैं। फिर भी 'आस्था' नाम की एक चीज़ आज भी है जिसे बहुत से लोग अपने से कहीं बाहर रखते हैं क्योंकि उन्हीं की जबानी मालूम होता है कि उस बाहरी आधार के टूट जाने से खुद वे भी टूट गये।

अभी कुछ दिन पहले सोवियत संघ से खबर आयी थी कि सुप्रसिद्ध कम्यूनिस्ट कथाकार फ़ादएव ने आत्महत्या कर ली। यह घटना श्वोव की स्तालिन-सम्बन्धी प्रसिद्ध रिपोर्ट के कुछ ही दिन बाद घटित हुई, इसीलिए बाहर के अनेक लोगों ने दोनों में कार्य-कारण सम्बन्ध जोड़ लिया। अर्थात् फ़ादएव की आस्था टूट गयी थी। यहाँ कारण जो हो लेकिन सचमुच कुछ लोगों के प्राण आस्था में बसते हैं और आस्था टूट जाने से यदि शारीरिक रूप में नहीं तो साहित्यिक रूप से अनेक लेखकों को मरते देखा गया है। और जो महाप्राण होते हैं, वे जी तो लेते हैं लेकिन बहुत बड़ी कीमत चुकाकर।

मार्च '56 के 'मेनस्ट्रीम' में प्रसिद्ध उपन्यासकार हावर्ड फ़ास्ट ने इसी आशय का एक वक्तव्य दिया है। अमरीका की कम्यूनिस्ट पार्टी से इस्तीफ़ा देते हुए उन्होंने कहा है कि सोवियत संघ की नवीनतम गतिविधि से उनके दिल को बहुत बड़ा सदमा पहुँचा है। श्वोव की रिपोर्ट पर भी उन्होंने अपने मन की पीड़ा व्यक्त की थी, किन्तु इस बीच हंगरी में सोवियत सेना ने जो भीषण नरसंहार किया, उससे उनकी रही-सही आस्था भी टूट गयी, क्योंकि सोवियत देश उनका भविष्य था, आदर्श था

और इसलिए आशा तथा आस्था का आधार था।

फिर भी उनका विश्वास है कि मनुष्य जाति समाजवादी लोकतन्त्र के रास्ते से नहीं हटेगी और इसके लिए वे उन कम्यूनिस्ट-गैरकम्यूनिस्ट तमाम लोगों से दृढ़ सम्बन्ध बनाये रखेंगे, जो अन्याय के विरुद्ध लड़ने की कोशिश करेंगे। परन्तु न्याय-अन्याय का निर्णय अब वे अपने विवेक से करेंगे।

कम्यूनिस्ट पार्टी से आस्था हट जाने पर उससे अलग हो जानवाल हावर्ड फ़ास्ट अकेले नहीं हैं और न यह घटना आज के लिए एकदम नयी ही है। 'द गाड दैट फ़ेल्ड' के अनुसार आज से पन्द्रह-सोलह साल पहले ही आर्थर केस्टलर, स्टीफेन स्पेंडर जैसे अनेक लेखकों का इसी तरह मोह भंग हुआ था। तब से ये लेखक तथा इनके स्वर में स्वर मिलाकर बहुत-से लेखक कहने लग गये हैं कि किसी पार्टी में आस्था रखना हानिकारक है और कोई यह न समझ ले कि वे केवल कम्यूनिस्ट पार्टी का विरोध करने के लिए ऐसा कह रहे हैं, इसलिए कम्यूनिस्ट पार्टी के साथ दो-चार और दलों का नाम ले लेते हैं और इस तरह लेखक को 'स्वतन्त्रता' का मन्त्र देते हैं।

हर आदमी स्वतन्त्र ढंग से सोचे और अपने विवेक के अनुसार कार्य करे, इससे बढ़कर अच्छी बात और क्या हो सकती है? आदि काल से देश-विदेश के ऋषि महर्षि, पण्डित-ज्ञानी अपने विवेक के अनुसार कार्य करने की राय देते चले आ रहे हैं। कालिदास ने साफ़ शब्दों में कहा है कि जिसकी बुद्धि दूसरों द्वारा परिचालित होती है, वह मूढ़ है। बुद्ध का उपदेश ही है : अपने दीपक बनो, अपनी शरण लो। गीता की भी शिक्षा है : अपने से अपना उद्धार करो। फिर भी एक विचित्र बात है कि जिसने भी यह उपदेश दिया, वह स्वयं बहुतों का विवेक बन बैठा, यहाँ तक कि उपदेश देनेवाले स्वयं भी किसी अन्य पारलौकिक सत्ता में अपनी आस्था रखते थे। इसके विपरीत यह भी देखा जाता है कि साधारण आदमी भी जिसकी आस्था या तो भगवान में है या किसी महापुरुष में अथवा किसी सम्प्रदाय या पार्टी में, वह भी बहुत से कार्य अपने सहज ज्ञान या विवेक से करता है।

कुल मिलाकर यह बात हम सबके सहज ज्ञान को तुरन्त अपील करती है कि आदमी को अपने विवेक पर ही सबसे अधिक भरोसा करना चाहिए क्योंकि अपने प्रत्येक कार्य के लिए अन्ततोगत्वा प्रत्येक व्यक्ति स्वयं उत्तरदायी है। यों भी इस दुनिया में किसी का भरोसा करना कठिन है। पता नहीं कौन कब क्या हो जाये? परन्तु इतनी सामान्य बात को 'स्वतन्त्रता', 'दायित्व', 'विवेक' आदि न जाने कितने बड़े-बड़े शब्दों में जब कुछ लोग बहुत ज़ोर से कहते हैं तो इसका आकर्षण बढ़ जाता है और सामान्य भावना विशिष्ट प्रतीत होने लगती है। तब उनको ध्यान से सुनना बहुत जरूरी हो जाता है।

विवेकवादियों का कहना है कि जो स्थिति सामने आये, उस पर अपने विवेक से विचार करना चाहिए। यदि इस समय कोई चीज बुरी मालूम होती है तो उसे बुरी कहिए, आगे उससे कोई अच्छी चीज़ निकल आयेगी तो उस समय देखा जायेगा। केवल इस आशा से कि कल वह अच्छी हो जायेगी, आज बुरी चीज़ को भली कहना धोखा है। मसलन सोवियत देश की समाजवादी व्यवस्था को आज केवल इसलिए स्वीकार करना कि कल वह निर्दोष साम्यवाद में बदल जायेगी, नासमझी है। इस प्रकार किसी घटना का निर्णय भविष्य के अनुसार करना गलत है। जिस तरह भविष्य अविचारणीय है, उसी तरह अतीत भी। कोई खराब चीज़ केवल इसलिए आज अच्छी नहीं कही जा सकती कि वह कल अच्छी थी।

फलस्वरूप 'विवेकवादी' हर घटना को उसके 'सामयिक' रूप में ग्रहण करने का सुझाव देते हैं। इस सिद्धान्त का नाम है 'नितान्त सामयिकता का नैतिक दायित्व'। इस सिद्धान्त के अनुसार हर घटना और स्थिति के अनुसार विचार बदलते रहने की पूरी स्वतन्त्रता है। कल के विचार के लिए आज का विचार उत्तरदायी नहीं है और न वह उत्तरदायी है आगामी कल के विचार के लिए। इस विवेक की कसौटी पर हर घटना अपने-आपमें स्वतन्त्र है और हर विचार अपनी जगह पर सही है। राजनीति के क्षेत्र में यदि यह बात कही जाये तो उसे 'अवसरवाद' कहा जायेगा लेकिन साहित्य में इसका अत्याधुनिक नाम है स्वातन्त्र्य-चिन्तन!

जो हो, यदि 'विवेकवादी' को इतने से भी सन्तोष हो जाये तो हम मान लें कि चलो कहीं तो आस्था मिली। लेकिन नहीं। इस घटना प्रवाह और विचार-प्रवाह में उनकी स्थिति बड़ी दयनीय दिखायी पड़ती है। पता नहीं क्यों उन्हें 'यह स्थिति अधूरी, दुखभरी और अनिश्चयात्मक' प्रतीत होती है और इसके साथ ही वह आस्था भी केवल 'साम्प्रतिक रहती है। इससे मालूम होता है कि उन्हें अपनी सीमा का बोध सता रहा है। उनका कहना है कि 'हमें जितना दिखता है वह अन्धकार से घिरा है, लेकिन अपनी दृश्य परिधि को ही हम दिशा मानकर चलते हैं।' कोई बात नहीं, यदि 'दृश्य परिधि' में आलोक है तो उसके बाहर के अन्धकार से क्या डरना? यदि इस तरह चलते रहेंगे तो साथ-साथ 'दृश्य परिधि' भी चलती रहेगी। परन्तु यही तो कठिनाई है कि वे उस अन्धकार को भूल नहीं सकते। वह अन्धकार बाहर नहीं है, उस 'दृश्य परिधि' के अन्दर है। जाहिर है कि भूत और भविष्य को नकार देने के बाद भी वे उसके अभाव के प्रेत से ग्रस्त हैं। और ऐसा अक्सर होता है। भविष्य से डरनेवाले के लिए वर्तमान भी भूत हो जाता है।

और इस स्थिति से उबरने का कोई उपाय भी नहीं है क्योंकि किसी अन्य की सहायता लेना पराधीनता है। चाहे इसी तरह मर जायें लेकिन इस परिधि में रहेंगे

अकेले। स्वाभाविक भी है। भोगना जब व्यक्ति को है तो दायित्व भी व्यक्ति को ही लेना पड़ेगा। इससे निष्कर्ष यह निकला कि समाज में सोचने-समझने, करने धरने का सारा दायित्व हर व्यक्ति का अलग-अलग है। इस स्वतन्त्रता, विवेक और दायित्व की तर्कसंगत परिणति क्या होगी उसकी ओर केवल इतना ही संकेत करना काफ़ी है कि उस स्थिति में राज्य से लेकर परिवार तक और विश्वविद्यालयों से लेकर प्रारम्भिक पाठशालाओं तक के संस्थागत सम्पूर्ण सामू-हिक प्रयत्नों से अलग हो जाना होगा। जब हर आदमी अपने लिए उत्तरदायी है तो एक-दूसरे का उत्तरदायित्व कोई क्यों ले? समाज में कोई इस प्रकार का मत प्रचारित करे तो लोग उसे घोर स्वार्थ कहेंगे लेकिन विचार-जगत में उसे 'व्यक्ति-स्वातन्त्र्य' जैसा गौरवशाली नाम दिया जाता है!

आख़िरकार यह व्यक्तिगत आस्था भी घबराकर आत्मघात की ओर प्रेरित करती है। अभी कुछ दिन पहले 'अन्धा युग' नामक एक गीत-नाटक निकला है, जिसमें स्वतन्त्रता, दायित्व, मर्यादा आदि 'मूल्यों' के साथ आस्था की स्थापना की गयी है। परन्तु इसके लेखक की आस्था का यह हाल है कि अन्त में सबके दायित्व की गठरी अपने सिर पर बाँधकर उसके 'प्रभु' स्वर्ग की ओर चल देते हैं, किन्तु धरती के पामर प्राणियों को परितोष देने के लिए कहते जाते हैं कि मैं जल्द ही उतरूँगा। और लेखक भी अपनी ओर से तमाम पाठकों को दिलासा देता है कि यह मरण नहीं बल्कि रूपान्तरण' है क्योंकि वह तत्त्व तो 'निरपेक्ष' है। किसी को भ्रम न हो कि मैं पुराने 'पुनर्जन्मवाद' वा गीता-रामायण के अवतारवाद की आवृत्ति कर रहा हूँ, इसलिए विचारार्थ नितान्त सामयिक पुस्तक 'अन्धा युग' की ये पंक्तियाँ प्रस्तुत हैं—

पर एक तत्त्व है बीज रूप स्थित मन में
वह है निरपेक्ष उतरता है पर जीवन में।

प्रभु का अवतरण हो या नहीं लेकिन इतना निश्चित है कि 'निरपेक्ष' तत्त्व का रूपान्तरण जरूर हो रहा है। यह है 'मुक्त आचरण' वाले विवेक की आस्था का रूप। कोई आश्चर्य न करे, 'अन्धा युग' का लेखक भी अपने को तमाम पार्टियों से स्वतन्त्र, विवेकवान् अथच आस्थावान् कहता है।

हिन्दी के एक और आस्थावान् लेखक हैं जिनकी एक कहानी के नायक 'खितिन बाबू' एक-एक अंग के काटे जाने पर भी आस्था जमाये रहते हैं और अपनी आस्था को मृत शरीर के साथ छोड़कर एक दिन चल बसते हैं। अन्त तक पता नहीं चलता कि उनकी आस्था किसमें है क्योंकि उन्हें अपने एक-एक अंग को अस्पताल में जाकर कटवा आने में ही सबसे बड़ा सुख मिलता है। ये 'खितिन बाबू' आगे चलकर नाना योनियों में पैदा होते हैं। कभी 'सीप' बनकर सागर की लहर के प्रति समर्पित

हो जाते हैं, कभी 'द्वीप' बनकर नदी के प्रति तो कभी 'दीप' बनकर पंक्ति के प्रति (प्रतीकों का तुक ध्यान देने योग्य है)! यह भी एक प्रकार की आस्था ही है क्योंकि लेखक के अनुसार यह 'स्थिर समर्पण' है।

कहने का मतलब यह है कि एकदम अपने 'विवेक' पर निर्भर रहनेवालों की भी आस्था के टूटने का उतना ही ख़तरा है, जितना किसी पार्टी में आस्था रखने-वालों के लिए। यदि कम्यूनिस्ट लेखकों ने आत्महत्याएँ की हैं तो येस्येनिन और स्टीफ़ान ज्वाइग जैसे व्यक्तिवादी और रोमैंटिक साहित्यकारों ने भी आत्मघात किया है। दरअसल आस्था के सिलसिले में जिस 'विवेक' शब्द का बहुत नाम लिया जाता है, वह स्वयं बहुत गोल है। जिसको हम 'विवेक' कहते हैं, वह क्या कोई सर्वथा अन्तर्दृष्टि है? या उसका भी निर्माण अनुभवज्ञान से होता है? और जिस 'विवेक' को हम अपना कहते हैं, वह भी कितना अपना और कितना पराया है इसका निर्णय कैसे हो? देख-सुन, पढ़-गुन कर हम जो विचार बनाते हैं, उसके बारे में क्या हम दृढ़ता के साथ कह सकते हैं कि वह नितान्त अपना है? 'व्यक्ति स्वातन्त्र्य' का जो लोग इतना ढोल पीटते हैं क्या वे सब विचार की दृष्टि से स्वतन्त्र हैं? क्या इन व्यक्ति स्वातन्त्र्यवादियों की अपनी कोई पार्टी नहीं है, जिसके वे लिखित या अलिखित सदस्य हैं? क्या इस पार्टी के प्रति उनकी आस्था नहीं है? क्या वे ईमानदारी से कह सकते हैं कि 'व्यक्ति-स्वातन्त्य' मन्त्र उन्हें एक ख़ास संस्था द्वारा प्रकाशित होनेवाली सूचनाओं और विचारों की पत्रिकाओं तथा पुस्तकों से नहीं मिला है? और जो लोग यह दावा करते हैं कि हम हर घटना पर अपने विवेक से निर्णय करेंगे या करते हैं, उन्हें क्या इस बात का निश्चय है कि हर घटना की सूचना उन्हें मूल रूप में मिलती है? बड़ी-बड़ी सरकारी, अर्ध-सरकारी तथा गैर-सरकारी एजेंसियों द्वारा प्रसारित रेडियो और अख़बारों की सूचना पर पलनेवाले युग में यदि कोई अपने निजी विवेक का दम भरता है तो वह कोरा दम्भ है। समाचारपत्रों की खुराक पर जीनेवालों की आस्था के लिए हर क्षण ख़तरा है।

आस्था का शायद ही कोई आधार हो जिसमें अन्तर्विरोध न हो। जो अपने अस्था-केन्द्र के अन्तर्विरोध की प्रकृति को नहीं पहचानता, उसी की आस्था टूटती है, उसी में अनास्था उत्पन्न होती है अथवा इन सबके विपरीत उसमें आस्था के स्थान पर अन्धविश्वास घर करता है। किसी पार्टी या व्यक्ति या विचार में आस्था रखना गलत नहीं, ग़लत है उस पार्टी, व्यक्ति या विचार को पूर्ण अथवा आदर्श मान लेना। यह अन्तर्विरोध हर स्तर पर और हर क्षेत्र में है, कहीं उग्र और कहीं मद्धिम। उदाहरण के लिए यह जानते हुए भी हम जीते हैं कि हर क्षण हम मर रहे हैं। किन्तु जो यह सोचता है कि हम हर क्षण मर रहे हैं वह समय से पहले ही मर जाता है और जो अपने को अमर समझकर विचरण करता है, उसे सहसा मोह भंग होता है। जो

लोग अपने विवेक में आस्था दृढ़ करने की बात कहते हैं क्या उनके विवेक में कभी अन्तर्विरोध नहीं होता? जो लोग जनता की शक्ति में आस्था की बात करते हैं, क्या जनता में अन्तर्विरोध नहीं है? इस अन्तर्विरोध के बावजूद इन तमाम चीजों में या इनमें से किसी एक में हमारी आस्था इसलिए होती है कि उसमें हमें जीवनी शक्ति दिखायी पड़ती है अथवा दूसरे शब्दों में उसमें भविष्य के बीज दिखायी पड़ते हैं। आस्था सदैव भविष्योन्मुखी होती है, इसीलिए आस्था के साथ सदैव आशा का भी नाम लिया जाता है। यह आकस्मिक नहीं है कि प्रायः निराशावादी ही अनास्थापूर्ण दिखायी पड़ते हैं।

परन्तु यह प्रश्न व्यर्थ नहीं है कि आस्था किसमें? चाहे जिस सत्ता में आस्था रखें, सब धान बाईस पसेरी वाली बात ग़लत है। आस्था की शक्ति उसके आधार से निर्धारित होती है। एक व्यक्ति—चाहे वह स्वयं हो या कोई और में ग़लतियों की सम्भावना, समूह की अपेक्षा अधिक है। बड़े-से-बड़े महापुरुष, नेता, तानाशाह या विचारक को भी आत्मबल के लिए अपने से बाहर निकलना पड़ता है और प्रायः वह जनशक्ति की ओर देखता है। यही वजह है कि जनता के प्रति आस्था को इतना महत्त्व दिया जाता है और साहित्य में उसे मानवतावाद कहते हैं।

सुना है, जैनेन्द्रजी के सामने एक बार किसी ने कहा—अक्ल बड़ी कि भैंस? उन्होंने छूटते ही कहा—सवाल यह है कि किसकी अक्ल और किसकी भैंस? इसी तरह सवाल यह नहीं है कि आस्था बड़ी या अनास्था? सवाल यह है कि किसकी आस्था और किसकी अनास्था? साथ ही, किसमें आस्था और किसमें अनास्था? साहित्य में ऐसे साहित्यकारों की कमी नहीं है जिनकी अनास्था में भी सैकड़ों बौनों की आस्था से अधिक शक्ति है। आशावाद के नाम पर आशा से अन्त होनेवाली सैकड़ों तुकबन्दियों की अपेक्षा निराशा की कुछ कविताएँ अधिक शक्तिशाली हैं। यही वजह है कि तुलसी और सूर के विनय के पद बावजूद निराशा के आज भी लोगों को शक्ति प्रदान करते हैं।

यहाँ आकर आस्था-अनास्था का प्रश्न कोरी सैद्धान्तिक चर्चा के स्तर से उतरकर समाज़ के ठोस धरातल पर आधार ढूँढ़ता है। सवाल यह है कि अनास्था से जो परेशान हैं वे कौन लोग हैं? समाज में बहुत-से लोग हैं जो आस्था-अनास्था के चक्कर में पड़े बिना भी दुख-सुख से लड़ते-भिड़ते अपनी जिन्दगी जी लेते हैं। लेकिन इन तमाम लोगों से अलग एक प्राणी है बुद्धिजीवी और वह बुद्धिजीवी क्या जो केवल रोटी पर जी ले! फिर बुद्धि किसलिए है? बुद्धि-जीवी का पहला कर्तव्य है एक विश्वास की प्राप्ति और यदि कोई विश्वास न भी मिले तो कम-से-कम यही विश्वास हो कि कोई विश्वास नहीं होना चाहिए।

थोड़ा-सा और आगे बढ़ने पर पता चलेगा कि बुद्धि के स्तर पर जिसके प्राणों में 'आस्था' की इतनी भूख है, वह रहन-सहन के स्तर पर हमेशा जीवन में कहीं जम जाने के लिए परेशान है। जीवन में कहीं 'सेटिल' हो जाना बुद्धि-जीवियों की बातचीत का सामान्य विषय है। इस प्रकार जीवन में अस्थिरता और विचारों में अनास्था दोनों समानान्तर स्थितियाँ हैं और इनमें कार्य-कारण सम्बन्ध है। बुद्धिजीवी की अनास्था उसकी ढुलमुल सामाजिक स्थिति का परिणाम है। इस 'खाना-बदोश दिमाग़ी मज़दूर' की हालत उस अकेले पंछी की तरह है जो—

अन्तरिक्ष में आकुल आतुर
कभी इधर उड़ कभी उधर उड़
पन्थ नीड़ का खोज रहा है...

ऐसी स्थिति में क्या यह सम्भव है कि उसे सोचने मात्र से आस्था की प्राप्ति हो जायेगी? राम भक्त तुलसीदास की आस्था को भी अन्तिम दिनों सांसारिक स्थितियों ने हिला दिया था और अपने राम के रहते हुए अपने मनोविकारों को दोष देते हुए वे अन्त तक यही कहते रहे, 'कबहुँक मन विश्राम न मान्यो'। इससे मालूम होता है कि अनास्था केवल मनोवैज्ञानिक व्याधि नहीं है और न वह केवल मनोवैज्ञानिक उपचारों से दूर हो सकती है। जब तक बुद्धिजीवी की सामाजिक स्थिति नहीं बदलती अथवा कम-से-कम सामाजिक स्थिति बदलने की भावना उसमें नहीं पैदा होती तब तक कोरे अलसचिन्तन से अनास्था को मिटाना असम्भव है। जिन सामाजिक स्थितियों ने उसमें अनास्था पैदा की है, उन्हीं में से आस्था भी खोजनी है। कोई वजह नहीं है कि वर्तमान स्थिति में आस्था के बीज न हों। वैज्ञानिकों ने बहुत-सी खोज केवल अस्पष्ट सम्भावना को लेकर की है—कभी असफलता मिली है तो अक्सर सफलता भी मिली है किन्तु सारा-का सारा श्रम तो कभी व्यर्थ नहीं हुआ है।

इसलिए आज के युग में एकदम अनास्था-ही अनास्था देखना कम-से-कम तर्कसंगत तो नहीं प्रतीत होता। 'आस्था की खोज' मात्र से सिद्ध है कि समाज में इस भावना का वास्तविक आधार पहले से मौजूद है। और इतिहास के व्यापक परिवेश में देखने पर पता चलता है कि हमारा युग अतीत के अनेक अन्धकार-युगों की अपेक्षा कहीं अधिक प्रकाशपूर्ण है। आज अपनी परिस्थितियों पर मनुष्य का अधिकार पहले से कहीं अधिक है। संसार की जनता आज पहले से कहीं अधिक संगठित और सूचना सम्पन्न है। पहले आकांक्षाएँ थीं, अब योजनाएँ भी हैं। जो इस इतिहास के निर्माण में सचमुच भाग ले रहे हैं, उन्हें इस शक्ति का पूरा अहसास है, अहसास नहीं है तो उन्हें जो इससे अलग हैं। अपनी शक्ति का अहसास काम करने से होता है,

इसे कहने की ज़रूरत नहीं है। आस्था-अनास्था के सिलसिले में अक्सर गीता का नाम लिया जाता है और आधुनिक लेखक अर्जुन का मखौल उड़ाते हुए कहते हैं कि उन्होंने इतने लम्बे प्रश्नोत्तर के बाद अन्त में भगवान के सामने आत्मसमर्पण कर दिया। लेकिन धार्मिक प्रतीकों के आवरण को हटाकर देखें तो पता चलेगा कि अर्जुन ने आत्म-विद्या और योगचर्चा सुनने के बाद कृष्ण के सम्मुख समर्पण नहीं किया। आध्यात्मिक ज्ञान से उनका सन्देह दूर नहीं हुआ। सन्देह दूर हुआ विराट् विश्व-रूप देखकर जो वस्तुत: 'काल' था और आज की भाषा में 'इतिहास'। इतिहास के उस विराट् परिप्रेक्ष्य में अर्जुन को भविष्य का वह रूप भी दिखायी पड़ा जिसमें भीष्म, द्रोण, जयद्रथ, दुर्योधन आदि समस्त अरि-समूह विनाश के मुख में जा रहा था। इतिहास के इस परिप्रेक्ष्य का अर्जुन को ज्ञान हुआ और इसी इतिहास के प्रति उन्होंने अपनी आस्था प्रकट की। जब तक वे अपने दृश्य की सीमित परिधि में कौरव-दल को देख रहे थे, तब तक वे मोहग्रस्त भी थे और त्रस्त भी। 'फलस्वरूप वे एक प्रज्ञावादी की तरह अपने मोह और भय को तर्कसम्मत रूप देते रहे। अर्जुन के सन्देह का खण्डन कृष्ण ने तर्क और प्रदर्शन दोनों के द्वारा किया, परन्तु इस शर्त के साथ कि 'युद्धस्व'। इससे साबित होता है कि सच्चे अर्थों में एक कर्मवीर धनुर्धर ही अपनी अनास्था पर विजय प्राप्त कर सकता है।

लेखक की कलम ही उसका अस्त्र है और उसकी रचना परिवर्तन का 'क्षण'। जिस तरह इसका निश्चय न होते हुए भी कि उपन्यास का अन्त क्या अथवा कैसा होगा, वह एक योजना का खाका बनाकर काम शुरू कर देता है, उसी तरह वह मानव-स्वाधीनता के इतिहास में भी भाग ले सकता है। इतिहास के निर्माण का नियम स्वयं लेखक नहीं समझेगा तो कौन समझेगा? इतिहास का नियम साहित्य-रचना के नियम से बहुत भिन्न नहीं है। यदि हम रचना के भविष्य की परवा किये बिना भी आत्मविश्वास के साथ उसे लिख डालते हैं तो इस समय संसार के भविष्य सम्बन्धी अनिश्चयों में उलझने का भी कोई कारण समझ में नहीं आता। जिस तरह उपन्यास लिखनेवाला ही लिखते समय की पीड़ा. सन्देह, योजना, भटकाव, बाधा, आत्मविश्वास और अन्त में आनन्द की मन:स्थितियों को जानता है, दूसरा नहीं, उसी तरह संसार के इतिहास निर्माण में भाग लेनेवाला ही इन समानान्तर मन:स्थितियों को जानता है, दूसरा नहीं।

नि:सन्देह आस्था एक प्रश्न है, लेकिन उसका उत्तर इतिहास है और इस उत्तर का दायित्व हम सब पर है।

1956

पाँचवें दशक की कविता

बीसवीं सदी के चौथे दशक के उत्तरार्ध के साथ हिन्दी कविता ने सामाजिक यथार्थ की एक नवीन ऐतिहासिक भूमिका में प्रवेश किया। इस नवीन सामाजिक चेतना की पृष्ठभूमि में उत्तर-छायावाद के समस्त अन्तर्विरोध हैं जिनमें एक ओर वैयक्तिक निराशा, कला जगत् में पलायन तथा अध्यात्ममोह था तो दूसरी ओर सामाजिक विषमताओं के प्रति असन्तोष, अराजकतावादी विप्लव, प्रकृति-कुंज से बाहर निकलकर मानव जीवन की ओर दृष्टिपात। इस अन्तर्विरोध के मूल में छायावादी व्यक्तिवाद की पराकाष्ठा थी। जिन कवियों ने 20 के आसपास सामाजिक बन्धनों के विरुद्ध व्यक्तित्व के विकास के लिए व्यक्ति स्वातन्त्य के गीत गाये थे, वही अब समाज से कटकर तड़प रहे थे। 'मनु' ने बड़ी पीड़ा के साथ स्वीकार किया :

इस विजन प्रान्त में विलख रही मेरी पुकार उत्तर न मिला
लू-सा झुलसाता दौड़ रहा कब मुझसे कोई फूल खिला
मैं स्वप्न देखता हूँ उजड़ा कल्पना-लोक में कर निवास।

स्वप्नों का रमणीय लोक उजड़ता दीखा; आदर्शवाद टूट चला; प्रकृति निभृत कुंज में भी मन रम न सका। इस एकाकीपन की प्रतिक्रिया पैंतीस-छत्तीस तक आते-आते न्यूनाधिक सभी रूमानी कवियों में हुई। प्रसादजी ने इस व्यक्तिवाद को अपना ही विरोधी कहा : 'अपनी शंकाओं से व्याकुल तुम अपने ही होकर विरुद्ध...।' उनकी मानवतावादी दृष्टि ने भाँप लिया कि यह सामाजिक विषमता सहृदयता की दुश्मन है, इसलिए उन्होंने बौद्धिकता के बहाने मशीन युग के विकृत प्रभावों का विरोध किया। लेकिन आदर्शवादी दृष्टिकोण ने उस समस्या को सिर के बल देखा और मनोवैज्ञानिक निदान तथा समाधान प्रस्तुत किया। पन्तजी का व्यक्तिवाद आरम्भ से ही प्रकृति-रमण की रूमानियत के माध्यम से व्यक्त होता रहा, इसलिए इस संक्रान्तियुग में भी उनमें मानवोन्मुख प्रतिक्रिया हुई। 'सुन्दर हैं विहग सुमन सुन्दर, मानव! तुम सबसे सुन्दरतम!'

इसी परिवर्तन को उन दिनों लोगों ने यथार्थ की स्वीकृति मानी। बारीकी से देखने पर ये 'मानव' और 'जीवन' शब्द भी वस्तुतः अस्पष्ट, हवाई तथा आदर्शवादी लगेंगे। पन्तजी का आरम्भिक प्रकृति-प्रेम ऊपर से देखने पर मानव-निरपेक्ष भले ही रहा हो, परन्तु वास्तव में वह रोमैन्टिक वैयक्तिकता की भावना से रँगा था। वस्तुतः प्रकृति संसार का ही एक अंग है और उसकी सुषमा सम्बन्धी सम्पूर्ण मान्यताएँ समाज की समसामयिक मान्यताओं से सम्बद्ध रहती हैं। इसीलिए जब 'युगान्त' में पन्तजी प्रकृति से मानव की ओर आये तो वस्तुतः वे व्यक्तिवादी दृष्टिकोण से कुछ सामूहिकता की ओर मुड़े या उसकी आकांक्षा से भर उठे। 'पल्लव' और 'ग्राम्या' के प्रकृति-चित्रणों की तुलना से यह बात स्पष्ट हो जाती है।

निराला और महादेवी में यह प्रतिक्रिया अधिक वैयक्तिक स्तर पर हुई क्योंकि आरम्भ से ही इन दोनों अहंवादी प्रतिभाओं में व्यक्तित्व का उभार अधिक था। इनका 'अहं' विरोधी शक्तियों से जितना ही टकराता गया, स्वर में उतनी ही उग्रता, स्पष्टता, निराशा तथा एकाकीपन घना होता गया। जिसके लिए 'दुख ही जीवन की कथा रही' उसने यदि यह अनुभव किया कि

मैं अकेला
देखता हूँ, आ रही मेरे दिवस की सान्ध्य वेला

तो कोई आकस्मिक बात नहीं। हाँ, स्वानुभूति के कारण यथार्थ की पकड़ इतनी दृढ़ है कि हवाई मानव-प्रेम अथवा दिखावटी समाजोन्मुखता की आवश्यकता नहीं। घोर वैयक्तिक होते हुए भी निराला का स्वर सर्वाधिक विद्रोही, स्पष्ट तथा प्रत्यक्ष रहा है। महादेवीजी में आरम्भिक भावाकुलता से भिन्न बौद्धिक अवसाद तथा उद्‌बोधन की भावना जाग उठी।

इस व्यक्तिबाद ने एक ओर तो अपना विरोध किया और दूसरी ओर दलित जन पर करुणा करने की प्रवृत्ति दिखलाकर अपनी सामाजिकता का परिचय दिया। निराला और पन्त दोनों ही महाकवियों ने ऊँचे स्तर से सहानुभूति बिखेरी; परन्तु निराला ने यह भी कहा—

सहज-सहज पग धर आओ उतर
देखें वे सभी तुम्हें पथ पर।

रूमानी कविता के व्यक्तिवाद तथा तज्जन्य असन्तोष, निराशा और नियतिवाद की स्पष्टतर और तीव्रतर अभिव्यक्ति बच्चन और नरेन्द्र ने की; क्योंकि ये इसी संक्रान्ति-युग की उपज थे। यहाँ भी नरेन्द्र में अपेक्षाकृत निर्वैयक्तिकता अधिक थी

तथा बच्चन में वैयक्तिकता। 'संघर्ष से टूटा हुआ' बच्चन का कवि 'अग्निपथ' पर अश्रु-स्वेद-रक्त से लथपथ मनुष्य की ओर भी दृष्टि डालता है।

व्यक्तिवादी सामाजिकता का एक और रूप अराजकतावादी विप्लव के रूप में प्रकट हुआ, जिसमें 'उथलपुथल मचानेवाली तान' के कवि 'नवीन' 'विनाशकारी बादल' के गायक भगवतीचरण वर्मा तथा 'विपथगा क्रान्ति' की हुंकार भरनेवाले 'दिनकर' मुख्य हैं। यहाँ भी दलितों के प्रति कभी-कभी दूरस्थ सहानुभूति दिखायी पड़ती है। वर्माजी की बहुप्रशंसित प्रगतिशील रचना 'भैंसा गाड़ी' इसका उत्कृष्ट उदाहरण है।

इस प्रकार इस दशक के आरम्भ में कवि के सामने सामाजिक उत्तरदायित्व का प्रश्न अपूर्ण रूप में खड़ा हुआ और कवि ने व्यक्तित्व के समाजीकरण की आवश्यकता अनुभव की। रोमानी युग के बाद यह यथार्थवाद का आरम्भ था। विषय-वस्तु के साथ-साथ रूप-तत्त्व में भी परिवर्तन हुआ। कल्पना वैभव, चित्र-मोह, शब्द-मोह, पेलवता, कोरी भावुकता, स्वप्निल-कुहासा, लाक्षणिक वक्रता आदि साज-सज्जा जाती रही। तथ्यकथन, खरापन, विचारगत प्रौढ़ता, सादगी और सफाई, मुक्त छन्द का निर्बाध प्रवाह, भाषा में गद्यात्मक व्यावहा-रिकता आदि बातों का समावेश हुआ।

कहना न होगा कि कविता का यह वस्तुगत रूप परिवर्तन सामाजिक परिवर्तन के समानान्तर ही था। मध्यवर्गीय मान और मान्यताओं में संकट उपस्थित हो गया था; स्त्री-पुरुष के सम्बन्ध, मानव प्रकृति के सम्बन्ध तथा स्वयं मानव समाज के भीतर अन्तर्वैयक्तिक सम्बन्ध, मध्यवर्गीय ह्रास की छत से विषाक्त हो उठे थ। आर्थिक समस्याएँ सभी मान्यताओं से उभरकर स्पष्ट दिखायी पड़ने लगी थीं। जागरूक जन मार्क्सवादी जीवन-दर्शन के उदार मानवतावाद को नैतिक आस्था के रूप में मानने लगे थे। '40 से आरम्भ होनेवाली नयी कविता में सबसे ऊँचा स्वर इसी नैतिकता का था और 'ग्राम्या' उसकी पहली पोथी बनकर सामने आयी। आधुनिक हिन्दी कविता में यह यथार्थवाद की ओर पहला सजीव प्रयत्न था। एक ओर ग्राम प्रकृति की अब तक उपेक्षित सुषमा का मुग्ध अंकन, ग्रामीणजनों के हर्ष उल्लासपरक नृत्यों की जीवन्त भावना तथा नाद-चेतना का चित्रण, ग्राम-युवती के अकृत्रिम स्वस्थ मांसल सौन्दर्य की प्रशंसा तथा दूसरी ओर रूढ़ि जर्जर गाँवों की प्रथाओं पर प्रहार—ग्राम-देवता की भर्त्सना, पतिगृह जानेवाली ग्रामवधू की नकली रुलाई का उपहास—और इन सबके ऊपर साम्राज्यवादी व्यवस्था द्वारा ध्वस्त गाँवों की आर्थिक हीनता का मार्मिक उद्घाटन; ये सभी बातें कवि की जागरूक दृष्टि तथा व्यापक सहानुभूति का पता देती हैं। 'ग्राम्या' में नागरिक जीवन का भी चित्रण है और मध्यवर्गीय रोगों पर तेज रोशनी डाली गयी है। 'आधुनिका' और 'स्वीट पी के प्रति' जैसी कविताएँ शहराती महिलाओं की कृत्रिम और रुग्ण शोभा के साथ-साथ उनके अस्वस्थ यौन सम्बन्धों

की भी भर्त्सना करती हैं, क्योंकि उनके हृदय में 'कृत्रिम रति की आकुलता' तथा 'भाव-कल्पित मनोज' का उद्दीपन है। लेकिन नगर के मध्यवर्गीय संवेदनशील मन की वास्तविक भावतरलता को बड़ी सहानुभूति से चित्रित किया गया है। 'ग्राम्या' के 'याद', 'नक्षत्र' जैसे गीतों में भी एक नवीन ढंग की संयत वैयक्तिकता तथा यथार्थता की अभिव्यक्ति मिलती है। कुल मिलाकर 'ग्राम्या' में एक समाज-निरपेक्ष मध्यवर्गीय व्यक्ति की तटस्थ किन्तु सहृदय दृष्टि का आभास मिलता है और कहीं-कहीं तो यथार्थ की पकड़ बड़ी ही मार्मिक हो उठी है :

माली की मँड़ई से उठ, नभ के नीचे नभ की, धूमाली,
मन्द पवन में तिरती, नीली रेशम की-सी हल्की जाली।
बत्ती जला दुकानों में बैठे सब कस्बे के व्यापारी,
मौन मन्द आभा में हिम की ऊँघ रही लम्बी अँधियारी।
धुआँ अधिक देती हैं टिन की ढिबरी कम करती उजियाला,
मन से कढ़ अवसाद क्लान्ति, आँखों के आगे बुनती जाला।
× × ×
कँप-कँप उठते लो के सँग, कातर उर क्रन्दन मूक निराशा
क्षीण-ज्योति ने चुपके ज्यों, गोपन मन को दे दी हो भाषा।

इन पंक्तियों का भाव और रूप दोनों ही एक विलक्षण अवसाद की व्यंजना करते हैं; यथार्थ को रोमान की हल्की रंगीनी वास्तविक और मार्मिक बना देती हैं; छन्द में एक प्रकार की शिथिल स्वरमयता है; शब्दावली छायावादी स्वप्निल पेशलता से रिक्त सीधी-सादी, नयी और गद्य के निकट की है; यहाँ भी आँखों के सामने स्वप्न की जाली बुनती है, लेकिन यह स्वप्नहीनता के प्रतीक ढिबरी की मन्द रोशनी में आकार ग्रहण करता है और जीवन की वास्तविकता के विषाद से धमला है।

यथार्थ की इतनी सच्ची पकड़ होते हुए भी 'ग्राम्या' के कवि की दृष्टि मूलतः आदर्शवादी है। कवि की आकांक्षा है कि धरणी जनों की हो, लेकिन वह 'भवमानवता के लिए प्रभु'—समाज की किसी अस्पष्ट आन्तरिक शक्ति के प्रतीक—के निकट प्रार्थी हैं।

इस सामाजिक यथार्थवाद की अभिव्यक्ति 'निराला' जी में दूसरे स्तर पर हुई। संघर्षों में अहं की पराजय ने उसके मन को अत्यन्त क्षुब्ध और विक्षिप्त कर दिया; एकाकी विद्रोह मखौल और व्यंग्य के रूप में बदल गया। निराला जी में पन्तजी की अपेक्षा यथार्थ की अनुभूति अधिक निजी और तीखी रही, लेकिन संयत और व्यवस्थित कम थी। वैसे, आदर्शवाद तथा अज्ञात शक्ति का भरोसा यहाँ भी उतना

ही था। पन्तजी जहाँ सामाजिक संघर्ष में भी तटस्थ दीखते हैं, निराला जन-जन की लगी हुई आग में 'करूँ आरती मैं जल-जलकर' की कामना करते हैं। व्यंग्य को स्पष्ट होना ही पड़ता हैं और निरालाजी ने सामन्ती तथा साम्राज्यवादी मान्यताओं पर बहुत स्पष्ट प्रहार किये हैं, लेकिन आरम्भ में यहाँ भी स्पष्टता न थी। 'कुकुरमुत्ता' द्वारा 'कैपिटलिस्ट गुलाब' का उग्र विरोध तथा अपनी महानता का उद्घोष करने के बाद भी उसे उपयोगितावाद का शिकार बनाया जाता है। 'नये पत्ते' की 'कुत्ता भोंकने लगा'; 'महँगू महँगा रहा' आदि कविताएँ निश्चय ही बहुत आगे बढ़कर किसानों और मजदूरों की विवशता तथा जागरण को स्पष्ट शब्दों में कहती हैं। गजलों में कहीं-कहीं बिल्कुल सीधी चोट की गयी है :

खुला भेद विजयी कहाये हुए जो
लहू दूसरे का पिये जा रहे हैं।

लेकिन खेद के साथ कहना पड़ता है कि जिस निराला ने कविता को 'बहु-जीवन की छवि' कहा था, उन्होंने इस युग में जीवन की विविध अर्थ-भूमियों, गहरी अनुभूतियों तथा मानव और प्रकृति-सम्बन्धी मर्म-छवियों की समृद्धि का परिचय नहीं दिया जो पन्तजी की 'ग्राम्या' में कुछ हद तक प्राप्त होता है। केवल 'देवी सरस्वती' कविता इसका अपवाद है, जिसमें सांस्कृतिक इतिहास के साथ गाँवों का हर्ष-विषाद यथार्थ रूप में जाग उठा है। पन्तजी के ग्राम-चित्रण से तुलना करते ही निरालाजी के ये सूक्ष्म चित्र पर्यवेक्षण की श्रेष्ठता प्रमाणित करते हैं। परन्तु निराला की इस युग की कविताओं का रूपतत्त्व नवीन होते हुए भी काफी अनगढ़ है।

सामाजिक यथार्थ के इस स्तर की परम्परा को रामविलास शर्मा, केदारनाथ अग्रवाल, नागार्जुन तथा त्रिलोचन ने आगे बढ़ाया। 'तारसप्तक' में प्रकाशित रामविलास शर्मा की कविताओं में निराला-पन्त के अद्भुत सम्मिश्रण का विकसित रूप मिलता है। उनमें ग्रामीण मानव से अधिक प्रकृति का यथातथ्य रेखांकन है; कहीं-कहीं 'सिलहार'—जैसे दीन जनों का चित्र भी है। भाषा में भदेसपन अधिक है। इन चित्रों के बीच एकाध जगह मध्यवर्गीय व्यक्ति का विषाद भी खुल पड़ता है, जैसे :

बीते वर्षों का मैं, जिसको हैं ढँके हुए
गाढ़े वर्षों की छायाओं का तन्तुजाल!
× × ×
गरजता अनागत का अगाध फिर अन्धकार

केदारनाथ अग्रवाल ने इस यथार्थ को अधिक ओज तथा मार्मिकता दी।

बुन्देलखण्ड की चटियल भूमि का यह कवि भाव और भाषा दोनों क्षेत्रों में ग्रामीण जनता का अधिक अपना कवि प्रतीत हुआ। इनकी 'युग की गंगा' रूढ़ियों की चट्टानें तोड़ती हुई 'सुरसरि सम सब कहँ हित होई' का आदर्श लेकर 1947 ई. में सामने आयी। यहाँ गँवई प्रकृति भी अजीब मस्तानापन लिये आती है :

हवा हूँ हवा में बसन्ती हवा हूँ।
चढ़ी पेड़ महुआ थपाथप मचाया
गिरी धम्म से फिर चढ़ी आम ऊपर
उसे भी झकोरा किया कान में कू
उतरकर भगी मैं हरे खेत पहुँची
वहाँ गेहूँओं में लहर खूब मारी
पहर-दोपहर क्या अनेकों प्रहर तक...

गँवई लोगों का भी चित्रण है, परन्तु यहाँ 'ग्राम्या' की तरह कोरी सहानुभूति नहीं है। कवि रूढ़िबद्ध 'चित्रकूट के बौड़म यात्रियों' की मीठी चुटकी भी लेता है; चैतू, चन्दू, रनिया की भी दुर्बलताओं पर तेज रोशनी डालता है। उसके लिए ग्रामीण जन देवता नहीं हैं बल्कि मानव हैं और वे भी अपने सगे। इसलिए वह उनकी अन्ध पूजा न करके कटु आलोचना करता है। वह मजदूर की शराब-खोरी और शहरी छोकरों की आवारागर्दी की भी भर्त्सना करता है। केदार के व्यंग्य में निराला की-सी विक्षिप्तता नहीं, बल्कि कठोर सोद्देश्यता तथा संयम हैं। समूचे व्यंग्य को जनता की विजय का अडिग विश्वास मार्मिक मानवीयता तथा शक्ति प्रदान करता है। ऐसे स्थलों पर स्वर में अद्भुत दृढ़ता आ जाती हैं :

धन गरजे जन गरजे
    बन्दी सागर को लख कातर
एक रोष से
    घन गरजे जन गरजे
क्षिति की छाती को लख जर्जर
    एक शोध से
        घन गरजे जन गरजे!

केदार में पुराना आदर्शवाद नहीं मिलता। कुल मिलाकर उनमें बहु जीवन की छवियाँ, अभिव्यक्ति के सीधे और व्यंग्यगर्भी विधान, चित्र-विधान का लाघव तथा भावानुकूल नूतन संगीत सृष्टि बड़े ही सहज ढंग से एकत्र मिल जाती हैं।

केदार की निर्वैयक्तिकता से भिन्न प्रकार की निजी पीड़ा और कठोरता को लेकर नागार्जुन की कविताएँ आयीं। मिथिला के ठेठ गाँवों की मिट्टी से लिपटा हुआ यह 'यात्री' देश-देशान्तरों के अनुभवों और दृश्यों से इतना सम्पृक्त हो उठा है कि सामाजिक चेतना उसकी सरस्वती में शतधा रूपायित हो उठी—कहीं व्यंग्य की तिक्त बौछार, तो कहीं करुणा के मार्मिक उत्स; कहीं गँवई प्रकृति के यथार्थ चित्र, तो कहीं शहरी ढोंग का उद्घाटन! भाषा भी तदनुरूप—कहीं प्रांजलता, तो कहीं ठेठ बोल-चाल। छन्द-योजना की वेगवती धारा में नाटकीय विधान घटित होता चलता है। इस रूप-विधान में केदारनाथ अग्रवाल का-सा तराश तो नहीं मिलता, लेकिन मार्मिकता अधिक मिलती है; स्पष्टता और खरापन शायद सबसे अधिक। इनकी कविताओं में ऐसी सहज आत्मीयता तथा ईमानदारी की तड़प भरी रहती है जो रूप-विधान के सारे अनगढ़पने को ढँककर सीधी चोट करती है।

त्रिलोचन की 'धरती' ('45 ई.) में सामाजिक चेतना का उभार केदार और नागार्जुन का-सा तो नहीं मिलता, लेकिन परम्परा वही है जिसमें

जिसमें मूलतः एक किसान कवि का हृदय बोलता है। गँवई प्रकृति का बड़ा ही स्वस्थ उभार 'धरती' में हुआ है और ग्राम-जीवन के अनेक दुर्लभ चित्र दिये गये हैं :

तारकों से ज्योति चलकर भूमि तल पर
आ रही है आ रही है आ रही है
× × ×
है अँधेरी रात कल है ब्याह का दिन
दीपकों से गाँव का एकान्त अमिलन
जागती हैं नारियाँ
आज अपने गीत से वे तारकों को हैं जगातीं!

'चम्पा', 'बुआ', 'भोरई केवट आदि सामाजिक इकाइयों के माध्यम से वास्तविकता मूर्तिमान हो उठी है। आगे चलकर, '50 में उनके 'सानेटों' में ग्राम-जीवन का यह यथार्थ और गाढ़ा हो उठा। त्रिलोचन की 'धरती' का महत्त्व सबसे अधिक उसकी स्वर-विविधता तथा रूपगत समृद्धि के कारण है जो इस प्रकार के अन्य कवियों में अपेक्षाकृत कम था।

इन कवियों के निर्माण को समझने के लिए आवश्यक है कि इनके समानान्तर रचना करनेवाले जन-बोलियों के कवियों से परिचित हों। इस दशक की कविता के भाव और रूप-निर्माण में जन-बोलियों के साहित्य ने बहुत बड़ा काम किया। बलभद्र दीक्षित 'पढ़ीस', चन्द्रभूषण त्रिवेदी, विसराम, रामकेर, बंशीधर शुक्ल आदि बोली के

कवियों ने इस युग के शिष्ट कवियों को लोकतत्त्व की उत्तम सामग्री दी।

सामाजिक यथार्थ का दूसरा स्तर नरेन्द्र शर्मा, दिनकर, सुमन, भवानीप्रसाद मिश्र, रांगेय राघव, गोपालसिंह नेपाली, शंकर शैलेन्द्र आदि कवियों में अभिव्यक्त हुआ। इन कवियों ने थोड़े-बहुत अन्तर के साथ उत्साह और उद्‌बोधन का बढ़ा-चढ़ा रूप दिखाया। इन्होंने जीवन की मर्म-छवियों के चयन में समय न लगाकर आविष्ट भाषणसुलभ ओजपूर्ण शैली में अनेक उत्तेजक कविताएँ लिखीं। इस युग में दिनकर ने 'कुरुक्षेत्र', 'सामधेनी' तथा 'इतिहास के आँसू' कविता-संग्रह उपस्थित किये। 'जीवन के गान' और 'प्रलय-सृजन' के कवि 'सुमन' ने इस बीच 'आज देश की मिट्टी बोल उठी है', 'नयी आग' तथा 'जल रहे हैं दीप जलती है जवानी' जैसी बड़ी उत्साहवर्धक लोकप्रिय रचनाएँ दीं। इन कवियों में भवानी प्रसाद मिश्र का लहजा थोड़ा भिन्न है; वे रोजमर्रा की बातचीत में बड़े ही बेतकल्लुफ ढंग के व्यंग्य, विनोद, सूक्ति तथा मार्मिक कहानी कह जाते हैं। नरेन्द्र शर्मा का स्वर इस प्रकार के कवियों में सर्वाधिक कलात्मक तथा स्पष्ट रहा है। इन कवियों ने समसामयिक महत्त्वपूर्ण घटनाओं को भी छन्दों में बाँधकर जागरूकता का परिचय दिया। जैसे 'बंगाल का काल', 'आजादी', 'गांधी हत्याकाण्ड', 'नौसेना विद्रोह' आदि।

सामाजिक यथार्थ का तीसरा स्तर उन कवियों ने झनझनाया जिनके संवेदनशील मन में एक ओर मध्यवर्गीय संस्कारों की कटु अतृप्ति थी तो दूसरी ओर नवीन सामाजिक चेतना को बौद्धिक रूप से स्वीकार करके व्यावहारिक रूप से ग्रहण करने की ललक। इस अन्तर्द्वन्द्व ने इन संवेदनशील कवियों की अभिव्यक्ति को अस्पष्ट और उलझनपूर्ण बना दिया। इन्होंने कविता के रूपविधान की ओर अधिक ध्यान दिया। इनमें अज्ञेय, गिरिजाकुमार माथुर, प्रभाकर माचवे, नेमिचन्द्र जैन, भारतभूषण अग्रवाल, गजानन मुक्तिबोध, शमशेरबहादुर सिंह, हरि व्यास, धर्मवीर भारती, रघुवीर सहाय, नरेश मेहता और चन्द्र कुँवर बर्त्वाल मुख्य हैं। इन कवियों में गिरिजाकुमार, मुक्तिबोध, हरि व्यास, नरेश और बर्त्वाल में सामाजिक चेतना अपेक्षाकृत अधिक गहरी और प्रौढ़ है।

गिरिजाकुमार की मानसिक पीठिका छायालोक की थी, इसलिए 'नाश और निर्माण' की कुछ कविताओं में प्रणय-सम्बन्धी रूमानियत की काफ़ी धूप-छाँह मिलती है। स्मृति के छिन्न अनुषंगों के सहारे उन्होंने मध्यवर्गीय केलिविलास के नूतन यथार्थ तथा 'प्रौढ़ रोमांस' प्रस्तुत किये तथा रंग-रेखा के नये सौन्दर्यबोध जगाये। उनकी आरम्भिक मीठी थकान, सूनापन तथा उदासी मध्यवर्गीय जीवन की गहरी वास्तविकता का प्रतीक बनकर आयी जो आगे चलकर वस्तुनिष्ठ दृष्टिकोण के समन्वय से अधिक शक्तिशाली हो उठी। यह प्रौढ़ रोमान 'एशिया के जागरण' और 'शाम की धूप' जैसी

कविताओं में प्रकट हुआ जिनमें यथार्थ रूमानियत की रंगीनी से चटक हो उठा है। नरेश मेहता ने माथुर के कल्पनावैभव और मूर्ति-विधान को 'समय-देवता' और 'चीन' जैसी कविताओं में बड़ा कैनवास प्रदान करने का प्रयत्न किया। इन कविताओं ने अपनी दूरारूढ़ तथा प्रसंग-गर्भी मूर्ति योजना के बावजूद विराट मानवता का उदात्त चित्रण किया। मुक्तिबोध की मर्मस्पर्शी निराशा क्रमशः 'जीवन की लौ' के रूप में प्रज्वलित हुई जिसमें मध्यवर्गीय समाज का खोखलापन उभारकर दिखाया गया है। हरि व्यास के निर्ग्रन्थि व्यक्तित्व ने प्रकृति के अनेक मनोरम चित्र तथा क्रमिक आस्था के तेजोदृप्त गीत लिखे हैं। समीक्षकों द्वारा उपेक्षित तथा अकाल ही धरती से उठ जानेवाले कवि बर्त्वाल की प्रतिभा ने अनेक जौहर दिखलाये। विषय-वैविध्य तथा रूपवैभिन्य की दृष्टि से उन्होंने अनेक सफल रचनाएँ उपस्थित कीं और उस रूमानी छाया की सीमा में भी अद्‌भुत सामाजिक चेतना का परिचय दिया।

अन्य कवियों में से नेमिचन्द्र में शैथिल्य तथा एकाकीपन का मार्मिक विषाद गहरा है। उनकी निराशा का कारण 'तिरस्कृत व्यक्तित्व', 'जन की कुण्ठित धार,' तथा जीवन-शक्तियों से सहयोग न कर सकने की अक्षमता है। समाज की इस शक्ति को उन्होंने अस्पष्ट रूप से 'विविध गतिमय प्राणमय संचरित तत्त्व' नाम से ही स्मरण किया है। भारतभूषण में गत्यात्मक सामाजिक चेतना है, परन्तु है; उनके ग्रन्थिहीन सादे मन में जहाँ स्वस्थ सौन्दर्य दर्शन, व्यंग्य-बौछार या अपनी विवश तरलता का बोध है, वहाँ वे विशेष सफल हैं। प्रभाकर माचवे की कविता में यद्यपि अनुभूति की गहराई कम मिराती है तथा रूप-विधान में अनमना कौतुक है, तथापि उनके हाथ व्यंग्यात्मक रेखांकन तथा नुकीले सूत्रों और सूक्तियों में अधिक मँजे हैं। भारती में जवानी की मिठास और रूप-रस के प्रति आसक्ति है तो रघुवीर सहाय में असमय वार्धक्य का प्रतीक बौद्धिक शुष्कता और जीवन से विरक्ति। संगीतगर्भी प्रयोगों की झीनी खूबसूरती में ढकी हुई सामाजिक चेतना के कवि शमशेर ने नयी कविता को सम्भवतः सबसे अधिक स्वर-सम्पन्न बनाया है; उनके चित्र-विधान में बारीकी तथा शब्दों में अत्यधिक मितव्ययिता अथच अर्थ की दुरूहता है। उन्होंने अपनी उर्दू कविताओं में अवश्य ही स्पष्ट बाँकपन भर दिया है। इन नामों के साथ इनके सधर्मा कुछ और नये नाम जुड़ते हैं जिनमें सर्वेश्वर, केदारनाथ सिंह, अजित कुमार तथा सूर्यप्रताप के नाम मुख्य हैं।

इस युग की सीमा में 'अज्ञेय' की इत्यलम्' के उत्तरार्द्ध तथा 'हरी घास पर क्षण भर' की कविताएँ आती हैं। 'इत्यलम्' के उत्तरार्ध की अधिकांश कविताएँ समाज-निरपेक्ष व्यक्ति मन की ग्रन्थियों और यौनवर्जनाओं का आसक्तिपूर्ण तथा उलझाव-भरा चित्र उपस्थित करती हैं। लेकिन 'हरी घास पर क्षण भर में आते-आते वे सामाजिक

चेतना का महत्त्व समझने लगते हैं; 'अपने से बाहर आने को छोड़ नहीं आवास दूसरा'। वे अपनी 'अहं अन्तर्गुहावासी स्वरति' आदि सीमाओं को स्वीकार करते हैं और ईमानदारी के साथ। इस ईमानदारी तथा लाचारी ने इस संग्रह की कविताओं में कुछ स्पष्टता तथा तन्मय गीतात्मकता भर दी है। इसमें सहसंवेदनजन्य अनुभूति की कोमलता प्रधान तथा बुद्धि की ललकार गौण है।

सामाजिक चेतना के इस तृतीय स्तर को प्राय: प्रयोगशील कविता के नाम से अभिहित किया जा रहा है। नाम को लेकर यहाँ कोई विशेष झगड़ा नहीं, किन्तु इतना अवश्य है कि इन कवियों ने 'प्रयोग-आकांक्षा' तथा 'रूप-विधान' पर इतना अधिक बल दिया है कि उक्त कवियों की कतिपय रचनाएँ रूपवादी अथवा प्रयोगवादी हो उठी हैं। जहाँ तक विषय-वस्तु का सम्बन्ध है, इन कवियों में प्राय: सबकी रचनाएँ ह्रासोन्मुख मध्यवर्गीय मान्यताओं की चौहद्दी में घिरी हैं; खैरियत इतनी ही है कि इनमें से अधिकांश उस सीमा को तोड़ने के लिए आकुल हैं। ह्रासशील मान्यता की इन कविताओं का भी अपना सौन्दर्य है तथा अपनी संवेदनशीलता है, विशेषत: प्रकृति और प्रणय-सम्बन्धी अनुभूतियां अधिक मोहक और संवेद्य हैं।

इस युग में कुछ ऐसी भी कविताएँ हुई हैं जिन्हें 'नूतन रहस्यवाद' की संज्ञा दी जा सकती है। पुराने आदर्शवादी कवियों में जिन्होंने निम्नवर्ग के प्रति केवल बौद्धिक सहानुभूति प्रकट की थी, परन्तु उनका मूल मनोजगत व्यक्तिवादी और आदर्शवादी था, उन्होंने नये रहस्यलोक की शरण ली। श्री सुमित्रानन्दन पन्त; निराला, नरेन्द्र शर्मा, नवीन, भगवतीचरण वर्मा आदि कवियों का प्रयास इधर इसी ओर हुआ है। यह नूतन रहस्यवाद छायावादी युग की रोमैन्टिक रहस्य-भावना से भिन्न है, क्योंकि इसमें उत्थानशील मध्यवर्गीय व्यक्ति की आशा-आकांक्षाओं तथा कल्पनाशीलता का वह स्वस्थ यौवन नहीं है। उस रहस्य-भावना में बार-बार 'प्रभु' का आश्रय नहीं लिया जाता था। वह चेतन सत्ता समाज की अन्तर्निहित शक्ति थी जो उस युगधर्म का संचालन कर रही थी। इस 'नूतन रहस्यवाद' में वह सामर्थ्य तो नहीं है किन्तु उदार मानवतावाद अवश्य है जो मध्यवर्गीय कुण्ठाग्रस्त कविताओं से श्रेयस्कर प्रतीत होता है। इस 'नूतन रहस्यवाद' में भी स्तर भेद हैं। नवीनजी में यह सैद्धान्तिक तथा नैराश्य-मूलक है; पन्तजी में 'विराट मानवता' का वितान तानता है; 'निराला' की 'अर्चना' का रहस्यवाद यथार्थ की पीड़ा से सिक्त है; नरेन्द्र की रहस्यभावना लोकाश्रयी है।

इसके अतिरिक्त बच्चन, शम्भुनाथ सिंह, जानकीवल्लभ शास्त्री, हंसकुमार तिवारी आदि गीतों के राजकुमार भी रचनारत रहे। ठाकुरप्रसाद सिंह के मौलिक-से प्रतीत होनेवाले सन्थाली गीतों के अनुवाद इसी कोटि में आयेंगे। इन कविताओं में मुख्यत: यथार्थ चित्रण से भिन्न भाव-कल्पित सुख-दुख का रोमानी चित्रण मिलता है, परन्तु

युग के अनुरूप कुछ-कुछ सामाजिक चेतना भी आयी है।

इस प्रकार पिछले दशक में हिन्दी कविता में मुख्यत: तीन प्रवृत्तियाँ रही हैं— सामाजिक यथार्थवाद रूपवाद तथा नूतन रहस्यवाद। अनेक कवियों में एकाधिक प्रवृत्तियाँ एक साथ मिलती हैं। कुछ ऐसे हैं जिनमें आरम्भ में एक प्रवृत्ति प्रधान थी, परन्तु धीरे-धीरे दूसरी प्रधान हो गयी। विभिन्न वर्गों के संस्कारों और मान्यताओंवाले समाज में इस प्रकार की परस्परविरोधी प्रवृत्तियों का मिलना स्वाभाविक है, परन्तु यह नि:संकोच कहा जा सकता है कि इस दशक में सामाजिक यथार्थवाद की कविता परिस्थितियों के साथ क्रमश: प्रौढ़, मानवोचित और जीवन सौन्दर्य से परिपूर्ण होती गयी। भविष्य इसी कविता के हाथ है, यह सभी अनुभव कर रहे हैं। रूपवादी कवियों ने इसे अनगढ़, कलाहीन, आक्रोशपूर्ण तथा एकांगी कहा है, लेकिन यह उनकी मध्यवर्गीय दृष्टि की सीमा का परिणाम है। इन कविताओं में अनगढ़पन हो सकता है और बहुत सम्भव है वह कवि की असावधानी अथवा शक्ति की सीमा के कारण हो, परन्तु रूप-वादियों की इस समीक्षा के पीछे जो उद्देश्य है वह श्रमिक वर्ग की मान्यताओं तथा रचनाओं के प्रति सहसंवेदनहीन है। प्रश्न यह है कि विकास के बीज किस कविता में हैं? रूपवादी रचनाओं में कुछ सफल, सुन्दर, आकर्षक और मोहक प्रतीत हो सकती हैं, लेकिन उनमें वह जीवनी शक्ति नहीं है जो बहुजन को स्पन्दित कर सके। कुछ रूपवादी कवियों ने अपना जन-प्रेम प्रदर्शित करने के लिए लोकगीतों की भी धुनें अपनायी हैं तथा कुछ ग्रामीण शब्दों का भी प्रयोग किया है, किन्तु वह अपनाव नहीं बल्कि चेतना को अलग करके शरीर का अपहरण है। लोक-काव्य रचने के लिए लोकगीतों की धुन तथा शब्द अपनाना ही काफ़ी नहीं है; देखना यह है कि वे लोकगीत किस ऐतिहासिक भूमिका के हैं। लोकगीतों के भी भावरूप में विकास होता है और आज के कवि के लिए आवश्यक है कि वह अपने समसामयिक लोक-काव्य से प्रेरणा ले। लेकिन देखा तो यह जा रहा है कि शिष्ट कवि ब्याह-शादी, मेला ठेला, झूला चक्की, बिरहा आदि पुराने लोकगीतों को ही अपनाकर निहाल हो रहे हैं। लोक-जीवन तथा काव्य के प्रति यह रूमानी दृष्टिकोण है।

नि:सन्देह सामाजिक यथार्थवाद की सच्ची कविता लोक-काव्य से ही उत्पन्न और विकसित होगी, लेकिन लोक-काव्य के रचयिताओं को इस योग्य बनाने के लिए वर्तमान मध्यवर्गीय कवि जनशिक्षार्थ काव्य की रचना करते रहेंगे। नि:सन्देह इन दस वर्षों में जागरूक कवियों ने इस दिशा में यथाशक्ति परिश्रम किया है।

इस अवधि में कुछ कवियों ने कविता को समृद्ध बनाने के लिए नवीन अर्थ-व्यंजनावाले कुछ नये शब्दों का प्रयोग किया है तथा पुराने शब्दों में नयी अर्थ-व्यंजना भरी है। परन्तु शब्द भण्डार की दृष्टि से समृद्ध होती हुई भी इस प्रकार की रचनाएँ

सीमित और दरिद्र हैं, क्योंकि ये प्रयोग ही सार्वजनिक मूल्यों-वाले शब्दों से रिक्त हैं। दूसरे शब्दों में इनकी दरिद्रता का कारण इनके पाठकों की सीमा है।

यही दशा छन्दोविधान की बहुलता के विषय में है। नये-नये स्वरों का उपयोग करने अथवा खड़ी हिन्दी की लय में अंग्रेजी ढंग का स्वरपात, बलाघात देने से ही कविता समृद्ध नहीं होती। यदि यही बात होती तो केशव को 'राम-चन्द्रिका' तुलसी के 'रामचरित मानस' से बहुमान पाती। मध्यवर्गीय अन्तर्द्वन्द्व-प्रधान रूपवादी कवियों ने छन्द-वैविध्य का बहुत ध्यान रखा है। इस प्रयोग का भी मूल्यांकन पाठकों की सीमा के ही अनुसार होगा।

इसी प्रकार इस युग की कविता में आधुनिक अंग्रेजी वाक्य विन्यास की 'पैरेन्थिसिस', कोष्ठक, भावानुकूल विरामचिह्न, ध्वनि प्रतीक-योजना, दिवास्वप्न विधान, फ्री एसोसिएशंस आदि के जो प्रयोग किये गये उनका मूल्यांकन उस मध्यवर्गीय विषय-वस्तु को ध्यान में रखकर ही किया जायेगा।

इन तमाम असंगतियों के बावजूद पिछले दशक की कविता के विषय में ये तीन बातें निश्चित रूप से कही जा सकती हैं—

1. कविता में वर्ण्य विस्तार तथा अर्थभूमि का प्रसार हुआ। यदि मयाकोव्सकी से शब्द लेकर कहें तो--

आज हमारे रंग की हुई कूची सड़कें
और कैनवस हुई पार्क गलियाँ चौराहे।

2. खड़ी हिन्दी में लोक-कण्ठ के अनुकूल ऋजुता आयी। गाँवों और मजूर बस्तियों से उठी हुई ताजी कच्ची भाषा माँजा की भाँति कविता में माँज गयी। भाषा में बारीकी के साथ एक नया ओज आया।

3. इस युग की कविता ने सामाजिक उत्तरदायित्व को निभाने में प्रत्यक्ष और परोक्ष रूप में यथाशक्ति अपूर्व योग दिया। इसके मानवतावाद की सीमाएँ तथा असंगतियाँ समाज की सीमाएँ तथा असंगतियाँ हैं। लेकिन कविता का प्रधान स्वर मानव जय की स्पष्ट दिशा का सहयात्री रहा।

इस प्रकार इन दस वर्षों की कविता हिन्दी कविता की महान् मानवता-वादी परम्परा को युग की आवश्यकता के अनुसार आगे बढ़ाती है।

1952

नयी कविता में लोकभाषा

सुप्रसिद्ध समीक्षक आचार्य शुक्ल ने हिन्दी कविता में स्वच्छन्दतावाद के आवि-र्भाव पर विचार करते हुए लिखा है कि "जब पण्डितों की काव्यभाषा स्थिर होकर उत्तरोत्तर आगे बढ़ती हुई लोकभाषा से दूर पड़ जाती है और जनता के हृदय पर प्रभाव डालने की उसकी शक्ति क्षीण होने लगती है तब शिष्ट समुदाय लोकभाषा का सहारा लेकर अपनी काव्य-परम्परा में नया जीवन डालता है। प्राकृत के पुराने रूपों से लदी अप्रभ्रंश जब लद्धड़ होने लगी तब शिष्टकाव्य प्रचलित देशी भाषाओं से शक्ति प्राप्त करके ही आगे बढ़ सका। यही प्राकृतिक नियम काव्य के स्वरूप के सम्बन्ध में भी अटल समझना चाहिए। जब-जब शिष्टों का काव्य पण्डितों द्वारा बँधकर निश्चेष्ट और संकुलित होगा तब-तब उसे सजीव और चेतन प्रसार देश की सामान्य जनता के बीच स्वछन्द बहती प्राकृतिक भाव-धारा के जीवन-तत्त्व ग्रहण करने से ही प्राप्त होगा।"

यह नियम अटल तो अवश्य है परन्तु स्वच्छन्दतावादी कविता के विषय में उतना लागू नहीं होता जितना आज की नयी कविता के विषय में। पिछले पन्द्रह वर्षों से हिन्दी कविता में जिस वेग से लोकभाषा का प्रभाव बढ़ रहा है, वह सन्त भक्ति काव्य के बाद कभी नहीं दिखायी पड़ा था। 'छायावाद' के बाद कविता की ऐसी लहर आयी जिसमें ग्रामीण वातावरण रच उठा। इस युग की शायद ही कोई जागरूक कविता हो जिसमें धरती, मिट्टी, फसल वगैरह का जिक्र न हो। यदि कविता-संग्रहों के ही नामों को लें तो 'ग्राम्या' से लेकर, 'माटी की मुस्कान' जैसे बहुत-से नाम ऐसे मिलेंगे जिनमें किसी-न-किसी प्रकार लोकजीवन से सम्बन्ध स्थापित करने का प्रयत्न दिखायी पड़ेगा। कहाँ तो 'छायावादी' युग में कविता-पुस्तकों के नाम 'पल्लव', 'गुंजन', 'परिमल', 'गीतिका', 'झरना', 'लहर', 'नीहार', 'रश्मि', वगैरह होते थें और कहाँ आज की 'ग्राम्या', 'धरती' इत्यादि।

ये मोटी-मोटी ऊपरी बातें कविता की मूल चेतना के परिवर्तन की द्योतक हैं। इससे पता चलता है कि सन् '36-37 के बाद कविता किस प्रकार कल्पना के आकाश से

उतरकर वास्तविकता की धरती पर आयी और धरती पर भी उसके पाँव शहरों की सीमेंट-बँधी पक्की धरती पर नहीं, बल्कि गाँवों की उर्वर और कच्ची धरती पर पड़े। फिर तो 'धरती', 'मिट्टी' और 'फसल' जैसे शब्द लोक-जीवन और लोक भाषा के रूढ़ प्रतीक बन गये।

कविता में यह नयी चेतना अपने आप यों ही नहीं आ गयी। कवियों को इसके विषय में इलहाम नहीं हुआ। यह उनकी स्वयम्भू अन्त:प्रेरणा का परिणाम नहीं है। जो लोग कुछ वर्ष पहले कल्पना के पंखों पर उड़ते थे, वे जमीन पर चलने के लिए स्वेच्छा से नहीं आये, बल्कि आने के लिए मजबूर हुए। वायवी नीड़ से झाँककर कवियों ने जब देखा कि नीचे भारतीय समाज में नवीन सामाजिक शक्तियों का अभ्युदय हो रहा है और ये सामाजिक शक्तियाँ ही हमारे इतिहास का निर्माण करनेवाली हैं तो इस नवीन जीवनी-शक्ति के मंगल गान में उन गीत-खगों के भी कण्ठ खुल गये। इतिहास की यह नवीन शक्ति भारत के लोक-जीवन की थी जिसमें सबसे अधिक संख्या गाँवों में रहनेवाले किसानों की है तथा थोड़े-से वे लोग भी हैं जो किसानी छोड़ने के लिए मजबूर किये जाने पर शहरों में आकर मजूरी कर रहे हैं और इन लोगों की संख्या तथा शक्ति दिन दूनी रात चौगुनी बढ़ रही है।

ऐतिहासिक दृष्टि से यह लोकजागरण स्वच्छन्दतावादी और छायावादी कविता के युग में ही शुरू हो गया था और गांधीजी के नेतृत्व में भारत के सात लाख गाँव अपनी स्वाधीनता-प्राप्ति के लिए सन्नद्ध हो उठे थे। किन्तु उस लोक-जागरण की प्रकृति ऐसी नहीं थी जो उस युग की कविता में भी धरती की उर्वरता तथा मिट्टी की ताजा गन्ध आती। कविता में इन सबके समावेश का अवसर तो तब जाया जब लोक शक्तियाँ अपने अधिकारों के प्रति अत्यधिक सतर्क हो गयीं।

इस ऐतिहासिक पृष्ठभूमि से यह पता चलता है कि लोक-जीवन ऐसी शक्ति है जो सामाजिक गतिरोध को तोड़ने के साथ ही साहित्यिक गतिरोध को भी समाप्त करती है। कविता में जब कवियों को नया मार्ग नहीं सूझता, नयी दिशाएँ मेघाच्छन्न दिखायी पड़ती हैं और पुरानी चहारदीवारी से निकलने का उपाय नहीं सूझता तो लोक-शक्ति ही मशाल लेकर आगे बढ़ती है अन्धकार को चीरती है, कुहरे को छाँटती है, मार्ग को प्रशस्त करती है और दम घुटते कवियों की संज्ञा में प्राण वायु का संचार करती है। नया कवि इस प्राणदायिनी लोक-शक्ति के ऋण को स्वीकार करने में गौरव का अनुभव करता है और इस स्वीकृति से उसे बार-बार पुनर्जीवन मिलता है।

आज के कवियों में जो लोग अपनी शक्ति के मूल उत्स का अनुभव ईमान-दारी से करते हैं उनकी रचना में लोक-भाषा का प्रभाव भीतर से सहज ही स्फुट होता है। जिस प्रकार कंज-कोष सूर्य के कर स्पर्श के बावजूद अपने अन्तर के आह्लाद से

आप-ही-आप विकसित होता है, उसी तरह आज के जागरूक कवियों में लोक-शक्ति के तादात्म्य की अनुभूति अन्त: संस्कार बनकर उनकी कविताओं में लोक-भाषा का सहज प्रस्फुटन प्रदान करती है।

यहाँ ईमानदारी के साथ हमें स्वीकार करना चाहिए कि कुछ सामाजिक कारणों से हममें से अनेक रचनाकार चाहते हुए भी लोक-जीवन के साथ तादात्म्य की गहरी अनुभूति नहीं कर पाते। इसीलिए हमारी कविताओं में लोक-भाषा के शब्दों को अपनाने की महत्त्वाकांक्षा तो व्यक्त होती है परन्तु उन्हें खपाने की सफलता बहुत कम पायी जाती है।

कारण स्पष्ट है। अनुभूति आकांक्षा से नहीं आती, आकांक्षा के कार्यान्वित होने की ठोस प्रगति से आती है। जो ऐक्य जीवन में नहीं आ सका है, वह अनुभूति में नहीं आ सकता और जो अनुभूति में न आ सका, वह अभिव्यक्ति में भी नहीं आ सकता। आकांक्षा की विवक्षा प्राय: वायवी होती है।

फिर भी 'नयी कविता' में से ऐसी काफी रचनाएँ दिखायी जा सकती हैं जिनमें लोक भाषा का प्रभाव अपने सहज रूप में मिलता है। इस दृष्टि से निराला, भवानीप्रसाद मिश्र, केदारनाथ अग्रवाल, नागार्जुन, त्रिलोचन और एकदम नये कवियों में वंशीधर पण्ड्या के कुछ प्रयत्न अत्यन्त सफल दिखायी पड़ते हैं।

भवानीप्रसाद मिश्र की 'पी के फूटे आज प्यार के, पानी बरसा री कविता सहृदयों के बीच काफ़ी प्रचलित है। इस गीत के दो-एक बोल हैं :

फिसली-सी पगडण्डी, खिसली आँख लजीली री।
इन्द्र-धनुष रंगरंगी, आज मैं सहज रँगीली री।
रुन-झुन बिछिया आज, हिलाहुल मेरी बेनी री।
ऊँचे-ऊँचे पेंग हिंडोला सरग नसेनी री।
और सखी सुन मोर, विजन बन दीखे घर-सा री।
पीके फूटे आज प्यार के, पानी बरसा री।

धरती के कवि 'त्रिलोचन' में लोक-भाषा का प्रभाव जरा दूसरे ढंग से आया है। गीतो में लोक-गीतों का रंग ले आना उतना मुश्किल नहीं है जितना वर्णनात्मक या चित्रात्मक कविताओं में। त्रिलोचन ने लोकभाषा का आयत्ती-करण सानेट जैसे मुश्किल काव्य रूप में दिखलाया है। सानेट में आये हुए अवधी के शब्दों से पता चलता है कि कवि का उन शब्दों से कितना घनिष्ठ और गहरा सम्बन्ध है। इधर-उधर से सुन सुनाकर इस्तेमाल किये गये शब्दों में उनकी आत्मा नही बोलती। 'चिल्ला जाड़ा', 'झाँय-झाँय करती दुपहरिया', 'भौर सी पगडण्डी', 'ढेत्तर आम', 'कोल्हाड़ों का

गुलौर और चोंका' तथा 'सबखई और अलबेती' जैसे पद और नाम इनकी रचनाओं में एकदम खपे-खपाये, ढले-ढलाये और रचे-रचाये आते हैं।

वैसे, लम्बी कविताओं में भी ग्रामीण वातावरण तथा ग्राम-प्रकृति का चित्र देते समय लोकभाषा के शब्द नये कवि ले आते हैं परन्तु इनका सबसे अधिक प्रचलन गीतों में ही देखा जाता है। नयी कविता के गीतों में लोक-गीतों को लाने का विशेष कारण है। अक्सर देखा जाता है कि जो कवि प्राय: मानसिक कुण्ठा का ही आस्फालन करते रहते हैं वे भी जब गीत लिखते हैं तो लोकगीतों के रंग में उन्हें थोड़ा बोर लेते हैं। ऐसा करने का कारण यह है कि नयी प्रयोगशील कविता में गीतों की सम्भावनाएँ बहुत दिनों से लुप्त जान पड़ती थीं। नये कवि की सुक्ष्म संवेदनाएँ तथा उनका बौद्धिक बोध प्राय: छन्दों के ही विवर्तवर्त्म से गुजर सकता है। गीतों की सहज और सरल डगर पर चलना उन्हें कैशोर भावुकता प्रतीत होती है। अपनी अनुभूति को अक्षरश: छन्दोबद्ध करने के प्रति वे इतने ईमानदार रहे हैं कि उन अनुभूतियों को गीतों के माध्यम से अतिसरलीकरण करना उन्हें किसी भी मूल्य पर स्वीकार नहीं है! ऐसी हालत में सीधे-सादे गीतों का आरम्भिक प्रयोगशील कविता में न पाया जाना स्वाभाविक ही था।

किन्तु थोड़े दिनों बाद जब लोक-गीतों के रस से सिक्त नये-नये गीत हिन्दी में आने लगे तो उनकी घुटन को जैसे ताजा हवा का झोंका लगा। धुएँ से भरी कोठरी में बन्द आदमी में जो ललक खेतों की हरियाली और उनसे आती हुई हवा को देखकर उठती है और सिनेमा के पिटे-पिटाये गानों से पके हुए कानों-वाले शहरी लोगों को जो सुख गँवई गीतों से मिलता है, कुछ-कुछ वैसी ही ताजगी मध्यवर्गीय कुण्ठित कवियों को लोक-गीतों में मिली। उन्होंने यह देखा कि ये गीत कुण्ठाओं की अविकल अभिव्यक्ति का माध्यम भले ही न बन पायें, किन्तु ये कुण्ठा की दवा तो हो ही सकते हैं। इस तरह ये यंथारुचि और यथा-वकाश दोनों रास्तों पर चलने लगे। और सन्तोष की बात है कि इस दिशा में 'अज्ञेय', भारती, नरेश मेहता, केदारनाथ सिंह, रामदरश मिश्र इत्यादि कवियों को काफ़ी सफलता मिली है।

नये-नये प्रयोगों के अन्वेषी कवि 'अज्ञेय' लोक-गीतों के रंग में कभी-कभार एकाध गीत लिख लेने का प्रयत्न काफी पहले से करते आ रहे हैं और सतर्कता के साथ वे अपने हर संग्रह में इस तरह का कम-से-कम एक गीत अवश्य देते हैं। 'इत्यलम्' में 'ओ पिया पानी बरसा' तथा 'फूल काँचनार के', 'हरी घास पर क्षण भर' में 'कलंगी मौर सजाव ले कास हुए हैं बावले', 'बावरा अहेरी' में 'यह बसन्त की बदली शायद आकर कहीं बरस ही जाय' जैसे गीत इस लोक-रुचि के आकर्षक उदाहरण हैं।

लोकगीतों की रौ में लिखे हुए भारती के तीन गीत,

घाट के रस्ते उस बँसवट में
इक पीली-सी चिड़िया
उसका कुछ अच्छा-सा नाम है
मुझे पुकारे, ताना मारे
भर आये आँखड़ियाँ
उन्मन ये फागुन की शाम है।

*

अगर डोला कभी इस राह से
गुजरे कुबेला
यहाँ अम्बवा तरे रुक
एक पल विश्राम लेना
और—
गोरी गोरी सोंधी धरती
कारे—कारे बीज
बदरा पानी दे।

नूतन सम्भावनाओं के प्रति आस्था दृढ़ करते हैं।

केदारनाथ सिंह के 'आज पिया पिछवारे पहरू ठनका किया' तथा 'टहनी के टूसे पतरा गये, पकड़ी को पात नये आ गये', ऐसे ही गीतों की मीठी अनुगूँज है।

भोजपुरिया गीतों की पदावली के साथ ही उसकी मधुर लयदारी की अनुकृति में जिन नये कवियों को विशेष सफलता मिली है, उनमें रामदरश मिश्र का नाम विशेष उल्लेखनीय है। इस तरह के गीत इन्होंने काफी लिखे हैं पर 'चैत आया है', 'बैला बाएँ से आ', जैसे कुछ ही गीत अभी तक प्रकाश में आ सके हैं।

पुरानी शैली के जिन गीतकारों ने अपने को लोकगीतों के पथ पर मोड़ने के प्रयास में सफलता प्राप्त की है, उनमें शम्भूनाथ सिंह का नाम विशेष रूप से उल्लेखनीय है। 'टेर रही पिया तुम कहाँ' तथा 'बजते हैं ढोल, कहीं पूजा के बोल' जैसे गीत उनके इन नये प्रयत्नों के प्रतिनिधि नमूने हैं।

लोक भाषा का प्रभाव नयी कविता में इतनी तेजी से बढ़ रहा है कि इस पर कुछ सतर्क दृष्टि रखने की आवश्यकता अनुभव हो रही है। कुछ नाद-प्रिय कवियों का अनुमान है कि खड़ी बोली नयी गीतात्मक अनुभूतियों के लिए अक्षम और अपूर्ण माध्यम है। इस अपूर्णता को वे नाना बोलियों के शब्दों तथा दीर्घ उच्चारण के अपेक्षाकृत अधिक लचीले रूप वाले स्वर से पाटने की कोशिश कर रहे हैं। नरेश

मेहता का गीत 'पीले फूल कनेर के' इस दिशा में प्रथम चरण है। उन्होंने इस रास्ते पर और भी साहसपूर्ण कदम रखे हैं, फलस्वरूप ऐसी रचनाएँ निकली हैं जिनकी उच्चारण-पद्धति खड़ी बोली के लिए ही नहीं बल्कि अन्य हिन्दी बोलियों के लिए भी विजातीय है, वह उच्चारण-पद्धति बँगला की है। शब्द भी उनमें अनेक बोलियों के आये हैं जो ऊपर से थोपे गये मालूम होते हैं। नरेश मेहता का यह प्रयत्न चाहे जितना लघु हो, किन्तु यह संकेत चिह्न है उस रुचि का जो अतिरिक्त उत्साह के आवेग में लोक-भाषा के प्रभाव ग्रहण करने की अपेक्षा उसकी दासी बन जाना चाहती है।

इसलिए इस प्रसंग को समाप्त करते-करते मैं एक बार फिर हिन्दी के प्रकाश-स्तम्भ आचार्य शुक्ल के शब्दों का स्मरण दिला देना चाहता हूँ कि "इस भावधारा को ओर दृष्टि ले जाने का अभिप्राय है उस स्वाभाविक भावधारा के ढलान की नाना अन्तर्भूमियों को परखकर शिष्ट काव्य के स्वरूप का पुनर्विधान करना। यह पुनविधान सामंजस्य के रूप में हो, अन्ध प्रतिक्रिया के रूप में नहीं, जो विपरीत की हद तक जा पहुँचती है।"

कबीर, जायसी, सूर, तुलसी जैसे हमारे आप्त कवियों ने हिन्दी में ऐसा ही पुनर्विधान किया था और इस पीढ़ी के कवि इस दिशा में उनसे अब भी बहुत कुछ सीख सकते हैं।

1952

छायावादी आलोचना

छायावादी कवियों के आलोचनात्मक विचारों का विवरण और उद्धरण बहुत-से लोगों ने दिया है, लेकिन हिन्दी समीक्षा में उनके ऐतिहासिक महत्त्व और मौलिक देन के आकलन की कोशिश बहुत कम हुई हैं। यहाँ संक्षेप में इन्हीं बातों की ओर संकेत किया जा रहा है।

ऐतिहासिक दृष्टि से प्रसाद, निराला और पन्त ने आचार्य शुक्ल के साथ ही हिन्दी समीक्षा को प्रौढ़ बनाने में योग दिया है। बीसवीं सदी के तीसरे दशक में हिन्दी समीक्षा प्रौढ़तर प्रयोग की ओर अग्रसर हुई। इसी समय आचार्य शुक्ल ने तुलसी, जायसी और सूर पर अपनी आरम्भिक स्थापनाएँ प्रस्तुत कीं। पन्तजी के पल्लव की ऐतिहासिक भूमिका आयी, निरालाजी ने 'पन्तजी और पल्लव' शीर्षक विस्तृत निबन्ध लिखा और प्रसादजी द्वारा 'काव्य और कला' का सूक्ष्म विवेचन हुआ। इन आलोचनाओं का वास्तविक महत्त्व समझने के लिए द्विवेदी युग की समीक्षा-पीठिका को ध्यान में रखना आवश्यक है। भाषा-व्याकरण-सम्बन्धी गुण-दोषवाले काव्य-विवेचन, तारतमिक आलोचना, निर्णयात्मक रुचि, लेखकों और पुस्तकों का सतही परिचय आदि की पृष्ठभूमि पर आचार्य शुक्ल तथा छायावादी कवियों के आलोचनात्मक निबन्ध एक नये विचार-लोक का दर्शन कराते हैं। यहीं से हिन्दी समीक्षा संस्कृत काव्यशास्त्र तथा हिन्दी के रीतिवादी रूढ़ मानदण्डों से ऊपर उठती हैं। समीक्षा के नये मान बनते हैं, "भावों की व्यवच्छेदात्मक व्याख्या " की ओर ध्यान जाता है; सुसंस्कृत सौन्दर्य-दृष्टि का आभास मिलता है; शिल्प-सौन्दर्य की परख आरम्भ होती हैं। संक्षेप में पहली बार हिन्दी समीक्षा में सूक्ष्म अन्वीक्षण बुद्धि" और "मर्मग्राहिणी प्रज्ञा" के दर्शन हुए। छायावादी कवियों के प्रयत्न शुक्लजी के समीक्षा के पूरक बने।

उस युग में 'पल्लव' के प्रवेश ने ब्रजभाषा काव्य के मूल्यांकन का सन्तुलित मान उपस्थित किया। जिस समय देव और बिहारी की चर्चा बाढ़ पर थी, पन्त जी ने आगे बढ़कर रीतिकाव्य की सीमाओं पर प्रहार करने का साहस किया। "तीन फुट

के नखशिख के संसार" में सीमित कवि-पुंगवों के भाव और भाग सम्बन्धी "शुक प्रयोग" का उद्घाटन कर पन्तजी ने ऐतिहासिक कार्य किया। किन्तु खड़ी बोली के मुकाबले ब्रजभाषा का विरोध करते हुए भी उन्होंने भक्ति-काव्य की महिमा को स्पष्ट रूप से स्वीकार किया। उन्हीं के शब्दों में "उस ब्रज की उर्वशी के दाहिने हाथ में अमृत का पात्र और बायें में विष से परिपूर्ण कटोरा है।" उस पुनरुत्थानवादी युग में भी पन्तजी ने केवल विकासशील परम्परा को चुना और उसकी विश्लेषणात्मक बुद्धि ने घोषणा की कि उस युग की वाणी में जो कुछ सुन्दर, सत्य तथा शाश्वत है उसका जीर्णोद्धार कर, उस पर प्रकाश डाल, तथा उसे हिन्दी-प्रेमियों के लिए सुलभ तथा सुगम बना, हमें उसका घर-घर प्रचार करना चाहिए। 'पल्लव' के 'प्रवेश' ने नूतन काव्य का शंख फूंका-"हमें भाषा नहीं, राष्ट्रभाषा की आवश्यकता है, पुस्तकों की नहीं, मनुष्यों की भाषा; जिसमें हम हँसते-रोते, खेलते-कूदते, लड़ते, गले मिलते, साँस लेते और रहते हैं, जो हमारे देश की मानसिक दशा का मुख दिखलाने के लिए आदर्श हो सके...।" उत्तरार्ध में उस 'प्रवेश' ने उस भाषा के संगीत, छन्द-प्रयोग तथा भेदोपभेद-द्योतक शब्दों पर विचार किया जिसका स्थायी महत्त्व है।

'पल्लव' की आलोचना करते हुए निरालाजी जहाँ अभिनिवेश मुक्त हो सके हैं, उनकी मर्म-ग्राहिणी प्रज्ञा ने काव्य की सूक्ष्म से सूक्ष्म विशेषताओं को पकड़ा है, और यह निस्सन्देह कहा जा सकता है कि छायावादी कविता के लिए वैसा विदग्ध आलोचक उस युग में कोई और न मिल सका था। वह आलोचना उस समय के मूल्यांकन में अत्यन्त परिष्कृत रुचि का मान स्थापित करती है। इसी प्रकार 'परिमल' की भूमिका मुक्त छन्द का घोषणापत्र बनकर गूंज उठी। मुक्त छन्द का थोड़ा-सा संकेत उनके 'पल्लव' वाले निबन्ध में भी आया है—"मुक्त छन्द तो वह है जो छन्द की भूमि में रहकर मुक्त है। मुक्त छन्द का समर्थक उसका प्रवाह ही है।" यह निर्भ्रान्त वाक्य निरालाजी ने उसी युग में लिखा था। प्रसादजी के 'काव्य और कला' निबन्ध की महत्ता समझने के लिए बाबू श्यामसुन्दर दास के 'साहित्यालोचन' के 'ललित कला' प्रकरण और शुक्लजी के कला-विरोधी विचारों को ध्यान में रखना जरूरी है। हिन्दी में मूर्त्त और अमूर्त्त के आधार पर ललित कलाओं के तारतमिक भेद का उस समय प्रचलन था। प्रसादजी पहले आदमी थे, जिन्होंने इस भ्रम का निराकरण करते हुए स्पष्ट शब्दों में कहा कि "अन्य सूक्ष्मताओं और विशेषताओं का निर्देश न करके केवल मूर्त्त और अमूर्त के भेद से साहित्य कला की महत्ता स्थापित नहीं की जा सकती।" क्योंकि यह भेद भौतिक है और रूप दोनों में ही होता है। उनके अनुसार, "अमूर्त सौन्दर्य-बोध कहने का कोई अर्थ ही नहीं, क्योंकि सौन्दर्य-बोध बिना रूप के हो ही नहीं सकता।"

उस निबन्ध से प्रसादजी ने जो दूसरा महत्त्वपूर्ण कार्य किया, वह है भारतीयता के नाम पर फैलाये जानेवाले भ्रम का निराकरण। उन दिनों छायावादी काव्य की अनेक विशेषताओं को अभारतीय कहकर समाज-साहित्य से बहरियाने की हवा थी। प्रसादजी ने बताया कि भारतीयता कोई 'एक' चीज नहीं है। उसमें अनेक रुचि भेद मिलते हैं। इसलिए जिन चीजों को एक व्यक्ति अभारतीय कहने का प्रमाण जुटा सकता है, उन्हें ही भारतीय सिद्ध करने के लिए अनेक प्रमाण भारतीय वाङ् मय से दिखाये जा सकते हैं जैसे अचेतन में चेतना का आरोप तथा दुःखान्त और तथ्यवादी साहित्य-रचना।

प्रसादजी ने तीसरा भ्रमोच्छेद 'कलावाद' के सम्बन्ध में किया। शुक्लजी को छायावाद में 'कलावाद' की गन्ध मिल रही थी। उसके कारण का पता लगाते हुए उन्हें सूझा कि यह सब पश्चिम की नकल पर काव्य को 'कला' के अन्तर्गत मानने के कारण ही हो रहा है। इसलिए चट उन्होंने भारतीयता का सहारा लिया और दिखाया कि हमारे यहाँ तो काव्य को चौंसठ कलाओं में कभी लिया ही नहीं गया। प्रसादजी ने इस 'हमारे यहाँ' की सीमा का उद्घाटन करते हुए शैवागम की कला-परम्परा सामने रखी। लेकिन इसका प्रयोजन काव्य को 'कला' के अन्दर जगह दिलाना नहीं, बल्कि शुक्लजी की सीमित भारतीयता को व्यापक बनाना था; साथ ही शुक्लजी द्वारा अनादृत 'कला' को उपविद्या में स्थान देना भी उद्देश्य था। लेकिन यह सब तो साधन मात्र था। साध्य यही था कि "कला की आत्मानुभूति के साथ विशिष्ट भिन्न सत्ता नहीं।" इसी सिलसिले में प्रसादजी का यह कथन आर्ष वाक्य की गरिमा को छूता है : "व्यंजना वस्तुतः अनुभूति-मयी प्रतिभा का स्वयं परिणाम है।" इस वाक्य की व्याख्या करते हुए उन्होंने आगे कहा कि "सुन्दर अनुभूति का विकास सौन्दर्यपूर्ण होगा ही। कवि की अनुभूति को उसके परिणाम में हम अभिव्यक्त देखते हैं। उस अनुभूति और अभिव्यक्ति के अन्तरालवर्ती सम्बन्ध को जोड़ने के लिए हम चाहें तो कला का नाम ले सकते हैं।" "अलंकार, वक्रोक्ति और रीति इत्यादि में कला की सत्ता "मानते हुए भी उन्होंने अपना मत प्रगट किया कि "यह सब समय-समय की मान्यता और धारणाएँ हैं।"

इतना होते हुए भी प्रसादजी ने 'कलावाद' का समर्थन नहीं किया। उन्होंने स्वयं यह प्रश्न उठाया कि काव्य में शुद्ध आत्मानुभूति की प्रधानता है या कौशल-मय आकारों या प्रयोगों की? इस प्रश्न के उत्तर में उन्होंने उस समय जो स्थापना की वह आज के प्रयोगवादियों के लिए भी चुनौती है : "रूप के आवरण में जो वस्तु सन्निहित है, वही तो प्रधान होगी।" प्रसादजी ने इस सत्य को ठोस उदाहरण द्वारा स्पष्ट करने के लिए तुलसी और सूर के वात्सल्य वर्णन की तुलना की और इस क्षेत्र में सूर की

श्रेष्ठता का विश्लेषण करते हुए उन्होंने कहा कि शब्द विन्यास पटुता तथा कला में किसी प्रकार से सूर से कम न होते हुए तुलसी राम के वात्सल्य की वैसी अभिव्यक्ति इसलिए नहीं कर सके कि उनमें इस विषय की आत्मानुभूति की प्रधानता न थी।

कुल मिलाकर प्रसादजी का 'काव्य और कला' निबन्ध उस समय के गिने-चुने युग-निर्माता निबन्धों में से है।

क्रमशः प्रसाद, निराला और पन्त के हाथों और भी समीक्षाएँ सामने आयीं और चौथे दशक के अधियाते-अधियाते अपने तुले हुए गुरु-गम्भीर निबन्धों के साथ महादेवीजी भी समीक्षा के मैदान में आ निकलीं। छायावादी समीक्षा समृद्ध हुई। उसका अपना स्थान हो गया।

2

'हंस' में अक्टूबर '36 से अप्रैल '37 तक थोड़े अन्तर के साथ लगातार प्रसादजी के 'रस', 'नाटकों में रस का प्रयोग', 'नाटकों का आरम्भ', 'रंगमंच', 'आरम्भिक पाठ्य-काव्य' तथा 'यथार्थवाद और छायावाद' निबन्ध प्रकाशित हुए। 'नाटकों का आरम्भ' शोधपूर्ण निबन्ध है जिसमें प्रसादजी ने सप्रमाण दिखाया है कि भारत में नाटक का आरम्भ कठपुतलियों से नहीं हुआ। उनका अनुमान था कि कठपुतलियों का प्रचार सम्भवतः पाठ्य-काव्य के लिए हुआ होगा। आधुनिक गीति नाट्यों के लिए उन्होंने प्राचीन काल में 'राग काव्यों की परम्परा खोज निकाली। 'रंगमंच' निबन्ध के द्वारा प्रसादजी ने रंगमंच सम्बन्धी प्राचीन शब्दों का सही-सही अर्थों में जीर्णोद्धार किया। उन्होंने जवनिका, काण्ड-पट, तिरस्करिणी, प्रतिसीरा, अपटी, आदि पदों के मूल अर्थों पर गम्भीर विचार किया। इसके अतिरिक्त उन्होंने नये नाटकों के अनुकूल नये रंगमंच की स्थापना के लिए शास्त्रीय सम्बल दिया। प्रसादजी के नाटक सम्बन्धी विचार इस क्ष त्र में अत्यन्त महत्त्वपूर्ण तथा अकेले हैं।

हिन्दी समीक्षा को उनकी दूसरी महत्त्वपूर्ण देन है रस-सिन्द्धात का विशदी-करण। शुक्लजी ने 'साधारणीकरण तथा व्यक्ति बैचित्यवाद' निबन्ध में यूरोपीय नाटकों के शील-वैचित्य को भारतीय रस-सिद्धान्त में सम्मिलित करने के लिए साधारणीकरण के अतिरिक्त एक निम्न कोटि की रसानुभूति की योजना की। प्रसादजी ने इस कल्पना का खण्डन करते हुए कहा कि नाटक में अत्याचारी का अत्याचार निम्नकोटि की रसानुभूति उत्पन्न नहीं करता क्योंकि वह तो बीच का व्यापार है, अन्तिम नहीं; और रस में फलयोग अर्थात् अन्तिम सन्धि मुख्य होती है। प्रसादजी ने यूरोपीय चरित्र-वैचित्य के सिद्धान्त को अपनाने के लिए निम्नकोटि की रसानुभूति की कल्पना नहीं की; बल्कि उसे उस के साधन-स्वरूप ग्रहण करने का प्रस्ताव किया जो शुक्लजी से

कहीं अधिक वैज्ञानिक है। प्रसाद जी के इस सिद्धान्त की पुष्टि उनके 'स्कन्दगुप्त' नाटक से भलीभाँति होती है।

प्रसादजी की तीसरी देन है छायावाद को यथार्थवाद के परिपार्श्व में रख-कर देखना। अंग्रेज़ी समीक्षा में बहुत दिनों तक 'रोमैन्टिसिज्म' को 'क्लासी-सिज्म' के विपरीत समझते हुए विचार होता रहा, परन्तु पीछे विज्ञ समीक्षकों ने इस भूल का परिहार किया और रोमैन्टिसिज्म' को रियलिज्म' के विपरीत मानकर देखने की चर्चा चलायी। हिन्दी में 'छायावाद' के साथ यह दुर्घटना तो नहीं हुई लेकिन इसे भी रीतिकाव्य और द्विवेदी युगीन इतिवृत्तात्मकता की विपरीतता का दण्ड भोगना पड़ा। 'स्थूल के विरुद्ध सूक्ष्म का विद्रोह' कहने की हवा-सी चल पड़ी! प्रसादजी पहले आदमी हैं जिन्होंने 'छायावाद' को ठीक-ठीक समझने के लिए उसके विपरीत 'यथार्थवाद' को खड़ा किया और उन्होंने इन्हीं दोनों को युग की प्रधान प्रवृत्ति माना।

प्रसादजी ने जब श्री हरिश्चन्द्र को यथार्थवाद का प्रवर्तक कहा तो एक बहुत बड़े सत्य को पहली बार मान्यता मिली जिसे आगे चलकर प्रगतिशील समालोचक डा. रामविलास शर्मा ही भाँप सके, अन्यथा उस समय तक कोई और समीक्षक भारतेन्दु की इस विशेषता को न पहचान सका था। इतना ही नहीं प्रसादजी ने यह भी लक्षित किया कि श्री हरिश्चन्द्र का आरम्भ किया हुआ यथार्थ-बाद आगे भी पल्लवित होता रहेगा। उन्होंने यथार्थ की जो परिभाषा दी वह अपने आधारभूत रूप में आज भी सही है : "महत्ता के काल्पनिक चित्रण के अतिरिक्त व्यक्तिगत जीवन के दुख और अभावों का वास्तविक उल्लेख...उस व्यापक दुख-संवलित मानवता को स्पर्श करनेवाला साहित्य यथार्थवादी बन जाता है।"

उन्होंने जहाँ इस यथार्थवाद की महिमा स्वीकार की, वहाँ मनोविश्लेषण-वादी लेखकों की भर्त्सना भी की और उनके लिए यथार्थवाद से भिन्न 'तथ्यवाद' शब्द का प्रयोग किया। अंग्रेजी के 'नेचुरलिज्म' के लिए हिन्दी में आजकल चलनेवाले 'प्रकृतवाद' शब्द से प्रसादजी का चलाया हुआ 'तथ्यवाद' शब्द कहीं अधिक उपयुक्त है।

जहाँ तक छायावाद की व्याख्या का सम्बन्ध है, उसके विषय में यह तो निस्सन्देह कहा जा सकता है कि प्रसादजी ने उसे अतीत परम्परा से जोड़कर बहुत बड़ा काम किया। हाँ, खींचतान में कहीं-कहीं किंचित अतिरेक भी हो गया है। "अनुभूतिमय आत्मस्पर्श" को उन्होंने जो छायावाद की कुंजी बताया वह भी बड़ी महत्त्वपूर्ण वस्तु है। यह भी वस्तुतः "आत्मा की संकल्पात्मक अनुभूति" से जुड़ी है। प्रसादजी ने छायावाद के सम्बन्ध में फैले हुए एक बहुत बड़े भ्रम का खण्डन किया। वह यह कि आचार्य शुक्ल जैसे पण्डित भी प्रकृति-चित्रण मात्र को छायावादी काव्य का पर्याय

समझने लगे थे। उन्होंने स्पष्ट शब्दों में कहा कि "यद्यपि प्रकृति का आलम्बन, स्वानुभूति का प्रकृति से तादात्म्य नवीन काव्य धारा में होने लगा है किन्तु प्रकृति से सम्बन्ध रखनेवाली कविता को ही छायावाद नहीं कहा जा सकता।"

इन सबके पीछे प्रसादजी का एक जीवन-दर्शन है और यह उनकी समीक्षा की बहुत बड़ी विशेषता है। वे उन लोगों में नहीं थे जिनका मानदण्ड व्यक्ति और ने रचना के अनुसार बार-बार बदलता रहता है। जीवन-दर्शन की दृढ़ता उनके समस्त विचारों में एकसूत्रता दे दी थी। शुक्लजी के अतिरिक्त उस युग में अन्य किसी समीक्षक में यह एकसूत्रता नहीं मिलती।

निरालाजी के आलोचनात्मक विचारों की विशिष्ट देन काव्य-भाषा और शिल्प-रचना के क्षेत्र में है। उन्होंने प्रसादजी की तरह जमकर किसी विषय पर दूर तक विचार नहीं किया और मूल्यांकन में भी प्रायः वे 'रुचि के राजा' रहे, इसीलिए उनके यहाँ इधर-उधर केवल चमकते हुए सूत्र ही मिलते हैं। 'प्रबन्ध पद्म' में संकलित 'साहित्य और भाषा' निबन्ध में निरालाजी ने बड़े ही सुन्दर ढंग से राष्ट्रभाषा, काव्यभाषा तथा जनभाषा का पारस्परिक सम्बन्ध दिखलाया है! उसमें उन्होंने बड़े मजे की बात कही है कि "गैर लोगों को अपने में मिलाने का तरीका भाषा को आसान करना नहीं, न मधुर करना, उसमें व्यापक भावना भरना और उसी के अनुसार चलना है"। छायावादी कवियों पर प्रायः अस्पष्टता तथा सूक्ष्मता का आरोप लगाया जाता है परन्तु निरालाजी के शब्दों में मूर्तिमत्ता का आग्रह देखिए। उसी पुस्तक के 'काव्य में रूप और अरूप' निबन्ध का आरम्भ ही इस प्रकार होता है : "प्रायः सभी कलाओं के लिए मूर्ति आवश्यक है। अप्रतिहत मूर्तिप्रेम ही कला की जन्मदात्री है। जो भावनापूर्ण सर्वांग-सुन्दर मूर्ति खींचने में जितना कृतिविज्ञ है, वह उतना बड़ा कलाकार है"। इस उद्धरण को प्रसिद्ध रूसी विचारक बेलींस्की के उस कथन के साथ रखकर देखना चाहिए जहाँ "मूर्तियों में सोचने को कला" तथा 'चित्रमयी भाषा को' कविता कहा गया है। उस निबन्ध में निरालाजी ने काव्य में 'विराट भावनाओं' तथा 'विराट चित्रों' की ओर कवियों का ध्यान आकर्षित किया है।

'प्रबन्ध प्रतिमा' का 'मेरे गीत और कला' निबन्ध हिन्दी के नाद-संगीत का सूक्ष्म विवेचन करने में अग्रणी है। अनेक उदाहरणों से निरालाजी ने दिखलाया है कि हिन्दी का व्यंजन-संगीत संस्कृत से मूलतः भिन्न है। इस तथ्य को उन्होंने 'श' 'ण' 'व' बनाम 'स' 'म' 'ब' प्रतीक व्यंजनों से प्रमाणित किया है। उसी में निरालाजी ने कला-सौन्दर्य की कुंजी बतलाते हुए महत्त्वपूर्ण सूत्र दिया है कि "कला केवल वर्ण, शब्द, छन्द, अनुप्रास, रस, अलंकार या ध्वनि की सुन्दरता नहीं, किन्तु इन सभी से सम्बद्ध सौन्दर्य की पूर्ण सीमा है।" आगे अपने गीतों की विशेषता बतलाते

हुए उन्होंने गीतों की अखण्डता तथा एकसूत्रता पर बल देकर गीतों के क्षेत्रों में एक नया कदम उठाया है। "निःसन्देह गीतों की कला इनके सम्पूर्ण रूप में है, खण्ड में नहीं। यह ऐसी रचना नहीं है कि सूक्ति-रूप में इसका एक अंश उद्धृत किया जा सके।" इसी प्रकार के 'कला विरह में जोशी बन्धु' निबन्ध लिखकर निरालाजी ने समूचे प्राचीन साहित्य की आध्यात्मिक व्याख्या करनेवाले असीम-अनन्तवादी लोगों की अच्छी खबर ली है।

निरालाजी के आलोचनात्मक प्रयत्न प्रसादजी और पन्तजी से इस मामले में भिन्न हैं कि उन्होंने साहित्यविधायक सामाजिक समस्याओं की ओर विशेष ध्यान दिया। इसलिए उनकी आलोचनाओं में अक्सर अखबारी तेज़ी तथा विवादात्मकता (पोलेमिक्स) का स्वाद मिलता है।

पन्तजी ने आलोचनाएँ बहुत कम लिखी हैं। उनका प्रधान समीक्षा-कार्य 'पल्लव' 'आधुनिक कवि' माला सं. 2 और 'उत्तरा' की भूमिकाएँ हैं। इधर उन्होंने रेडियो से कई वार्ताएँ भी प्रसारित की हैं जिनमें प्रयोगशील कविता सम्बन्धी परिसंवाद की भूमिका तथा 'यदि मैं कामायनी लिखता' विशेष महत्त्वपूर्ण हैं।

'पल्लव' की भूमिका के ये कतिपय सूत्र हिन्दी समीक्षा के अमूल्य रत्न हैं—'कविता के लिए चित्रभाषा की आवश्यकता पड़ती है।'

'भाव और भाषा का सामंजस्य, उनका स्वरैक्य ही चित्रराग है।'

'हिन्दी का संगीत केवल मात्रिक छन्दों ही में अपने स्वाभाविक विकास तथा स्वास्थ्य की सम्पूर्णता प्राप्त कर सकता है।'

'कवित्त को हम संलापोचित छन्द कह सकते हैं।'

'काव्य-संगीत के मूल तन्तु स्वर हैं, न कि व्यंजन!'

'ध्वनि-चित्रण को छोड़कर अन्यत्र व्यंजन-संगीत भावना की अभिव्यक्ति को प्रस्फुटित करने में प्रायः गौण रूप से सहायता मात्र करता है।'

'वाणी का राग तुक की पुनरावृत्ति से स्पष्ट तथा परिपुष्ट होकर लययुक्त हो जाता है।'

इनके अतिरिक्त भिन्न-भिन्न भावों के अनुकूल छन्द-निर्देश करने में पन्तजी ने अद्भुत संगीत-मर्मज्ञता का परिचय दिया है। हिन्दी-पिंगल के क्षेत्र में उनकी वह सर्वथा मौलिक देन है।

'आधुनिक कवि' संग्रह का 'पर्यालोचन' एक छायावादी कवि के प्रगतिशील काव्य-धारा में ढलनेवाली मनोदशा का प्रामाणिक चित्र है। उनमें आत्म-समीक्षा के साथ-साथ छायावाद के ह्रास के कारणों का वैज्ञानिक विवेचन मिलता है। "छायावाद... इसलिए अधिक नहीं रहा कि वह...काव्य न रहकर केवल अलंकृत संगीत बन गया

था। इसलिए एक ओर वह निगूढ़ रहस्यात्मक, भाव-प्रधान और वैयक्तिक हो गया, दूसरी ओर केवल टेकनीक और आवरण मात्र रह गया।" परवर्त्ती छायावाद के लिए इससे अधिक उपयुक्त आलोचना और क्या हो सकती थी! उस निबन्ध में प्रगतिशील विचारधारा सम्बन्धी स्थापनाएँ प्रायः कवि की अध्यात्मवादी मान्यताओं से आक्रान्त होने के कारण उस युग के प्रगतिशील चिन्तन की सीमाएँ ही अधिक बतलाती हैं। 'उत्तरा' की भूमिका भी इसी प्रकार के अभिनिवेश से ग्रस्त है। प्रायः दार्शनिक गुत्थियों में अवैज्ञानिक तथा कुछ उलझे होने पर भी पन्तजी ने काव्य-समीक्षा में बड़ी ही स्पष्ट और निर्भ्रान्त स्थापनाएँ की हैं।

प्रयोगवादी कविता वाले परिसंवाद में पन्तजी ने हिन्दी के 'क्लासिकल' तथा 'छायावादी' काव्य पर अत्यन्त सन्तुलित विचार दिया है। उनके अनुसार 'क्लासिकल' अथवा प्राचीन काव्य में हमें शाश्वत तथा उदात्त के प्रति गम्भीर आकर्षण, चिरन्तन मान्यताओं के प्रति अटल विश्वास तथा साथ ही लौकिकता के प्रति एक असन्दिग्ध आग्रह मिलता है। "उसमें एक ओर चरित्र की महत्ता और दूसरी ओर वस्तु जगत का स्थायित्व दृष्टिगोचर होता है", इसके विपरीत "छायावाद में शाश्वत तथा उदात्त का स्थान वैयक्तिकता ने ग्रहण कर लिया। उसने वास्तविकता की उपेक्षा कर स्वप्न तथा आशा की सृष्टि की और कल्पना का पट बुना। प्राचीन काव्य में भाव और वस्तु जगत् में सन्तुलन तथा तादाम्य मिलता है; छायावाद ने वस्तु-जगत को अपनी भावना की तूली से रँग दिया है।" इसी तरह उन्होंने प्रयोगशील कविता की अस्थिर वास्तविकता तथा रूपवादिता को पहचानने की चेष्टा की है।

पन्तजी की समीक्षाओं में निरालाजी के विपरीत शुद्ध समीक्षक की सी विश्लेषण क्षमता तथा सन्तुलन मिलता है। इस मामले में उनकी भाषा सभी छायावादी कवियों की आलोचनाओं से अधिक समीक्षोचित तथा कम काव्यात्मक है।

'विवेचनात्मक गद्य' में महादेवीजी के जितने निबन्ध संगृहीत हैं उनका अधिकांश किसी-न-किसी कविता-पुस्तक की भूमिका है। कुछ निबन्धों में दार्श-निक उड़ान अधिक है। किन्तु प्रायः महादेवीजी की चिन्तन-गुरुता गहरी अनुभूति का परिणाम प्रतीत होती है। इनकी समीक्षा सभी छायावादियों से अधिक व्याख्यात्मक है; इसीलिए वह उतनी पैनी नहीं है, जितनी चित्रात्मक और उदाहरणोपेत। छायावाद की स्वच्छन्द-भावना की पूर्वपरम्परा दिखाने का जो कार्य प्रसादजी ने आरम्भ किया था, उसे महादेवीजी ने वैदिक और पालि काव्य के उदाहरणों से और भी समृद्ध कर दिया। छायावाद की सभी आलोचनाओं का उत्तर महादेवीजी को देना पड़ा। इसीलिए उन्होंने बड़े विस्तार से छायावाद में प्रकृति, नारी-भावना, कल्पना, दुखवाद, स्वानुभूतिमयी अभिव्यक्ति, राष्ट्रीयता आदि का सोदाहरण विवेचन किया। कहना न

होगा कि छांयावाद सम्बन्धी भ्रमों का उच्छेद करने में महादेवीजी ने सभी छायावादी कवियों से अधिक काम किया।

इसी तरह 'गीति काव्य' शीर्षक उनका निबन्ध इस विषय पर अपनें ढंग का पहला महत्त्वपूर्ण निबन्ध है। उनके द्वारा दी हुई गीत की यह परिभाषा थोड़ी-सी परिभाषागत सीमाओं के बावजूद आर्ष वाक्य बन गयी है—"साधारणत: गीत व्यक्तिगत सीमा में तीव्र सुखदुखात्मक अनुभूति का वह शब्द रूप है जो अपनी ध्वन्यात्मकता में गेय हो सके।"

'यथार्थ और आदर्श' निबन्ध में सम्पूर्ण भारतीय काव्य-परम्परा में इन दोनों प्रवृत्तियों का निरूपण करते हुए महादेवीजी ने यह निष्कर्ष निकाला है कि "जिन युगों में हमारी दृष्टि को स्वप्न-सृष्टि से आकार मिला है और स्वप्न दृष्टि को यथार्थ सृष्टि से सजीवता, उन्हीं युगों में हमारा सृजनात्मक विकास सम्भव हो सका है।" यह विशेषता आर्ष-काव्यों में ही मिलती है। महादेवीजी ने इस सूत्र के द्वारा वर्तमान युग के एकांगी यथार्थवादियों के लिए एक बहुत बड़ी चेतावनी दी है। वे कवि के आदर्श का स्रोत बतलाती हुई आगे कहती हैं : "जीवन के प्रति स्वयं आस्थावान होने के कारण कवि का विश्वास भी एक आदर्श बनकर उपस्थित होता है।" इस आदर्श की सीमा तथा असीमता बतलाते हुए उन्होंने बड़ी महत्त्वपूर्ण बात कही है कि "अपने युग सीमित आदर्श को स्वीकार करके भी कवि उसे विस्तृत विविधता के साथ व्यक्त करते आ रहे हैं।"

'सामयिक समस्या' निबन्ध प्रगतिशील आन्दोलन द्वारा उत्पन्न साहित्यिक समस्याओं का उद्घाटन करता है। प्रसंगात् मनोविश्लेषणवादियों की भी आलोचना की गयी है। इस निबन्ध में आरम्भिक प्रगतिवादी साहित्यकारों की उग्र बुद्धि को रास्ते पर लाने के लिए अनेक महत्त्वपूर्ण सूत्र दिये गये हैं। जैसे परम्परा पर—

"विविध युगों की कला और काव्य का जो उत्कृष्ट रूप हमें मिलता है उससे हमारा विरोध नहीं हो सकता और न होना चाहिए। विरोध हमारा उस व्यवस्था से रहेगा, जिसने इन मूल्यों को कुछ व्यक्तियों तक सीमित रखा।"

सनातन, चिरन्तन, शाश्वत जैसे शब्दों का उपहास करनेवालों के लिए इन शब्दों की यह व्याख्या—"सनातन से अस्तित्व मात्र का बोध होता है, चिरन्तन उसके बहुत काल से चले आने को सूचित करता है और शाश्वत में हमें जीवन की मूल चेतना की क्रमबद्धता का संकेत मिलता है।"

अन्त में उन्होंने मध्यवर्गीय कलाकार की सामाजिक स्थिति का सहानुभूतिपूर्वक विश्लेषण करते हुए व्यापक मानवतावादी साहित्य रचना की आवश्यकता पर बल दिया है। महादेवीजी के इन निबन्धों में प्रसंगात् अनेक महत्त्वपूर्ण सूत्र झलक मारते

चलते हैं जिनका संग्रह अपने-आपमें बहुत बड़ा काम है।

3

छायावादी कवियों की इन समीक्षाओं का महत्त्व इस बात में है कि ये उनके साहित्य-सृजन के अनुभवों से उत्पन्न हुई है। इसलिए ऐसी समीक्षाएँ अधिक सृजनात्मक प्रभाव वाली होती हैं। इनका महत्त्व किसी विषय अथवा समस्या सम्बन्धी विवेचना की पूर्णता, व्यवस्था अथवा सांगोपांगता में नहीं बल्कि मौलिक संकेतों में है। इन समीक्षाओं ने अपने युग के साहित्य-सृजन का मार्ग ही प्रशस्त नहीं किया बल्कि अनेक आलोचकों को भी जन्म दिया। नन्ददुलारे वाजपेयी, शान्तिप्रिय द्विवेदी, डॉ. नगेन्द्र आदि समीक्षक छायावादी कवियों की समीक्षा की ही उपज हैं। इन्हीं कवियों से प्रभावित होकर हिन्दी में ऐसी समीक्षाएँ आयीं जिन्हें 'प्रभाववादी' कहा गया और आचार्य शुक्ल ने अपने इतिहास में जिनकी खूब खबर भी ली। लेकिन यह उसकी एक शाखा मात्र है। वस्तुत: छायावाद की मूल स्वच्छन्द भावना जगत के प्रति एक व्यापक दृष्टिकोण था जो केवल कविता में ही नहीं बल्कि उस युग के उपन्यास, कहानी, नाटक, आलोचना आदि सभी साहित्य-रूपों में अभिव्यक्त हुआ। इसीलिए छायावादी समीक्षा छायावादी सांस्कृतिक चेतना का ही एक अंग है और छायावादी कविता से अगांगि भाव से जुड़ी हुई है। यह विशेष दृष्टिकोण पीछे छूट सकता है लेकिन इससे प्रसूत समीक्षा ने नि:सन्देह हिन्दी समीक्षा के मान निर्मित करने में महत्त्वपूर्ण योग दिया है। साथ ही उसने पाठकों की आलोचनात्मक रुचि को परिष्कृत भी किया है।

1953

प्रसाद की काव्य-भाषा

हिन्दी उपन्यासों पर लिखते हुए श्री नलिनविलोचन शर्मा ने प्रसाद की भाषा को 'फीलपाँवी' कहा है। फीलपाँवी शब्द भाषा की अनावश्यक स्फीति और मन्थर गति को सूचित करता है। मामूली सी बातों के लिए बड़े-बड़े शब्दों का प्रयोग तथा एक वस्तु के लिए अनेक शब्दों का खर्च 'फीलपाँवी भाषा' का लक्षण कहा जा सकता है। नलिनजी ने यह बात प्रसाद के केवल उपन्यासों की भाषा के लिए कहीं है, क्योंकि प्रसंग भी उपन्यासों का ही था। लेकिन जिन लक्षणों के आधार पर उन्होंने उपन्यासों की भाषा को 'फीलपाँवी' कहा है, उनका चरम रूप प्रसाद की कहानियों, नाटकों और कविताओं में मिलता है। यही नहीं, यदि थोड़ी देर के लिए प्रसाद से दृष्टि हटाकर निराला, पन्त, महादेवी आदि की भाषा को भी देखें तो भाषा की यह स्फीति कमोबेश सभी: छायावादी कवियों के गद्य-पद्य में मिलेगी। आज का लेखक जहाँ 'साँझ हो गयी' कहकर सन्तोष कर लेगा, वहीं प्रसाद की लेखनी एक जादुई दुनिया खड़ी कर देती हैं।

"नील पिंगल सन्ध्या, प्रकृति की सहृदय कल्पना, विश्राम की शीतल छाया, स्वप्न-लोक का सृजन करने लगी। उस मोहिनी के रहस्यपूर्ण नील जाल का कुहक स्फुट हो उठा। जैसे मदिरा से सारा अन्तरिक्ष सिक्त हो गया। सृष्टि नीलकमलों से भर उठी।"—आकाशदीप

आज के यथार्थवादी लेखक के लिए यह सम्पूर्ण चित्रकारी उपहासास्पद प्रतीत हो सकती है। वह ऐसी शब्द-योजना करना पसन्द न करेगा। लेकिन कहना यह है कि यदि वह कोशिश भी करे तो ऐसी मुग्ध चित्रकारी और मोहक-कुछ शब्द-योजना वह नहीं दिखा सकता। यदि वह किसी तरह नकल करके कर भी डालें तो प्रसाद की भाषा से उसकी भाषा अधिक उपहासास्पद होगी। उसमें वह जादू, वह तन्मयता, वह सजीवता न आ पायेगी। यही नहीं, प्रसाद के पहले के लेखक और कवि भी यह भाषा न लिख सकते थे और न लिख सके। भारतेन्दु ही नहीं, आचार्य द्विवेदी

भी ऐसी भाषा न लिख पाये। इससे यह मालूम होता है कि प्रसाद की जिस भाषा को नलिनजी ने 'फीलपाँवी' कहा है, वह एक ऐतिहासिक आवश्यकता का परिणाम है। उस ऐतिहासिकता को नजरअन्दाज करने के कारण ही विद्वान आलोचक के 'दृष्टिकोण' में चूक हो गयी। उनके 'रिमार्क' से प्रसाद के युग की रुचि प्रकट होती है। इसलिए जिस 'स्फीति' को उन्होंने बीमारी समझ लिया है, वस्तुतः वह 'अवयव की दृढ़ मांसपेशियाँ' हैं जिनमें 'अपार ऊर्जस्वित वीर्य' है और उनमें ऐसी 'स्फीत शिराएँ हैं जिनमें 'स्वस्थ रक्त का संचार होता था।'

यह ऐतिहासिक आवश्यकता थी छायावाद की स्वच्छन्द कल्पना।

तथ्यवादी द्विवेदी युग की गद्य-पद्य शैली के प्रायः दो प्रकार के नमूने मिलते हैं। एक ओर है—

दूसरी ओर—

"अहा! ग्राम्य-जीवन भी क्या है?
क्यों न इसे सबका मन चाहे?
थोड़े में निर्वाह यहाँ है
ऐसी सुविधा और कहाँ है?"

दूसरी ओर—

"सुरम्यरूपे रसराशि-रंजिते
विचित्रवर्णाभरणे कहाँ गयी?
अलौकिकानन्द-विधायनी महा
कवीन्द्रकान्ते कविते अहो कहाँ!"

ये दोनों नमूने पद्य के हैं, फिर भी इन्हें तत्कालीन गद्य की भाषा का प्रति-निधि कहा जा सकता है, क्योंकि छन्द-बन्धन के होते हुए भी मूलतः ये गद्य ही हैं। दूसरे की पदावली पहले की अपेक्षा संस्कृत-बहुल और समासगर्भित है। फिर भी वाक्य घटना और भाव चेतना की दृष्टि से दोनों ही तथ्यवादी हैं। उदात्त नादवाले शब्दों के बावजूद दूसरा नमूना भी केवल तथ्य कथन ही करता है। उससे किसी अमर कल्पना-लोक का आभास नहीं मिलता। इसीलिए शब्दचयन की दृष्टि से स्फीत होते हुए भी यह छन्द भाव-चेतना की दृष्टि से कंकाल-मात्र है।

कारण साफ है। उन्नीसवीं सदी के सांस्कृतिक पुनर्जागरण के कारण हिन्दी आदि सभी आधुनिक भारतीय भाषाओं में संस्कृत के तत्सम शब्दों की बाढ़ तो आ गयी लेकिन पुनर्जागरण के प्रथम चरण ने नये व्यक्ति के मन को उतना भाव प्रवण और कल्पना -कलित नहीं बनाया था कि वे शब्द नयी चेतना से सम्पृक्त और नयी

अर्थवत्ता से सजीव हो उठे। इसीलिए सांस्कृतिक पुनर्जागरण के प्रथम चरण के सभी लेखकों और कवियों की भाषा में संस्कृत की तत्सम पदावली के बावजूद केवल निर्जीव तथ्य कथन मिलता है। हिन्दी में 'प्रिय-प्रवास' के पद्य तथा चण्डीप्रसाद 'हृदयेश' की कहानियाँ इस तरह के प्रतिनिधि नमूने हैं। बँगला में बंकिमचन्द्र का संस्कृत-शाद्वल गद्य भी इसी तरह का है! तत्कालीन मराठी तो ऐसे गद्य का खजाना है।

सांस्कृतिक पुनर्जागरण का दूसरा चरण राष्ट्रीय आन्दोलन की नयी लहर लेकर आया। समूचे भारतीय समाज में अपूर्व आशा और आकांक्षा का संचार हुआ। कल्पना-जीवी युवकों का अभ्युदय हुआ। व्यक्तित्व में विराटता आयी। व्यक्ति मन रूढ़ियों से मुक्त हो ऊँची उड़ान भरने लगा! समाजशास्त्रीय भाषा में यह व्यक्तिवाद का उदय था। इस नये व्यक्ति की अभिव्यक्ति भी नयी हो उठी। वह कुछ ऐसी भाषा बोलने लगा जो व्याकरण की दृष्टि से तो पहले की ही तरह थी, फिर भी पुराने वैयाकरणों और साहित्याचार्यों की पकड़ से बाहर हो गयी। यह अस्पष्टता उन्हें छाया प्रतीत हुई, कभी-कभी उनके लिए यह रहस्य भी बन जाती है। लेकिन कवि के लिए भावना रंग गयी, भाषा भी रँग उठी।

> *"वह भाषा-छिपती खुलती छबि सुन्दर*
> *कुछ खुलती आभा में रँगकर।*
> *वह भाव-कुरल कुहरे-सा भरकर भाया।"*
>
> (निराला : तुलसीदास)

जो जगत जीर्ण अरण्य था, अब कुसुमित उपवन-सा दिखायी पड़ने लगा। तथ्य सत्य हो उठा। ठठरियों पर मांस चढ़ आया। वस्तुजगत को आत्मीयता ने रंग दिया। वस्तु के बाहरी आकार को पार करके उसके भीतर निहित चेतना से तादात्म्य स्थापित किया गया! यह वस्तुवाद के विपरीत भाववाद की स्थापना थी।

वस्तु जैसी है वैसी ही दिखने की जगह, मन में उसकी जैसी मूरत है वैसी दिखायी पड़ने लगी। हर चीज भावनाओं और कल्पनाओं के प्रभा मण्डल से युक्त जान पड़ी। दृष्टि जाने से पहले ही कवि का मन हर चीज के चारों ओर ज्योतिर्वलय-सा छा जाने लगा।

> *"केशर-रज-कण अब हैं हीरे पर्वत चय---*
>
> *यह वही प्रकृति पर रूप अन्य*
> *जगमग जगमग सब वेश वन्य*

सुरभित दिशि-दिश, कवि हुआ धन्य मायाशय!"

(निराला : तुलसीदास)

ज़ब वस्तुओं का रूप बदला तो नाम भी बदल गया। बुझे शब्दों में नयी ज्योति आ गयी। जहाँ वह केवल 'अर्थ-ग्रहण' कराते थे, अब 'बिम्ब-ग्रहण' कराने लगे। भाषा की सूखी नदी उमड़ आयी। कवि मुट्ठियाँ खोलकर शब्दों को लुटाने लगा। न भावों में कृपणता, न शब्दों में। सर्वत्र मुक्त हस्त दान। अब किसी भाव या वस्तु को ठीक-ठीक नपे-तुले शब्दों में कहने की आकांक्षा नहीं रही। अब तो किसी भाव या वस्तु से सम्बद्ध मनोरम अनुषंगों और प्रसंगों के चित्रों की लड़ी ही रुचने लगी। विशेषणों की बाढ़ आ गयी। मुद्रा-स्फीति की तरह शब्द-स्फीति के लक्षण दिखायी देने लगे। बाजार शब्दों के नोटों से पट गया।

यह दशा हिन्दी की ही नहीं हुई। बँगला, गुजराती, मराठी आदि अन्य भारतीय भाषाओं में भी यही लहर आयी। यहाँ तक कि बोल-चाल की मुहावरे-दानी का नाज करनेवाली उर्दू भी इससे न बच सकी। यदि रवीन्द्रनाथ, नाना लाल और बाल कवि की भाषा में स्फीति आयी तो इक़बाल में भी उसका उभार दिखायी पड़ा। यह जरूर है कि यह असर हर साहित्य की अपनी परम्परा तथा स्वच्छन्दतावादी आन्दोलन की प्रवृत्ति के अनुसार कमोबेश रहा। बँगला में यह असर सबसे ज्यादा रहा और उर्दू में सबसे कम। फिर भी जो लोग हिन्दी-कविता की भाषा के मुकाबले उर्दू के चलतेपन की तारीफ करते नहीं थकते, उन्हें मीर, ग़ालिब, दाग़ जैसे पुराने शायरों से थोड़ी देर के लिए फुरसत लेकर इक़बाल कविताओं की ओर भी मुलाहिजा फरमाना चाहिए। इक़बाल की कविता से कुछ लाइनें नमूने के लिए दी जा रही हैं—

"वस्तये-रंगे-खसूसियत न हो मेरी ज़बाँ
जौए-इंसा क़ौम हो मेरी, वतन मेरा जहाँ
दीदए-बातिन प राज़े-नज्मे क़ुदरत हो अयाँ,
हो शनासाये फ़लक शमए-तख़य्युल का धुआँ
उकदए-अजदाद की काविश न तड़पाए मुझे,
हुस्ने-इश्क-अंगेज़ हर शै में नजर आए मुझे!"

कविता बेशक बहुत ऊँची है, लेकिन कहाँ है इसमें पुराने शायरों की मुहावरे-दानी! इसमें शायद ही कोई शब्द हो जिसे पहले के शायरों ने इस्तेमाल न किया हो! लेकिन उन्हीं को मिलाकर 'वस्तये-रंगे खसूसियत', 'दीदए-बातिन', 'राज़े-नज्मे-कुदरत', 'शनासाये-फ़लक', 'शमये तखय्युल का धुँआँ', 'उकदए-अजदाद' वगैरह एक

रोमैण्टिक शायर—-इक़बाल ही इस्तेमाल कर सकते थे। 'रोमैण्टिक' सस्ते 'रूमानी' अर्थ में नहीं, बल्कि 'स्वच्छन्द-कल्पना' के समूचे वैभव और व्यापक-जीवन दर्शन के अर्थ में।

प्रसाद की भाषा भी इस स्वच्छन्दतावादी लहर का एक अंग है। इसलिए एक हद तक वह हिन्दी ही नहीं, बल्कि समूचे भारतीय साहित्य के स्वच्छन्दतावादी दौर से जुड़ी हुई है। इसीलिए प्रसाद के पद-चयन में एक ओर बहुत दूर तक निराला, पन्त और महादेवी के पद चयन से साम्य है, तो दूसरी ओर प्रत्यक्ष रूप से रवीन्द्रनाथ के पद चयन की झलक है और परोक्ष रूप से गुजराती और मराठी के स्वच्छन्दतावादी कवियों के साथ साधर्म्य है। इसी बात को आचार्य शुक्ल ने अपने ढंग से कहा है कि "संस्कृत की कोमल-कान्त पदावली का जैसा सुन्दर चयन बंग भाषा के काव्यों में हुआ है वैसा अन्य देशी भाषाओं के साहित्य में नहीं दिखायी पड़ता। उनके परिशीलन से पद-लालित्य की जो गूँज प्रसादजी के मन में समायी वह बराबर बनी रही।"

किन्तु यह साम्य एक हद तक ही है। प्रसाद की भाषा शैली की अपनी विशेषता है जो उसे निराला, पन्त और महादेवी की भाषा से अलग करती है। भाव-वैशिष्ट्य से भाषा वैशिष्ट्य स्वाभाविक है। प्रसादजी के पद चयन के पीछे विशेष मनोवृत्ति झलकती है। यदि हिन्दी के इन चार प्रमुख कवियों की पदावली में मोटे तौर से एक बात को लेकर भेदक रेखा खींची जाये तो पन्त में 'वायवी', निराला में 'विराट', महादेवी में 'चटकीली' और प्रसाद में 'मधुर' पदावली का बाहुल्य मिलेगा। ये चारों विशेषताएँ एक हद तक थोड़ी-बहुत सभी में हैं। जैसे, प्रसाद में 'वायवीपन' और 'विराटता' काफी है, पन्त-महादेवी में भी कहीं कहीं 'विराटता' की झलक मिल जाती है, निराला में भी 'माधुर्य' और 'वायवीपन' कम नहीं है।

'मधु' या मधुर' प्रसाद का तकिया कलाम-सा है। आचार्य शुक्ल ने भी इसे लक्षित किया है। उन्होंने प्रसादजी की प्रतिभा को 'मधुमती' यों ही नहीं, साकांक्ष भाव से कहा है और आगे चलकर उनकी सारी रहस्य-भावना को 'मधुचर्या' तक कह डाला है। जो हो प्रसादजी भी बहुत कुछ उस 'मधुमती-भूमिका' वाले मण्डल के अंग थे जिसने कुछ दिनों तक 'रस सिद्धान्त' को नयी दिशा में मोड़ने का प्रयत्न किया। प्रसादजी ने 'मधु' को आर्य अर्थ में व्यापकता के साथ स्वीकार किया था। उनके सभी कल्पनालोकों और आदर्श-चित्रों के मूल में 'मधु' की मिठास है। प्रकृति का मनोमय रूप तो 'माधव' या मधुमास में ही उन्हें दिखायी पड़ता है, उनकी 'चाँदनी' पन्त की तरह 'लघु परिमल के घन या 'स्वप्निल शयन मुकुल' सी 'अनुभूतिमात्र' नहीं बल्कि मधु से पूर्ण है। जब पहले-पहले प्रिय को उन्होंने देखा तो 'मधु राका मुस्क्याती थीं। 'कामायनी' में तो 'पुटके -पुटके मधु' की छटा है। उनके राष्ट्र की

कल्पना भी 'मधुमयदेश' की है।

यह आकस्मिक नहीं है और न एक शब्द को पकड़कर रामायणी कथावाचकों का-सा चमत्कार प्रदर्शन है। 'मधु' प्रसाद के आनन्दवादी जीवन-दर्शन का अविच्छिन्न अंग है। जीवन की कटुता और छलना से बिंधे हुए भावुक हृदय के लिए 'मधु' प्रेम स्वाभाविक है। प्रतारणा और छलना का जैसा यथार्थ चित्र और उससे उत्पन्न होनेवाली व्यथा प्रसाद के साहित्य में मिलती है, वैसी किसी छायावादी कवि में नहीं। निराला में खुले संघर्षों और रूढ़ियों के प्रहारों का दर्द है, प्रसाद की तरह आत्मीयों की प्रतारणा का नहीं। यही कटुता मधुमय कल्पना और 'मधुर पदावली' की जननी है।

प्रसाद की पदावली की दूसरी विशेषता है 'इन्द्रजाल'। प्रसाद प्राय: 'इन्द्र-जाल', 'जादू', 'टोना', 'कुहक' आदि शब्दों का प्रयोग करते हैं। कविता में ही नहीं, कहानियों में भी इन शब्दों का वे निधड़क व्यवहार करते हैं। सृजनशील कल्पना के अनेक व्यापारों में से ऐन्द्रजालिक रचना भी एक है। यह कौशल छायावादी कवियों में प्रसाद के अतिरिक्त पन्तजी में सबसे अधिक है। अन्तर इतना ही है कि जादू की दुनिया और ऐन्द्रजालिक वातावरण खड़ा करने में प्रसाद अतीत के चित्रों का भी सहारा लेते हैं जबकि पन्त केवल बाल-कल्पना की तरह वर्तमान पर ही ऊँची-ऊँची उड़ानें भरते हैं। 'आकाशदीप' कहानी-संग्रह की अधिकांश कहानियों में यह जादूगरी देखी जा सकती है। 'कामायनी' में प्रलय के बाद देव-सृष्टि की मीठी याद तथा त्रिपुर-मिलन और कैलास की अतिमानवीय चित्रकारी इसी इन्द्रजाल का नमूना है। सामन्तंयुगीन वैभव की पुन: सृष्टि करके मायावी प्रभाव पैदा कर देना प्रसादजी की पदावली की विशेषता है। कभी-कभी कंजर आदि जरायमपेशा जातियों की रूमानी जिन्दगी से भी प्रसादजी यह असर पैदा कर जाते हैं।

प्रसाद का यह 'इन्द्रजाल' पन्त से इस मामले में भिन्न है कि पन्त का इन्द्रजाल जहाँ अधिक वायवी, सूक्ष्म, धुंधला और अस्पष्ट है, वहाँ प्रसाद का इन्द्रजाल अधिक मांसल, पुष्ट, इन्द्रिय-ग्राह्य और ठोस है। कारण साफ है। प्रसाद की अनुभूतियाँ पन्त के विपरीत प्रौढ़ मन की हैं और उनका सम्बन्ध ऐसे पुरुष से है जिसने खुलकर यौवन के उपादानों का उपभोग किया है। इसलिए प्रसाद के ऐन्द्रजालिक चित्रों में भी स्पष्टता, मांसलता और ठोसपन है। फलत: इसकी सूचक पदावली भी आयी है। यदि प्रसाद में अस्पष्टता आयी भी है तो चित्रों में नहीं, बल्कि यौवन की अस्पष्ट अनुभूतियों का प्रतिबिम्ब बनकर। वय: सन्धि की 'श्रद्धा' में लज्जा सम्बन्धी अनुभूतियों तथा कामपीड़ित 'मनु' की आत्म-विस्मृति की पदावली ऐसी ही अस्पष्टता का सुन्दर उदाहरण है। एक नमूना—

"इन नृत्य-शिथिल निःश्वासों की कितनी है मोहमयी माया
जिनसे समीर छनता छनता बनता है प्राणों की छाया।
आकाश-रन्ध्र हैं पूरित-से यह सृष्टि गहन-सी होती है;
आलोक सभी मूर्च्छित सोते, यह आँख थकी-सी रोती है।
श्रुतियों में चुपके-चुपके से कोई मधुधारा घोल रहा;
इस नीरवता के पर्दे में जैसे कोई कुछ बोल रहा रहा।"

शब्द वही हैं जो और लोग भी इस्तेमाल करते हैं लेकिन उनका संगठन मन पर जादू-सा असर कर जाता है। पढ़ते ही सबकुछ अनुभूति की पकड़ में आ जाता है किन्तु अर्थ बहुतों के लिए कुछ अस्पष्ट हो सकता है। प्रसाद की यह अस्पष्टता ऐसी है जिसे "कहते न बने, सहते ही बने, मन-ही-मन पीर पिरेबी करे।"

प्रसाद के शब्दकोश में सभी छायावादी कवियों की अपेक्षा आंगिक चेष्टाओं, प्रणय-लीलाओं सम्बन्धी पदावली अधिक मिलती हैं। विभ्रम, सम्भार, व्रीड़ा, अधर-दंशन, नर्ममय उपचार आदि न जाने कितने क्रिया व्यापार उनके यहाँ शब्दों में चित्रित हो उठे हैं। नारी की विविध चेष्टाओं का अंकन करने में प्रसादजी ने अद्भुत पर्यवेक्षण शक्ति का परिचय दिया है। इसी तरह नाट्य और संगीत सम्बन्धी उपादानों और पारिभाषिक शब्दों को उपमा की तरह व्यवहृत करने में भी प्रसादजी की रुचि अधिक देखी जाती है। इस क्षेत्र में निराला ही प्रसाद के निकट खड़े हो सकते हैं। मीड़, मूर्च्छना, विपंची आदि तो उनके यहाँ आम बात है; वहाँ पलकें भी झुकती हैं तो किसी 'जवनिका' की तरह और मनु अपने को 'अधम पात्र मय-सा विष्कंभ' अनुभव करते हैं।

प्रसंग गर्भत्व प्रसाद की पदावली का विशेष तत्त्व है। वैसे तो प्राचीन आर्ष काव्यों में उपयुक्त शब्दों का जीर्णोद्धार निराला, पन्त और महादेवी ने भी किया, लेकिन प्रसाद ने सम्भवतः सबसे अधिक किया। उनके नाटकों ने तो प्राचीन सामन्त-युगीन सामाजिक जीवन के उपादानों का जीर्णोद्धार किया ही, उनकी कविताओं और कहानियों ने भी अनेक प्रसंगगर्भी शब्दों के द्वारा 'स्मृत्याभास कल्पना' को जाग्रत करने में योग दिया। उद्गीथ, सविता, ऋतु, पुष्पलावी, मंगलखील, भूमा, अर्चि, चषक, स्वर्णशालियों की कलमें सौदामिनिसन्धि, कादम्बिनी, दिग्दाह, शिलासन्धि, वात्या, ब्रज्या, वन्या, कुल्या, शैलेय, अंगरु, प्रालेय, अलक, कबरी, रथनाभि, चमर, अलम्बुषा आदि अनेक शब्द विविध अनुषंगों से अनुस्यूत हैं। यदि कहीं अकेले प्रसादजी के ही शब्दों का एक कोष बनाया जाये तो हिन्दी शब्दकोष में उनकी अमूल्य देन का ठीक-ठीक मूल्यांकन हो सके। निराला की तरह प्रसादजी ने नये-नये शब्द नहीं गढ़े, बल्कि

उन्होंने पुराने प्रचलन-सिद्ध शब्दों को गतिशीलता प्रदान की।

कुल मिलाकर प्रसादजी की पदावली के विषय में यह निस्सन्देह कहा जा सकता है कि उससे हिन्दी भाषा समृद्ध हुई है। कुछ लोगों का यह अनुमान है कि वे मोहवश यों ही कुछ श्रुतिरंजक और नादानुकृत मधुर शब्दों को एकत्र कर देते थे जिनसे कोई-न-कोई अर्थ निकल ही आता है। यह नितान्त भ्रान्त है। प्रसादजी की आरम्भिक रचनाओं में यह प्रवृत्ति थोड़ी-बहुत हो सकती है किन्तु सतर्क कवि और लेखक प्रसाद में यह अन्धमोह कहीं नहीं मिलता। उनके पद-चयन में क्रमिक विकास स्पष्ट रूप से लक्षित किया जा सकता है। 'बभ्रुवाहन' और 'उर्वशी' आदि गद्य-खण्डों से 'आकाशदीप' तक का विकास चण्डीप्रसाद 'हृदयेश' से ठेठ छायावादी 'प्रसाद' तक का विकास है। इसके बाद 'सालवती' तक जाते-जाते भाषा की अलंकृति वास्तविकता के अधिक निकट तथा यथार्थ से धुल उठती है। विकास की यह सोपान-पंक्ति नाटक और कविता में भी देखी जा सकती है।

अलंकृति-विधान भी पदावली से ही जुड़ा हुआ है। मोटे तौर से इस विषय इतना ही कहा जा सकता है कि 'आँसू' तक प्रसाद पुराने ढंग के ही अलंकारों से लदे दिखायी पड़ते हैं और आगे भी वे सभी छायावादी कवियों से अधिक परिपाटी विहित पाये जाते हैं।

लेकिन पदावली तो वाक्य की एकावली की एक मनका है। इसीलिए वाक्य-विन्यास को ही भाषा की इकाई माना जाता है। शैली की विशेषता वाक्यों की भंगिमा में ही देखी जा सकती है। जैसा कि प्रसाद ने स्वयं कहा है, समीप के ही शब्द भी उस शब्द विशेष का नवीन अर्थ-द्योतन करने में सहायक होते हैं। शब्द का वास्तविक अर्थ वाक्य की गति में ध्वनित होता है।

जब प्रसाद के वाक्य गठन पर विचार करने चलते हैं तो छायावादी कवियों के बारे में कहा हुआ यह कथन याद आता है कि वे वाक्य नहीं, शब्द लिखते थे। निसन्देह छायावादी कवियों ने खड़ी बोली को कोमल काव्य के अनुकूल बनाने के लिए क्रियापदों का बहिष्कार किया। पन्तजी ने तो 'है' को दो सींगोंवाला कनक-मग घोषित करके अपनी पंचवटी के पास फटकने तक न दिया। संयुक्त क्रियाओं की रोक-थाम तो और भी हुई। क्रियापदों का काम कृदन्तज-विशेषणों से लिया जाने लगा। 'है' और 'था' को वाक्य में अन्तर्भुक्त मान लेने की प्रथा चला दी गयी। यह कार्य सभी छायावादियों ने किया। प्रसाद लिखते हैं—

"मधुर विश्रान्त और एकान्त—
जगत का सुलझा हुआ रहस्य—

एक करुणामय सुन्दर मौन
और चंचल मन का आलस्य!"

इससे खड़ी बोली की खरखराहट तो जरूर दूर हुई लेकिन उसके साथ उसकी जीवन्तता भी चली गयी। क्रियापदों के साथ उसकी क्रियाशीलता भी जाती रही। वह बोल-चाल से दूर हो गयी। वह गद्य से ही नहीं, जीवन से भी दूर जा पड़ी। इस पर वैयाकरणों की कुंदन उचित थी। कहना न होगा कि इस रोमैटिक दौर में भी वाक्य गठन की दृष्टि से उर्दू कविता ने बोलचाल के गद्य का दामन न छोड़ा। सच कहें तो खड़ी बोली की कविता का भाषा की दृष्टि से स्वाभाविक विकास उर्दू शायरों में ही मिलता है।

इस निष्क्रिय वाक्य रचना की बीमारी छूआछूत के ज़रिए गद्य के दायरे में भी पहुँची। वहाँ क्रिया के अभाव में कृदन्तों ने 'कादम्बरी' के वाक्य-विन्यास का छोटा-मोटा उपनिवेश बसा दिया। निराला का 'वर्तमान धर्म' निबन्ध ऐसी ही भाषा के कारण 'साहित्यिक सन्निपात' कहा गया। पन्त के 'पल्लव' के 'प्रवेश' में भी इस शैली के काफी नमूने मिल सकते हैं। प्रसाद के 'उर्वशी', 'बभ्रु वाहन' आदि गद्य-खण्डों में इनकी बहार है—

"यों ही पद संचालन करते तथा चन्द्रिका में चमत्कृत चंचरीक मंजु गुंजित प्रफुल्ल पुष्पावली पर दृष्टिपात करते हुए युवक पथिक मालाकार के बताये स्थान पर सर्ब वस्त्र और शस्त्र उतारकर सन्ध्यावन्दन के लिए सरोवर के मुख्य तीर पर गया।"

ऐसे महावाक्य उन उदाहरणों की याद दिलाते हैं जिनमें एक ही वाक्य में आठों कारकों का प्रयोग दिखाया जाता है; लेकिन यहाँ तो पूर्वकालिक, वर्तमान, कृदन्त आदि न जाने कितने प्रयोगों को एक ही वाक्य में जोत दिया गया है, भले ही उसे पढ़ते-पढ़ते पाठक का दम टूट जाये। लेकिन धीरे-धीरे प्रसादजी में संस्कृत वाक्य-रचना की यह प्रवृत्ति कम हो गयी। समासों में भी आरम्भिक 'कोकिल कण्ठ विनिर्गत काकली' क्षिप्र और छिन्न हुई। फिर भी संस्कृत वाक्य रचना का जितना प्रभाव प्रसाद पर है उतना निराला के आलोचनात्मक निबन्धों को छोड़कर और किसी छायावादी कवि लेखक में नहीं मिलता। महादेवी की चक्करदार तथा द्राविड़ प्राणायामवाली वाक्य रचना कुछ इससे भिन्न है। उनमें नैयायिकों की उस सतर्कता की झलक है जो वाक्य को जगह-जगह पर मोड़कर स्वरक्षात्मक गुमटी बना देती है।

फिर भी अपूर्ण वाक्य लिखने की जैसी कुटेव प्रसादजी ने दिखायी वैसी अन्यत्र दुर्लभ हैं, विशेषतः कविता में। उनकी प्रौढ़तम कृति 'कामायनी' में भी इसके नमूने भरे पड़े हैं—

1. मनन करावेगा तू कितना? उस निश्चिन्त जाति का जीव।

2. कर रहा वंचित कहीं न त्याग तुम्हें, मन में धर सुन्दर वेश।

पहले उदाहरण में कर्त्ता क्रिया दोनों गायब और दूसरे में सहायक क्रिया ही नदारद। या तो कहीं 'हो' छूट गया है या 'तो'। 'त्याग तुम्हें कहीं वंचित न कर रहा हो' अथवा 'त्याग तुम्हें कहीं वंचित तो नहीं कर रहा है।'

अक्सर प्रसाद लम्बे वाक्य लिख जाते हैं लेकिन दो वाक्यों को जोड़ते समय पूर्वापर में कालगत तालमेल बैठाना भूल जाते हैं, जैसे—

1. था व्यक्ति सोचता आलस में, चेतना सजग रहती दुहरी।

2. करका क्रन्दन करती गिरती और कुचलना था उसका।

इसी तरह जहाँ 'हो सकता था' लिखने की जरूरत है वहाँ केवल 'हो सकता' से ही वे काम चला सकते हैं। 'था' के अर्थ में रहा' प्रयोग भी कामायनी में बहुत है। साधारण बोलचाल में 'हम आये रहे', 'हम गये रहे' आदि प्रयोगों की तरह वे प्रयोग भी अशुद्ध माने जायेंगे। 'चल' और 'जा' दो धातुओं से संयुक्त क्रिया बनाते समय प्रसाद प्रायः 'चल जा' 'चल जाती', 'चल गयी' आदि का निधड़क प्रयोग करते हैं जब कि वहाँ 'चली जा', 'चली जाती' और 'चली गयी' होना चाहिए।

ऐसे ही लुंज-पुंज वाक्यों के कारण प्रसाद के वाक्य में अस्पष्टता की शिकायत प्रायः सुनने में आती है। कामायनी से ही उदाहरण लें—

1. उलझन प्राणों के धागों की सुलझन का समझू मान तुम्हें।

2. अवगुण्ठन होता आँखों का आलोक रूप बनता जितना।

3. हो चकित निकल आयी सहसा जो अपने प्राची के घर से।

उस नवल चन्द्रिका से बिछले जो मानस की लहरों पर से॥

अन्वय की यह कठिनाई कभी-कभी 'दूरान्वय' के कारण भी होती है—

'उबुद्ध क्षितिज की श्याम छटा इस उदित शुक्र की छाया में,

ऊषा-सा कौन रहस्य लिये सोती किरनों की छाया में।"

'छटा' कर्त्ता की क्रिया 'सोती' कितने चक्कर के बाद मिलती है। ऐसी गड़बड़ी बहुत कुछ विराम-चिह्नों के भ्रान्त प्रयोग के कारण भी हुई है।

'परिव्राजक की प्रजा' में अपने संस्मरणों के बीच श्री शान्तिप्रिय द्विवेदी ने प्रसाद की भाषा के विषय में जो यह तथ्य लक्षित किया है, वह बहुत कुछ ठीक है—प्रसादजी का गद्य विशृंखल और ऊबड़खाबड़ था। उन्होंने भाषा का अभ्यास नहीं किया था, भाव के आवेग में उनके वाक्य प्रायः लुण्ड-मुण्ड शिला-खण्डों की तरह लुढ़कते रहते थे।"

इतना होते हुए भी प्रसाद रुचिर गद्य के शिल्पी थे। भूसाभरी उनके यहाँ कहीं

न मिलेगी। सर्वत्र उनकी शैली में एक प्रकार की अभिजात गरिमा मिलती है। तनिक भी ओछापन वहीं नहीं हैं। उनकी स्थापना में तुंगता और वैभव है तो विरोध और खण्डन की भव्यता और ऊर्जस्विता भी। स्वच्छता उतनी नहीं, जितनी उज्ज्वलता है। प्रायः लोगों ने उनके 'प्रसाद' नाम का लाभ उठाकर उनकी शैली में प्रसाद गुण बतलाया है, लेकिन यह श्लिष्ट चमत्कार की अपेक्षा और कुछ नहीं है। प्रसाद की भाषा उतनी प्रसन्न और विशद नहीं है जितनी 'प्रसाद' गुण के लिए होनी चाहिए। लालित्य उनके यहाँ अवश्य है, वर्णों की भास्वरता भी है, पदों के अनुरणन में हल्की मिठास से भरी मंजुल गूंज भी सुनायी पड़ती है। लेकिन सर्वत्र एकरस मध्ययुगीन मन्थरता-सी है; क्षिप्रता बहुत कम है। उनमें निराला की भाषा-शैली की तरह क्षिप्रता नहीं है; नाटक, कहानी और उपन्यास सर्वत्र पात्रों की भाषा एक-सी है। हर जगह एक ही जबान चलती है और वह प्रसाद के अपने व्यक्तित्व की इतनी गहरी छाप लिये है कि उसे कोई अपने नाम से चलाते हुए तुरन्त पकड़ा जायेगा। कुल मिलाकर प्रसाद की भाषा-शैली में रचनात्मक सम्भावनाएँ न्यूनतम हैं। इसीलिए वह निर्वंश गयी। 'रचनात्मक सम्भावना' तो उस युग के एक ही साहित्यकार की भाषा में थी और वह थे प्रेमचन्द।

1953

कामायनी के प्रतीक

सभी जानते हैं कि कामायनी रूपक काव्य है और मानते हैं कि उसमें जहाँ-तहाँ आधुनिक समस्याओं पर भी विचार है लेकिन कामायनी के सभी रूपक आधुनिक जीवन के हैं, इससे उन्हें मतलब नहीं है।

जहाँ तक मुझे मालूम है, प्रगतिशील कवि गजानन मुक्तिबोध ने इस ढंग से सबसे पहले विचार किया है। मुक्तिबोध का 'कामायनी : कुछ नये विचार' शीर्षक निबन्ध 'हंस' नवम्बर '45 और जनवरी, फरवरी '46 में क्रमशः छपा था। इस निबन्ध में मुक्तिबोध ने प्रमाण के साथ साबित किया है कि मनु आधुनिक मध्यवर्गीय व्यक्ति के प्रतीक हैं और श्रद्धा तथा इड़ा उसकी भावुकता तथा बुद्धिवाद का प्रतिनिधित्व करती हैं। लेकिन शाश्वतवादी आलोचकों के विचारों में इस नये विचार से कोई परिवर्तन नहीं हुआ।

सवाल यह है कि कामायनी के प्रतीकों में आधुनिक जीवन सहसा क्यों नहीं दिखायी पड़ता? ध्यान से देखने पर पता चलेगा कि प्रसादजी ने उन प्रतीकों पर अपने रहस्यवादी दृष्टिकोण का झीना पर्दा डाल दिया है। प्रसादजी स्वयं भी मनु श्रद्धा इड़ा वगैरह को शाश्वत भावों का प्रतीक मानते थे। समस्याएँ निःसन्देह उनके सामने सामयिक थीं लेकिन उन्होंने उन्हें शाश्वत समझा क्योंकि उनके कारणों को प्रसादजी ने देश-काल का आधार छोड़कर शुद्ध मानसिक जगत में खोजा। वहाँ जाने पर उन्हें मालूम हुआ कि सारी विषमता का कारण बुद्धिवाद है और इतिहास प्रेमी प्रसादजी को इस बुद्धिवाद की परम्परा वैदिक युग से दिखायी पड़ी। इसलिए उन्होंने सहज ही अपनी वर्तमान समस्या को अतीत से जोड़ दिया। इस कार्य में आदि युग की कहानी सबसे अधिक सहायक जान पड़ी क्योंकि पुरानी कहानी से सामयिक समस्या की सनातनता भी साबित की जा सकती है। इस तरह कामायनी के रूपक प्राचीन हैं, भाव शाश्वत हैं और समस्याएँ आधुनिक हैं। अपनी आधुनिक समस्याओं को शाश्वत रूप देकर प्रसादजी ने उनकी आधुनिकता पर पर्दा डाल दिया।

लेकिन आधुनिकता के प्रभाव से अपने मन को वे सर्वथा मुक्त न कर सके। नतीजा यह हुआ कि आधुनिक युग की वास्तविकता के जोर से उनके रूपकों का रहस्यवादी शाश्वत पर्दा जगह-जगह मसक गया। सारस्वत नगर के नव-निर्माण में वैज्ञानिक उन्नति, प्रजातन्त्र और वर्ग विभाजन का वर्णन करते समय वे भूल गये कि प्रजापति वैवस्वत मनु के युग में यह सब नहीं था। इस प्रकार कामायनी में चित्रित आधुनिक युग की वास्तविकता उसके प्रतीकों की शाश्वतता का खण्डन करती है। 'कामायनी' में रूपक का निर्वाह ठीक से नहीं हो सका है--इसकी ओर आलोचकों ने अक्सर संकेत किया है। आचार्य शुक्ल ने तो स्पष्ट शब्दों में कहा है कि 'उसका निर्वाह रहस्यवाद की प्रकृति के कारण नहीं होने पाया हैं।'

लगता है कि प्रसादजी भी रूपक-निर्वाह की कठिनाइयों को समझते थे, इसीलिए उन्होंने रूपक का दावा नहीं किया बल्कि इतना ही कहा कि 'मनु, श्रद्धा और इड़ा इत्यादि अपना ऐतिहासिक अस्तित्व रखते हुए सांकेतिक अर्थ की भी अभिव्यक्ति करें तो मुझे कोई आपत्ति नहीं।'

कामायनी के लिए यह कोई नयी बात नहीं है। रूपकवाले काव्यों में ऐसी कठिनाई अक्सर उपस्थित हो जाती है! जायसी के पद्मावत में भी जगह-जगह रूपक का ढाँचा ढीला हो गया है। लेकिन इस कठिनाई के मूल में केवल कवि के काव्य-कौशल की असमर्थता नहीं है। दरअसल यह अप्रस्तुत के विरुद्ध प्रस्तुत का, परोक्ष के विरुद्ध प्रत्यक्ष का, आदर्श के विरुद्ध यथार्थ का और शाश्वत के विरुद्ध सामयिक का जोर है। इस अन्तर्विरोध के दर्शन उन भक्ति काव्यों में भी होते हैं जो रूपक नहीं हैं, जैसे तुलसी का मानस। वहाँ मनुष्य की दुर्बलता राम के ईश्वरत्व को जगह-जगह तोड़ देती है और तुलसी के लाख सँभालने पर भी राम की मानवीय दुर्बलता प्रकट हो ही जाती है। वास्तविकता की विजय के ऐसे स्थलों पर काव्य-सौन्दर्य निखर उठता है।

" इसलिए कामायनी के वास्तविक काव्यसौन्दर्य का दर्शन करने के लिए ज़रूरी है कि सबसे पहले प्रतीकों पर से प्रसादजी के शाश्वतवादी दर्शन का पर्दा हटा दिया जाये। इस तरह प्रतीकों में चित्रित आधुनिक जीवन को पहचानने में सुविधा होगी।

कामायनी के मनु, श्रद्धा, इड़ा, काम, मानव इत्यादि चरित्र तो प्रतीक हैं ही, देव सभ्यता, सारस्वत नगर, हिमालय, कैलास, प्रलय, संघर्ष इत्यादि भी प्रतीकवत् प्रयुक्त हुए है। इन मुख्य प्रतीकों के अतिरिक्त छोटे-छोटे दर्जनों प्रतीक हैं।

कामायनी की पृष्ठभूमि में सबसे प्रभावशाली चित्र है प्रलय का। सम्पूर्ण हिन्दी कविता में ध्वंस का ऐसा रौद्र और विशाल चित्र दुर्लभ है। पन्तजी के 'परिवर्तन' में भी काल के विनाशकारी रूप का ऐसा उदात्त चित्र नहीं आ सका है। परन्तु 'परिवर्तन' के आदि वाक्य 'कहाँ आज वह पूर्ण पुरातन वह सुवर्ण का काल' से कामायनी के

महाप्रलय को समझने में सहायता अवश्य मिलती है। यह आकस्मिक नहीं है कि सभी छायावादी कवियों ने किसी-न-किसी रूप में एक महान परिवर्तन, विध्वंस या विनाश का चित्रण किया है। कामायनी में देव सभ्यता का ध्वंस है तो 'परिवर्तन' में पुरातन सुवर्ण काल का। यह आधुनिक युग का एक महत्त्वपूर्ण तथ्य है। इतिहास से प्रमाणित है कि अंग्रेजों ने निर्ममता के साथ भारत की प्राचीन सभ्यता तहस-नहस कर दी। सुनहले अतीत के नष्ट होने का दुख आधुनिक भारत के प्रायः सभी सहृदय लोगों को रहा है।

परन्तु अतीत के विध्वंस का ठीक-ठीक कारण क्या है इस विषय में सबकी समझ एक सी नहीं है। पन्तजी इसे काल चक्र समझते हैं। प्रसादजी इसे प्रकृति का प्रकोप समझते हैं। कामायनी के अनुसार देव सभ्यता ने सुख भोग और प्रभुता में अति करके प्रकृति के नियमों का उल्लंघन कर दिया था, इसलिए प्रकृति ने प्रतिक्रिया स्वरूप उसे ध्वस्त कर दिया। इस प्रकार पन्तजी से एक. कदम आगे बढ़कर प्रसादजी प्राचीन सभ्यता के विनाश का कारण उसके सुख भोग और आपसी होड़ में समझते हैं। प्रसादजी की यह आलोचना सोलहो सही है। वास्तविकता को ठीक से समझने के कारण ही उन्होंने देव सभ्यता के ह्रास का अत्यन्त मार्मिक चित्रण किया है। यह चित्र कामायनी के श्रेष्ठ अंशों में से एक है।

देव-सभ्यता का ध्वंस वस्तुतः हिन्दू राजाओं और मुसलमान नवाबों तथा मुगल बादशाहों के विध्वंस का प्रतीक है। उनका नाश इसलिए हुआ कि वे 'अगतिमय' थे। इसीलिए अंग्रेज़ों ने एक-एक करके भारतीय राजाओं को तोड़ दिया और इस विध्वंस लीला का उत्कट रूप सन सत्तावन में दिखायी पड़ा। विलास की सामग्रियां ही नयी परिस्थितियों में क्रूर बन्धन हो गयीं। जिन कुसुम सुरभित मणि-मालाओं को सुर बालाओं ने शृंगार के लिए धारण किया था, वे जल प्लावन के समय श्रृंखला की तरह जकड़ गयीं। यदि अंग्रेज़ न आते तब भी इन राजाओं का पतन होता लेकिन अंग्रेज इतिहास के शस्त्र बनकर इन पर आ पड़े। प्रसादजी ने इतिहास की इस मार को प्रकृति का प्रकोप कहा है।

जलप्रलय के बाद हिम-संसृति पर उषा का आगमन, हिम आच्छादन का धीरे-धीरे हटना और वनस्पतियों का जगना। हिम-संसृति प्राचीन जड़ता को व्यंजित करती है तो उषा नवजागरण को। वनस्पतियाँ समाज की नयी शक्तियाँ हैं जो नवजागरण का सहारा पाकर प्राचीन रूढ़ियों को तोड़कर ऊपर उठ गयीं।

इस प्रतीक-माला को इलियट के 'वेस्ट लैण्ड' की आरम्भिक पंक्तियों के आलोक में अच्छी तरह समझा जा सकता है। वहाँ आधुनिक इंगलैण्ड की बंजर जमीन को तोड़कर अप्रैल की गर्मी में फूल खिलते हैं तो यहाँ पुरानी हिमानी जड़ता को तोड़कर

नव शरद् का विकास होता है।

इस पृष्ठभूमि पर कामायनी के मनु का उदय होता है। पृष्ठभूमि से स्पष्ट है कि मनु प्राचीन सभ्यता के ध्वंसावशेष होते हुए भी वस्तुत: आधुनिक नव-जागरण के अग्रदूत हैं। मनु तो 'संसृति जलनिधि-तीर तरंगों से फेंकी हुई एक मणि' हैं। ऊषा के साथ आशा का सन्देश मिलने पर भी मनु की चिन्ता दूर नहीं होती। अब भी मनु का मन अतीत के ध्वंस की व्यथा से व्यथित है। मनु की आरम्भिक चिन्ता-मिश्रित आशा बीसवीं सदी के आरम्भ के शिक्षित युवक का सच्चा चित्र है जिसके मन में स्वर्णिम अतीत के नष्ट हो जाने की व्यथा प्रधान थी और नये युग की आशा गौण। अतीत-मोह के साथ ही मनु के मन में एकाकीपन का भी विषाद है—

कब तक और अकेले? कह दो
हे मेरे जीवन बोली।

परन्तु जैसे-जैसे प्रलय की काली रातों का प्रभाव दूर होता जाता है और उनके बीच से राका रजनी का उदय होता है, मनु के मन को सहारा मिलता है। राका के प्रकाश से उनके हृदय का भी अन्धकार दूर होता है; ऐसी ही प्राकृतिक तथा मानसिक स्थिति में श्रद्धा का आगमन होता है। मनु और श्रद्धा की बात-चीत वस्तुत: घोर निराशा और आशा का अन्तर्द्वन्द्व है। अनस्तित्व और अस्तित्व, निरुद्देश्यता और जिजीविषा के संघर्ष में अस्तित्व और जिजीविषा की जीत होती है। मनु को आत्मविश्वास प्राप्त होता है और उनके सामने विजयिनी मानवता का ऊँचा आदर्श दिखायी पड़ता है।

मनु और श्रद्धा का मिलन वस्तुत: आधुनिक युवक के एकाकी और हताश मन में रागपूर्ण आत्मविश्वास का उदय है। प्रसादजी के अनुसार श्रद्धा काम गोत्रजा है, इसलिए वह मनु के हृदय में काम भावना उत्पन्न करती है। प्रसाद ने काम-कला को अत्यन्त व्यापक रूप दिया है। यह वासना, प्रणय, जिजीविषा, विश्वास, लोक मंगल आदि अनेक भावनाओं का पुंज है। इस प्रकार काम वस्तुत: आरम्भिक रोमैंटिक-भावना का ही प्रतीक है जिसमें देशप्रेम, विश्व-प्रेम, प्रकृति-प्रेम, नारी-प्रेम, कल्पना की उमंग आदि विविध भावनाएँ घुली मिली थीं।

मनु और श्रद्धा का रागपूर्ण साहचर्य मनु के जीवन का ही नहीं, कामायनी काव्य का सर्वोत्तम स्थल है। श्रद्धा, काम, वासना और लज्जा कामायनी के सर्वश्रेष्ठ सर्गों में से हैं। यह संयोग की बात नहीं है। यह आत्मविश्वास और उच्च आदर्श का परिणाम है।

परन्तु इसी के बाद मनु और श्रद्धा के सम्बन्धों में तनाव शुरू हो जाता है। गर्भवती श्रद्धा गृहस्थी के निर्माण में इतनी तल्लीन हो जाती है कि मनु को फिर एकाकीपन सताने लगाता है। श्रद्धा एकदम अपने में सिमट जाती है; अब वह कर्म

क्षेत्र में मनु की सहचरी नहीं रह पाती। फलतः श्रद्धा और मनु में विच्छेद की घड़ी आ जाती है। प्रसादजी के अनुसार तनाव का एक कारण तो यह है कि मनु को श्रद्धा के सुख-सन्तोष से ईर्ष्या हो गयी; दूसरा यह कि मनु में हिंसा की प्रवृत्ति बढ़ रही थी और श्रद्धा अहिंसा के पक्ष में थी।

श्रद्धा का अपने-आप में सिमट जाना वस्तुतः आरम्भिक व्यापक काममंगल के संकीर्ण हो जाने का प्रतीक है। इसी तरह श्रद्धा की अहिंसा भी जीवदयावाद के नाम पर हृदय की दुर्बलता है। इसमें हृदय की शौर्य, क्रोध आदि अन्य अनेक वृत्तियों का निषेध है। इसीलिए आचार्य शुक्ल ने जीवदयावाद का घोर विरोध किया है।

श्रद्धा और मनु का संघर्ष वस्तुतः आधुनिक युवक के मन में अहिंसा, वन्य सरलता, सन्तोष और स्थिरता के विपरीत कर्म की आकांक्षा का विद्रोह है। सन् तीस के आसपास भारतीय समाज में संघर्ष की यह स्थिति उत्पन्न हो गयी थी जब एक ओर गांधीजी का अहिंसावाद राष्ट्रीय प्रगति को पीछे खींचता प्रतीत हो रहा था और मार्क्सवादी धारा से प्रभावित युवक संघर्ष के लिए आगे क़दम उठाना चाहते थे।

प्रसादजी ने यहाँ अपनी सहानुभूति श्रद्धा को दी है, इसलिए गर्भवती श्रद्धा के प्राणि प्रेम तथा अनागत के सपनों का अत्यन्त सुन्दर चित्रण हुआ है। लेकिन मनु को दोषी ठहराने के लिए उन्होंने ईर्ष्या के जिस मनोवैज्ञानिक कारण की कल्पना कर ली है, वह काफी कमजोर है। इसका कारण यह नहीं है कि प्रसादजी को मनोविज्ञान की जानकारी कम है। बात यह है कि ऐतिहासिक दृष्टि से मनु की कर्मण्यता श्रद्धा की निष्क्रिय जीवदया की तुलना में सही है और सही चीज़ का विरोध करना कठिन होता है। इसलिए मनु को दोषी ठहराने की कोशिश में प्रसादजी ने जो ईर्ष्या का लँगड़ा बहाना खोज निकाला है, वह स्वयं उनकी कल्पना को ही कमज़ोर बनाता है।

'प्रारम्भिक जीवन का सुन्दर निवास' छोड़कर मनु व्यापक कर्मक्षेत्र की तलाश में निकल पड़ते हैं। वन्य जीवन की सरलता के बाद मनु को नये पथ के लिए संघर्ष करना पड़ता है और इस संघर्ष में मनु का व्यक्तित्व एक बार फिर निखरता है। मनु की इस प्रगति का प्रसादजी ने अत्यन्त ओजपूर्ण चित्रण किया है-जैसे 'गहन गुहा से अति अधीर झंझा प्रवाह' निकला हो अथवा 'अस्तित्व के धनु से शून्य को चीरता हुआ लक्ष्य भेद के लिए विषम तीर' चला है या फिर यह 'ज्वलनशील गतिमय पतंग है!' प्रसादजी यहाँ ऊँचे आदर्शों के प्रतीक जड़ पहाड़ों पर मीठा व्यंग करते हुए मनु की गतिशीलता का चित्रण करते हैं।

प्रगति के इस अवसर पर मन के मन में अनेक विरोधी भाव उठते हैं—एक ओर विगत जीवन की ममता पीछे खींचती है तो आगे एकाकीपन का घोर अन्धकार दिखायी पड़ता है। काम की आकाशवाणी के रूप में उनके मन में श्रद्धा को छोड़

आने का पश्चात्ताप भी होता है। मनु का यह अन्तर्द्वन्द्व आरम्भिक चिन्ता से कहीं अधिक जटिल प्रौढ़ और मार्मिक है। 'इड़ा' सर्ग की बौद्धिकता और 'चिन्ता' की भावुक निराशा तथा अतीत-मोह की तुलना से यह बात अच्छी तरह स्पष्ट हो सकती है 'जीवन निशीथ के अन्धकार' में सन् तीस के बाद की मध्यवर्गीय मनःस्थिति की सारी वेदना साकार हो उठी है। इस 'दुखमय जीवन का प्रकाश' भी अद्‌भुत विरोधाभास है।

पावस रजनी में जुगनू गण को दौड़ पकड़ता मैं निराश
उन ज्योतिकणों का कर विनाश!

ऐसी ही मनःस्थिति में मनु की आंखों के सामने उजड़ा सूना सारस्वत नगर प्रान्त आता है। सरस्वती नदी के किनारे बैठे-बैठे मनु को सारस्वत नगर के विध्वंस की विगत स्मृति ताजा हो आती है। जिस प्रकार देव सभ्यता जल प्लावन से नष्ट हुई थी, उसी प्रकार सारस्वत नगर देवासुर संग्राम से नष्ट हुआ। प्रसाद के अनुसार यह देवासुर संग्राम भी एक प्रतीक है। वस्तुतः यह आत्मवादी और बुद्धिवादी विचारधाराओं का संघर्ष है जिनमें से एक भोगवादी है तो दूसरी दुखवादी।

सारस्वत नगर का यह संघर्ष वस्तुतः श्रद्धा और मनु के संघर्ष का दूसरा को पहलू है। इसीलिए सारस्वत नगर के विगत संग्राम की याद आते ही मनु लगता है कि—

वह पूर्व द्वन्द्व परिवर्तित हो मुझको बना रहा अधिक दीन
सचमुच मैं हूँ श्रद्धाविहीन।

अन्तर्द्वन्द्व की इसी स्थिति में मनु के सामने सारस्वत नगर की रानी इड़ा उपस्थिति होती है। इड़ा मनु के मानसिक पश्चात्ताप को क्षण भर में दूर करती है, बुद्धिविवेक से काम लेने का परामर्श देती है। दूसरे शब्दों में मनु बुद्धिविवेक के आधार पर श्रद्धा को त्यागने की पीड़ा मन से निकाल फेंकते हैं और आगे कर्म करने के लिए अग्रसर होते हैं।

ध्यान देने की बात है कि महाप्रलय के बाद मनु की चिन्ता भावुक आत्मविश्वास से दूर हुई थी लेकिन इस बार की चिन्ता बुद्धिविवेक से शमित हुई। वह छायावाद के उदय काल की मनःस्थिति थी और यह प्रगतिवाद के उदय काल की अथवा छायावाद के अन्तिम समय की है।

बुद्धि के बल से मनु ने सारस्वत नगर का पुनर्निर्माण किया; विज्ञान के द्वारा उन्होंने प्रकृति पर विजय प्राप्त की; उत्पादन के बड़े-बड़े यन्त्र खड़े किये; और लोक-कल्याण के लिए प्रजातन्त्र की स्थापना की। इन सभी का अर्थ है औद्योगिक क्रान्ति तथा आधुनिक प्रजातन्त्र की स्थापना।

पश्चात् मनु में अधिनायकशाही की भावना उत्पन्न होती है। इसका प्रारम्भ इड़ा पर अधिकार जमाने की भावना से होता है। दूसरे शब्दों में यह बुद्धि पर बलात्कार है। यहाँ प्रसादजी ने दिखाया है कि किस प्रकार प्रजातन्त्र से ही फ़ासिज्म पैदा हुआ। इसकी परिणति प्रजातन्त्र और फासिज्म के संघर्ष के रूप में होती है जिसे प्रसादजी ने एक ओर मनु तथा दूसरी ओर सारी जनता, इड़ा और समस्त प्राकृतिक शक्तियों को मानकर चित्रित किया है।

सारस्वत नगर की वैज्ञानिक सभ्यता की आलोचना प्रसादजी ने ज्ञान, इच्छा और क्रिया को अलग-अलग स्थित त्रिपुर प्रतीक से भी की है। कहने को तो ये त्रिपुर आकाश में हैं परन्तु वस्तुतः इनका भी सम्बन्ध सारस्वत नगर से ही है।

ज्ञान दूर कुछ क्रिया भिन्न है
इच्छा क्यों पूरी हो मन की
एक दूसरे से न मिल सकें
यह विडम्बना है जीवन की

कामायनी की इन पंक्तियों को इलियट के 'हॉलो मेन' कविता की निम्न-लिखित पंक्तियों के साथ रखकर समझा जा सकता है—

बिट्वीन द आइडिया
एण्ड द रिएलिटी
बिट्वीन द मोशन
एण्ड द एक्ट
फ़ाल्स द शेडो!

परन्तु प्रसादजी का त्रिपुर-प्रतीक इलियट से कहीं अधिक वितात्मक और उदात्त है। जहाँ प्रसादजी ने इन तीनों लोकों के अलगाव का चित्रण किया है, वहाँ तक तो यथार्थ है लेकिन ज्यों ही वे श्रद्धा की ऐन्द्रजालिक स्मिति से इन तीनों को आकाश में मिला देने का प्रयत्न करते हैं वह कल्पना निर्मित प्रतीत होती है। इसीलिए त्रिपुर का वास्तविक चित्रण जहाँ आकर्षक है, वहाँ काल्पनिक चित्रण नीरस है।

सारस्वत नगर के राजा प्रजा संग्राम में प्रसादजी की यथार्थ दृष्टि ने राजा के विरुद्ध प्रजा की शक्ति तथा उसके विवेक को विजयी दिखाया है। प्रसादजी के चित्रण से साफ है कि इसमें सारा दोष मनु के अहंवाद और एकाधिकार-भावना का है, इड़ा का दोष तनिक भी नहीं है। फिर भी श्रद्धा के मुख से प्रसादजी ने सारा दोष इड़ा को दिलवाया है। श्रद्धा के लिए यह स्वाभाविक है कि वह अपने पति को दोष देने की

जगह अपनी सौत को ही दोष दे, लेकिन काई जरूरी नहीं है कि सभी लोग भावुक श्रद्धा की बात का विश्वास कर लें। यहाँ मनु और श्रद्धा की अपेक्षा इड़ा का चरित्र अधिक ऊँचा दिखायी पड़ता है।

दूसरी ओर मनु का अत्यन्त लज्जाजनक रूप सामने आता है। एक तो उन्हें अपने किये का कोई पश्चात्ताप नहीं, दूसरे वे लौटकर श्रद्धा की शरण लेते हैं और क्षमा माँगते हैं; यही नहीं, वे इड़ा के पास से कहीं दूर भाग जाना चाहते हैं। ये तमाम बातें पराजित मध्यवर्ग के बुद्धि-विरोध और अन्ध श्रद्धा हैं। यूरोप और अमेरिका में आज ऐसे बहुत से लेखक और विचारक हैं जो ईसाइयत की अन्ध श्रद्धा के विरुद्ध वैज्ञानिक बुद्धिवाद को जन्म देने के बाद अब फिर उस अन्ध श्रद्धा में लौट जाना चाहते हैं। हमारे यहाँ भी ऐसे लोग निकल रहे हैं।

परन्तु वास्तविकता के अन्तर्द्रष्टा प्रसादजी ने निर्भ्रान्त रूप से यहाँ दिखलाया है कि मनु और श्रद्धा के कैलास भाग जाने से मानव जाति का इतिहास समाप्त नहीं हो गया। जिस जनता ने प्राकृतिक शक्तियों के द्वारा अधिनायकशाही को हराया और बुद्धि का उद्धार किया उसका विकास रुक कैसे सकता है? मानव-विकास की इस तीसरी मंजिल पर मनु का पुत्र मानव आता है। जिस तरह मनु देवसभ्यता के ध्वंसावशेष थे, उसी प्रकार मानव मनु की प्रजातान्त्रिक सभ्यता का अवशेष है।

ध्यान देने की बात है कि मनु के घायल होने का सारा दोष इड़ा को देते हुए भी श्रद्धा ने अपने पुत्र 'मानव' को इड़ा के ही हाथों सौंपने में कल्याण समझा। यह पूर्वग्रह के ऊपर वास्तविकता की विजय का प्रमाण है। पलायनवादी अन्धश्रद्धावादी मनु के विपरीत मानव बुद्धिवादी नयी पीढ़ी का प्रतीक है।

इन तमाम बातों से एक बात स्पष्ट है कि यदि वास्तविकता के साथ साहित्यकार का सम्बन्ध घनिष्ठ हो तो उसकी इच्छा के बावजूद रचना में वास्तविकता का प्रभावशाली चित्रण हो जाता है। अपनी ओर से प्रसादजी ने कैलास पर मनु की यात्रा तथा श्रद्धावाद की ही स्थापना करनी चाही है लेकिन मानवता का भविष्य इड़ा और मानव के हाथ दिखायी पड़ता है। अपनी ओर से प्रसादजी ने शान्त, स्थिर, अहिंसावादी श्रद्धा को श्रेष्ठ बताया है लेकिन कार्यों से इड़ा अधिक प्रेरणादायिनी दिखायी देती है।

जो कार्य श्रद्धा नहीं कर सकी उसे इड़ा ने पूरा किया और आगे भी उसने मानव के द्वारा उस कार्य को आगे बढ़ाने का व्रत लिया। इसके विपरीत श्रद्धा ने मनु को भावुक ढंग से आत्मविश्वास तो दिया लेकिन स्वतन्त्र व्यक्तित्व के अभाव में वह मनु के लिए सहायक न हो सकी और अन्त में जब उसने सहायता की भी तो मनु को निष्क्रिय बनाने में।

इस प्रकार कामायनी के प्रतीकों की व्याख्या से पता चलता है कि प्रसादजी

ने इनके माध्यम से आधुनिक भारतीय जीवन की वास्तविकता चित्रित की है। जिस क्रम से वास्तविकता में परिवर्तन होता गया है, उसी क्रम से उन्होंने प्रतीकों के रूप और अर्थ में भी परिवर्तन किया है। इस दृष्टि से प्रसादजी के प्रतीक सर्वथा नये हैं क्योंकि ये परिवर्तनशील तथा विकासशील प्रतीक हैं। जो इन प्रतीकों की गतिशीलता नहीं समझते, उन्हें कामाथनी कठिन प्रतीत होती है। जो अपने जड़ विचारों के पैमाने से कामायनी को मापने की कोशिश करते हैं, उन्हें पहले अपने दिमाग में हरकत पैदा करनी चाहिए।

इसमें कोई शक नहीं कि कामायनी के प्रतीक एक हद तक छायावादी आवरण से ढँके हुए हैं लेकिन दूसरी ओर उनमें अपने युग की जीवन्त समस्याओं का स्पन्दन भी है। प्रसादजी ने अपने युग की वास्तविकता को इतने व्यापक सामाजिक परिवेश में तथा भावना के गहरे स्तरों के साथ चित्रित किया है कि इन प्रतीकों में युग-युग को रसमग्न और प्रेरित करने की क्षमता आ गयी है। इतने विशाल आधार पर इतने चित्रात्मक ढंग से आधुनिक समाज का संघर्ष किसी हिन्दी काव्य में चित्रित नहीं हुआ है, और जहाँ तक मेरी जानकारी है अन्य भाषाओं में भी शायद ही कोई ऐसी कविता मिले। इलियट की 'वेस्टलैण्ड' अत्यधिक व्यंगात्मक, प्रसंगगर्भी और प्रतीकात्मक होते हुए भी मानव विकास के भविष्य की ओर इतना विवेकपूर्ण और आस्थापूर्ण संकेत नहीं करती।

पारस्परिक सापेक्षता और कथा प्रवाह में इन तीनों प्रतीकों का अध्ययन कर लेने के बाद अब इनमें से कुछ को अलग-अलग लेना ठीक होगा।

सबसे दिलचस्प प्रतीक है सारस्वत नगर जो इलियट के 'वेस्टलैण्ड' की याद दिलाता है। परन्तु दोनों में अन्तर भी काफी है। इलियट का 'वेस्टलैण्ड' यूरोप—विशेषतः इंग्लैण्ड—की ह्रासोन्मुखी बूर्ज्व सभ्यता का प्रतीक है जबकि प्रसाद का 'सारस्वत नगर' भारत के विकासोन्मुख राष्ट्र जागरण का प्रतीक है। सारस्वत नगर के वर्ग-भेद, ज्ञान-इच्छा-क्रिया-भेद आदि की आलोचना करते हुए भी प्रसादजी ने उसके वैज्ञानिक विकास, औद्योगिक उत्थान तथा लोक संगठन की प्रशंसा की है। इसके साथ ही उन्होंने अधिनायकवाद की पराजय तथा जनशक्ति की विजय का चित्रण करके भारतीय स्वाधीनता के भावी रूप की ओर भी संकेत किया है।

कामायनी का सबसे अधिक विवादग्रस्त प्रतीक है इड़ा। प्रसादजी के विशेष दृष्टिकोण के बावजूद वैज्ञानिक बुद्धि के प्रतीक इड़ा की विजय होती है। फिर भी आलोचकों ने इड़ा की उपेक्षा की है। जिन लोगों के संस्कार छायावादी भावुकता से निर्मित हैं उन्हें इड़ा की तेजी बर्दाश्त नहीं होती। लेकिन जैसे-जैसे समाज और साहित्य की प्रगति होती जायेगी, नयी पीढ़ी के युवक इड़ा के महत्त्व को समझते जायेंगे।

इड़ा के विपरीत कामायनी के प्रेमी श्रद्धा का प्रचार करते अधिक दिखायी पड़ते हैं और 'नारी तुम केवल श्रद्धा हो' वाला छन्द उनकी जबान पर रहता है। बहुत से लोग इसी को कामायनी का सन्देश भी बताते हैं। ये लोग वस्तुतः नारी पराधीनता के प्रचारक हैं और प्रसादजी के मोहक शब्दों की आड़ में अपने पुरुषत्व का अधिकार प्रतिष्ठित करना चाहते हैं।

कामायनी का सबसे विचित्र प्रतीक है काम, जिसको प्रसादजी ने जीवन की मूल शक्ति तथा मानव सभ्यता की आदि वासना के रूप में चित्रित किया है। ऐसा प्रतीत होता है कि काम की इस कल्पना के मूल में फ्रायड की सेक्स सम्बन्धी मान्यता का गहरा प्रभाव है। प्रसादजी ने रोमॅण्टिक प्रेम भावना को फ्रायड के सहारे एक सैद्धान्तिक रूप देने का प्रयत्न किया है।

मनु कामायनी का केन्द्रीय प्रतीक है जिसकी चिन्ता, असन्तोष, साहसिकता, ज्ञान की पिपासा, प्रगति की आकांक्षा, निरन्तर कर्म की प्रवृत्ति, सौन्दर्य-मुग्धता, प्रेम-भावना इत्यादि आधुनिक भारतीय युवक की स्वस्थ भावनाओं का प्रतिनिधित्व करती है। दूसरी ओर उसका एकाकीपन, अहं भाव, एकाधिकार-भाव, आदर्श लोक में पलायन इत्यादि उसकी दुर्बलताएँ हैं।

इस प्रकार प्रसादजी ने कामायनी में आधुनिक भारतीय सभ्यता के विविध पहलुओं का सजीव चित्रण किया है। इसी माने में कामायनी भारत की आधुनिक सभ्यता का प्रतिनिधि महाकाव्य है।

1955

इतिहास में लोक-साहित्य

"भारतीय हृदय का सामान्य रूप पहचानने के लिए पुराने परिचित ग्राम गीतों की ओर भी ध्यान देने की आवश्यकता है; केवल पण्डितों द्वारा प्रवर्तित काव्य परम्परा का अनुशीलन ही अलम् नहीं है।"—इस बात का अनुभव आचार्य रामचन्द्र शुक्ल ने 'इतिहास' में स्वच्छन्दतावादी नवीन काव्यधारा पर विचार करते समय सम्भवतः सं. 1986 वि. के आसपास ही किया। परन्तु इस दृष्टि से हिन्दी साहित्य के इतिहास का अध्ययन अभी तक नहीं हो सका। स्वयं शुक्लजी ने सूरदास के पदों और जायसी के पद्मावत के आख्यान का विश्लेषण करते समय सांकेतिक रूप से लोक-साहित्य के प्रभावों का उल्लेख किया है। सूरदास के पदों के विषय में वे लिखते हैं कि "अतः सूरसागर किसी चली आती हुई गीत-काव्य परम्परा का—चाहे वह मौखिक रही हो—पूर्ण विकास-सा प्रतीत होता है।" इसी प्रकार जायसी के 'पद्मावत' पर उनका कहना है कि "उत्तर भारत विशेषतः अवध में, 'पद्मिनी रानी और हीरामन सुए' की कहानी अब तक प्रायः उसी रूप में कही जाती है जिस रूप में जायसी ने उसका वर्णन किया है।... इस सम्बन्ध में हमारा यही अनुमान है कि जायसी ने प्रचलित कहानी को लेकर सूक्ष्म व्योरों की मनोहर कल्पना करके, उसे काव्य का सुन्दर स्वरूप दिया है।" ये बिखरे सूत्र उपयोगी हैं। परन्तु आवश्यकता है इस दृष्टि से सम्पूर्ण हिन्दी साहित्य के इतिहास की प्रवहमान धारा में पाये जानेवाले लोक-साहित्य के तत्त्वों के खोजने की। यह कार्य इतिहास की असावधानी, आलस्य या अज्ञान के कारण ही नहीं रुका रहा, बल्कि लोक-साहित्य सम्बन्धी अध्ययन का दृष्टिकोण ही कुछ और था।

हमारे यहाँ लोककथाओं, लोकगीतों तथा लोकप्रथाओं का अध्ययन 19वीं शती के उत्तरार्ध में सम्भवतः ईसाई मिशनरियों ने आरम्भ किया। ये मिशनरी यूरोप के उन देशों से आये थे जहाँ औद्योगिक उत्थान, मध्यवर्ग का उदय तथा राष्ट्रीयता की जागृति बहुत पहले ही हो चुकी थी और इसलिए उनके यहाँ लोक-साहित्य का अध्ययन बहुत पहले ही आरम्भ हो चुका था। हमारे देश में धर्म-प्रचार करते समय

उन्होंने प्रायः अपना क्षेत्र पिछड़ी हुई आदिम जातियों के बीच बनाया। धर्म-प्रचार के लिए आवश्यक था कि उन जातियों की भाषा और संस्कृति से परिचय हो। इसलिए उन्होंने उन जातियों की भाषा, साहित्य तथा प्रथाओं का अध्ययन किया। उन जातियों से सजातीयता अथवा बन्धुत्व का मधुर सम्बन्ध न होने के कारण उस अध्ययन में भी वह तन्मयता, भावुकता तथा सहृदयता न आ सकी। प्रायः सारी सामग्री तथ्यपरक रही। यों जंगलों और पहाड़ों में निवास करनेवाली जातियों का साहित्य कल्पना मात्र से ही मन में रोमानी भाव भरने के लिए काफी है। लेकिन ईसाई मिशनरियों की यह तथा-कथित वैज्ञानिक सामग्री प्रायः जड़ 'म्यूज़ियम रुचि' की ही वस्तु रही और इसलिए साहित्य के इतिहासकारों को प्रत्यक्ष प्रेरणा न दे सकी। उसके प्रेरणादायक न हो सकने का एक कारण यह भी है कि उसमें अधिकांश सामग्री हिन्दी साहित्य के भौगोलिक क्षेत्र के बाहर की थी।

लोक-साहित्य के अध्ययन की ओर सहज भाव से स्वदेशी मध्यवर्ग राष्ट्रीय आन्दोलन आरम्भ होने के बाद ही उन्मुख हुआ। इसका श्रेय गांधीजी को है। पं. रामनरेश त्रिपाठी को उसी लहर से प्रेरणा मिली और वे इस क्षेत्र के पहले नहीं तो प्रारम्भ करनेवालों में एक हैं ही, जिन्होंने लोक-साहित्य का संग्रह किसी डिग्री के लिए नहीं बल्कि रुचि और रस वश किया। उनके बाद इसी के पीछे पड़नेवाले देवेन्द्र सत्यार्थी का दृष्टिकोण बहुत कुछ रोमाण्टिक ही रहा। इसीलिए इन अध्येताओं का ध्यान प्रायः लोकगीतों तक ही सीमित रहा। यह अध्ययन भी इतिहास लेखन के कार्य में विशेष उपयोगी न हो सकता था। अवश्य ही इससे काव्य-रचना में बहुत सहायता मिल सकती थी जैसा कि त्रिपाठीजी ने करके दिखा भी दिया।

शुक्लजी का इतिहास ऐसे ही युग में लिखा गया। इसीलिए उनकी दृष्टि अपने युग के स्वच्छन्दतावादी काव्य तथा लोकसाहित्य के सम्बन्धों पर तो गयी लेकिन अतीत की काव्य-परम्परा में लोक-साहित्य के समुचित योग की ओर न गयी। भाषा के विकास में लोक-योग की ओर तो उनका ध्यान गया क्योंकि प्राकृत-अपभ्रंश आदि की सामग्री प्राप्त होते ही यूरोपीय विद्वानों ने 19वीं सदी के उत्तरार्ध में ही इस तथ्य की ओर ध्यान दिया था, लेकिन साहित्य के इतिहास में यह सहयोग अनदेखा रहा। साहित्य के क्षेत्र में शुक्लजी का ध्यान अतीत की अपेक्षा वर्तमान और भविष्य की गतिविधि का ही विधान करता दिखा : "जब-जब शिष्टों का काव्य पण्डितों द्वारा बँधकर निश्चेष्ट और संकुचित होगा तब-तब उसे सजीव और चेतन प्रसार देश की सामान्य जनता के बीच स्वच्छन्द बहती हुई प्राकृतिक भावधारा से जीवन तत्त्व ग्रहण करने से ही प्राप्त होगा।" इतना ही नहीं, उनकी सूक्ष्म दृष्टि ने इस विषय में आगे बढ़कर "उस स्वाभाविक भावधारा के ढलाव की नाना अन्तर्भूमियों को परखकर

शिष्ट काव्य के स्वरूप का पुनर्विधान करने" की दिशा बनायी—ऐसा पुनर्विधान जो "सामंजस्य के रूप में हो, अन्ध प्रतिक्रिया के रूप में नहीं।"

लोक-साहित्य के अध्ययन का अगला चरण वह आता है जब राष्ट्रीय आन्दोलन में लोक-शक्तियाँ आगे बढ़कर भाग लेती हैं और जनता सम्पूर्ण राजनीतिक तथा सांस्कृतिक आन्दोलनों का केन्द्र हो जाती है, स्वतन्त्रता का स्वरूप अधिक स्पष्ट होता है, लोकतन्त्र की मान्यता अधिक विस्तृत होती है। यह परिवर्तन लगभग इस शती के चौथे दशक से दिखायी पड़ता है। इस भूमिका में लोक-साहित्य हमारी रोमानी भावना का उत्तेजक और उत्प्रेरक मात्र नहीं रहता बल्कि वह युगनिर्माता प्रतीत होता है, क्योंकि स्वयं लोकशक्तियाँ भी इतिहास-विधायक रूप में प्रकट होती हैं। उस समय महापण्डित राहुल सांकृत्यायन, डा. वासुदेवशरण अग्रवाल, पं. बनारसीदास चतुर्वेदी आदि की जनपदीय योजना तथा अखिल भारतीय प्रगतिशील लेखक संघ के जनपदीय कार्य-क्रम का आरम्भ इसी चेतना की सूचना देता है। इसी काल में विश्व-विद्यालयों ने इस विषय के निबन्धों के लिए स्वीकृति और सम्मान दिया।

इस भूमिका में साहित्य के इतिहासकारों का ध्यान आकर्षित होना स्वाभाविक है। परन्तु ध्यान आकृष्ट होना काफी नहीं है। उसके लिए यथोचित सामग्री तथा वैज्ञानिक ऐतिहासिक दृष्टि भी आवश्यक है। जहाँ तक सामग्री का सम्बन्ध है, वह बहुत कम है। राजस्थान के विद्वानों ने इस दिशा में अवश्य कुछ काम किया है। परन्तु जब तक अलग-अलग सभी जनपदों की लोक-कथाओं और गीतों का संग्रह नहीं हो जाता तब तक न तो उस सामग्री का तुलनात्मक अध्ययन ही हो सकता है और न उसके कालान्तर जन्य स्तरों का विश्लेषण ही। पर्याप्त सामग्री के अभाव में सामान्य नियम चालू करना खतरे से खाली नहीं है।

सामग्री-संग्रह के साथ-साथ उस ऐतिहासिक पद्धति का भी अभ्यास होना आवश्यक है जिससे प्राप्त सामग्री का उपयोग किया जा सके। इस विषय में अन्य देशों में होनेवाले कार्यों तथा अनुभवों से लाभ उठाना स्वाभाविक है। इस पद्धति के स्पष्टीकरण से सामग्री-संग्रह में भी सहायता मिल सकती है। अस्तु।

सबसे पहली बात जो ध्यान देने योग्य है वह यह कि लोक-साहित्य तथा शिष्ट साहित्य का सम्बन्ध लोक और 'शिष्ट' मानव-समूहों के सम्बन्ध पर निर्भर है; और चूंकि ये सामाजिक सम्बन्ध क्रमशः बदलते रहते हैं इसलिए लोक-साहित्य और शिष्ट साहित्य के सम्बन्ध भी तदनुरूप परिवर्तित होते रहे हैं। इसी से यह सिद्धान्त उत्पन्न होती है कि शिष्ट साहित्य की तरह लोक-साहित्य भी क्रमशः बदलता रहा है। लोक-साहित्य कोई स्थिर वस्तु नहीं है। यह इसलिए कहना पड़ता है कि अनेक विद्वान बिना काल भेद के लोक-साहित्य का संग्रह और उपयोग करते हैं।

इस ऐतिहासिक विकासक्रम की बात ध्यान में न रखने के कारण प्राय: 'लोक-साहित्य' को 'आदिम-साहित्य' और 'जन-साहित्य' के साथ घपला दिया जाता है।

'आदिम-साहित्य' सामान्य जन के उस युग का साहित्य है जब मानव समाज का संघटन अत्यन्त घनिष्ठ और उच्चकोटि की पारस्परिक सहकारिता पर आधारित था, नगर और गाँव का विभाजन न था; समाज शिष्ट और सामान्य व्यक्तियों में विभाजित न था अथवा था भी तो वह विभाजन बहुत तीव्र न था। रुचिभेद भी इतने बड़े पैमाने पर न था। यद्यपि आधुनिक युग ने वर्तमान आदिवासी जातियों को बहुत कुछ प्रभावित कर दिया है फिर भी उनके साहित्य से 'आदिम-साहित्य' का अनुमान किया जा सकता है। परन्तु 'लोक-साहित्य' इसके बादवाले उस युग का साहित्य है जिसमें शिष्ट और सामान्य का भेद स्पष्ट और क्रमश: स्पष्टतर होता गया। 'लोक-साहित्य' शब्द से ही उसके समानान्तर किसी 'शिष्ट-साहित्य' के अस्तित्व का आभास मिलता है। 'लोक-साहित्य' आदिम साहित्य की अपेक्षा अधिक विकसित समाज व्यवस्था की उपज है। फिर भी 'लोक-साहित्य' ने 'आदिम-साहित्य' की विरासत सँभाली, जैसे—प्रतीकों, काव्यरूढ़ियों, कथानक रूढ़ियों, आदि के अतिरिक्त मुख्य विरासत है किंवदन्तियाँ गढ़ना (मिथ मेकिङ्)।

इधर जब से 'जन-साहित्य' शब्द का प्रचलन हुआ है, 'लोक-साहित्य' की सीमारेखा निर्धारित करने के लिए उसका भी ध्यान रखना आवश्यक हो उठा है। पार्थक्य की स्पष्ट रेखा खींचने की कठिनाई के बावजूद इतना तो कहा ही जा सकता है कि 'जन-साहित्य' औद्योगिक क्रान्ति से उत्पन्न समाज व्यवस्था की भूमिका में प्रवेश करनेवाले सामान्य जन का साहित्य है। इसलिए जन-साहित्य लोक-साहित्य से इसी अर्थ में भिन्न है कि लोक-साहित्य जहाँ जनता के लिए जनता ही द्वारा रचित साहित्य है, वहाँ जन-साहित्य जनता के लिए व्यक्ति विशेष द्वारा रचित साहित्य है। 'लोक-साहित्य' जनता द्वारा रचित होता है इसका अर्थ यह नहीं कि सारा जनसमूह एकसाथ बैठकर एक-एक शब्द और पंक्ति गढ़ता है। वस्तुत: लोक-साहित्य भी व्यक्तियों द्वारा रचा जाता है परन्तु वह रचयिता व्यक्ति अपने सम्पूर्ण श्रोता समाज का प्रतिनिधि मात्र होता है; यदि लोक-समाज भावराशि है तो रचयिता व्यक्ति अभिव्यक्ति का माध्यम। प्राय: लोकगीतों की मण्डली में देखा जाता है कि एक व्यक्ति स्वर उठाता है और शेष श्रोता समाज ड्योढ़ा भरकर उसे सहारा देता चलता है। इस प्रकार श्रोता समूह अपनी सुगमता और रुचि के अनुकूल व्यक्ति-रचित कहानियों और गीतों का यथास्थान संशोधन भी करता चलता है। लोककथाओं और गीतों में पाठभेद तथा उनके रचयिताओं के अज्ञात या अनाम होने का यही रहस्य है। अस्तु, लोक-साहित्य में रचयिता व्यक्ति जनसमूह का माध्यम मात्र है जब कि जन साहित्य में रचयिता

व्यक्ति का अपना वैशिष्ट्य है। ऐसा इसलिए हुआ कि औद्योगिक समाज में पहले की अपेक्षा व्यक्ति स्वातन्त्र्य अथवा व्यक्तिवाद अधिक आ गया है। 'जन-साहित्य' का ढाँचा भी लोक-साहित्य से भिन्न होता है; वह लोक-साहित्य की तरह मौखिक नहीं होता बल्कि प्रेस द्वारा मुद्रित और प्रकाशित होता है। संक्षेप में 'जन-साहित्य' शिष्ट व्यक्ति द्वारा रचा हुआ वह साहित्य है जो सह-संवेदन के फलस्वरूप सामान्य जन के लिए अभिव्यक्त होता है।

आदिम-साहित्य और जन-साहित्य से लोक-साहित्य का अन्तर स्पष्ट हो जाने के बाद लोक-साहित्य की परिवर्तनशील गतिविधि को लेना चाहिए।

प्राय: लोग लोक-साहित्य को आधुनिक युग से पूर्व तक की ही वस्तु समझते हैं और उनके संकलित गीतों का अधिकांश आधुनिक युग की उपज नहीं है, बल्कि वे मध्ययुग से ही परम्परया चले आ रहे हैं। इसमें कोई शक नहीं कि मशीनी युग ने लोक-साहित्य, विशेषत:—लोकगीतों की रचना को गहरा धक्का पहुँचाया है। यह धक्का हमारे देश में अभी उतना महसूस नहीं होता जितना यूरोपीय देशों में। शक्ति अर्जित करके फिर श्रम में तत्पर होने के लिए—चाहे वह चक्की का गीत हो, चाहे रोपनी का; चाहे मछुए का गीत हो या गाड़ीवान का सबमें यह बात पायी जाती है। लेकिन बिजली से चलनेवाली आटे की चक्की ने पुरानी चक्की के गीतों की भावुकता समाप्त कर दी। इसी प्रकार जहाजरानी और रेल ने हमारे देश के मध्ययुगीन नौका व्यापार को इतनी गहरी ठेस पहुँचायी कि अब नावों की लम्बी यात्रा भी समाप्त हो गयी और उसके साथ उन यात्राओं की कहानियाँ और गीत भी चले गये। अब तो 'एंशिएंट मैरिनर' जैसी शिष्ट साहित्य की रोमानी कहानियों में ही उनकी याद रह गयी। इस तरह मध्ययुग की साजसज्जा के साथ ही मध्ययुग के लोकगीतों के बीज भी धीरे-धीरे लुप्त हो रहे हैं। पर पुरातन का ध्वस जिस गति से हुआ, उसी गति से अधुनातन का निर्माण नहीं हुआ। आधुनिक युग की मशीनों से हमारा रागात्मक सम्बन्ध इतना गाढ़ा नहीं हो सका है कि वे लोकगीतों के प्रेरक बन सकें। बिजली की रोशनी फैल चली है, फिर भी मिट्टी का दीया ही हमारी कल्पनाओं और भावनाओं का सम्बल है। संदेशवाहन के लिए डाकतार की नवीन व्यवस्था हो गयी है फिर भी शुक-सारिका हंस आदि पक्षियों के द्वारा सन्देश भेजने की मोहक कल्पना आज भी मन को रोमांचित करती है। फिर भी इन मशीनों के प्रतिक्रिया स्वरूप अनेक लोकगीत रचे गये हैं जिनमें कहीं रेल को सौत कहा गया है तो कहीं उसे बॅरी। सम्भव है मशीनों के सम्पर्क में रहनेवाले श्रमजीवियों के लोक-साहित्य में मशीनों से प्रभावित उपमाओं और कल्पनाओं को स्थान मिले। आज भी स्त्रियों के गीतों में प्राचीनता की छाप अधिक है। पुरुषों के गीत अपेक्षाकृत अधिक सामयिक और अधुनातन हैं।

अपने युग की राजनीतिक और सामाजिक घटनाओं को प्रतिध्वनित करने में वर्तमान लोक-साहित्य शिष्ट साहित्य से किसी प्रकार कम नहीं है।

लोक-साहित्य के क्रमिक विकास की ओर ध्यान रखते हुए भी हमें यह न भूलना चाहिए कि लोक-साहित्य शिष्ट-साहित्य की अपेक्षा बहुत ही परम्परा-विहित होता है। जिस प्रकार हमारे कृषि के साधनों और ग्राम संगठन के आधारों में बहुत कम परिवर्तन हुआ है, उसी प्रकार हमारे लोक-साहित्य के ढाँचे में भी। 'सोने की थाली में जेवना परोसलिउँ' तथा 'लौंग खिली खिली विरवा लगवलिउँ' पंक्तियाँ प्रायः सभी भोजपुरी लोकगीतों में भोजन के प्रसंग में निरपवाद रूप से आती हैं। इसी रूढ़ि-निर्वाह के कारण लोकप्रथाओं के अध्ययन के लिए लोक-साहित्य सर्वाधिक उपयोगी समझा जाता है।

लोक-साहित्य की इन विशेषताओं को ध्यान में रखकर ही शिष्ट साहित्य से उसके सम्बन्धों पर विचार करना उचित होगा।

साहित्य के इतिहास में दोनों का पारस्परिक सम्बन्ध स्थापित करते हुए तीन बातों से सावधान रहना चाहिए। एक तो यह कि हर जगह शिष्ट साहित्य पर लोक-साहित्य का प्रभाव खोजना गलत होगा, दूसरा यह कि शिष्ट-साहित्य अपने समसामयिक लोक-साहित्य से ही प्रभाव ग्रहण नहीं करता बल्कि कभी-कभी वह लोक-साहित्य की अतीत सम्पदा का भी उपयोग करता है। ऐसे स्थलों पर समसामयिकता का मोह छोड़ना ही अधिक युक्तिसंगत होगा। तीसरा यह कि साहित्य के इतिहास के निर्माण में लोक-साहित्य ही सब कुछ नहीं है बल्कि वह अनेक विधायक-तत्त्वों में से एक है। इससे इतिहास में अनेक गुत्थियाँ सुलझ सकती हैं और महान युगों की जीवनी शक्ति का पता चल सकता है। इतिहास के ह्रास युग और उत्थान युग के तुलनात्मक मूल्यांकन में भी लोक-साहित्य के न्यूनाधिक प्रभाव का विश्लेषण उपादेय होता है; क्योंकि प्रायः उत्थान युग का साहित्य लोक-साहित्य के अधिक निकट पड़ता है।

इस दृष्टि से हिन्दी साहित्य के इतिहास का अध्ययन करने से पता चलता है कि आरम्भिक नाराशंसी वीरकाव्यों तथा प्रेमगीतों पर राजस्थानी लोक-वार्ताओं का गहरा प्रभाव है। यद्यपि रासो काव्यों के कथानक में प्रायः पूर्व-परम्परागत संस्कृत, प्राकृत और अपभ्रंश युग की प्रसंग-रूढ़ियों का निर्वाह है, फिर भी उनमें ऐसी अनेक लोकप्रचलित किंवदन्तियाँ दी गयी हैं जो पौराणिक परम्परा से भिन्न हैं। परन्तु विरुद काव्यों से कहीं अधिक उस युग के प्रेमकाव्य लोकगीतों से प्रभावित हैं—प्रभावित क्या, प्रायः लोकगीतों के ही संग्रह हैं। 'ढोला मारू रा दूहा' ऐसा ही लोककाव्य है। ऐसा प्रतीत होता है कि ये काव्य मौखिक परम्परा से बहुत दिनों तक सामान्य जन के बीच गाये जाते रहे हैं, फिर कुछ लोगों ने कालान्तर में उन्हें लिपिबद्ध कर दिया।

अथवा किसी प्रतिभा-सम्पन्न सुशिक्षित कवि ने उनको अपनाकर परिष्कृत रूप दे दिया। 'पालि' की थेरी गाथाओं के ललित गीत, प्राकृत की 'गाहा सत्तसई' अपभ्रंश में मुंज के दोहे तथा 'संनेस रास' आदि ऐसे ही काव्य हैं।

आदि युग के इन मौखिक लोकगीतों तथा प्रेमाख्यानों की पृष्ठभूमि पर हिन्दी के सन्त और भक्ति काव्य का उदय हुआ। कबीर ने अनेक प्रचलित ऐहिक प्रेमगीतों को आध्यात्मिक छौंक देकर ज्यों का त्यों अपना लिया। कबीर के अनेक दोहे 'ढोला मारू' काव्य में ज्यों के त्यों मिलते हैं—

अंबर कुंजाँ कुरलियाँ गरजि भरे सब ताल।
जिनपै गोविन्द बीछुटे तिनको कौण हवाल॥

(कबीर)

राति जु सारस कुरलिया गुंजि रहे सब ताल।
जिनकी जोड़ी बीछड़ी, तिणका कवण हवाल॥

(ढोला.)

यह तन जालौं मसि करौं, धूवाँ जाइ सरग्गि।
मति वै राम दया करें, बरसि बुझावै अग्गि॥

(कबीर)

यहु तन जारी मसि करूँ, धूँआ जाहि सरग्गि।
मुझ प्रिय बद्दल होइ करि, बरसि बुझावइ अग्गि॥

(ढोला.)

और मुहावरों तथा पदावली के ग्रहण का तो कहना ही क्या? उनमें से कुछ तो ऐसी हैं, जिनकी परम्परा बड़ी पुरानी प्रतीत होती है क्योंकि उसे कई कवियों ने दुहराया है. जैसे ढोला काव्य में—

'जे दिन मारू विण गया, दई ण ग्यांन गिणंत।' कहा गया है,

तो कबीर में—

'जे दिन गये भगति बिन ते दिन सालैं मोहि।'

और तुलसीदास के रामचरित मानस में—

'जिन दिन गए राम बिभु देखे। सो विरंचि जनि पारहिं लेखे।'

इसी प्रकार सूरसागर के सम्यक् विश्लेषण से भी अनेक महत्त्वपूर्ण लोक तत्त्वों का पता चल सकता है। सूर के पदों में अनेक प्रसंगगर्भी स्थल ऐसे हैं जो व्रजप्रदेश

की लोकवार्ताओं की ओर संकेत करते हैं। कहावतों और मुहावरों का सहज प्रयोग देखकर साफ मालूम होता है कि सूरदास ने भाषा गढ़ने का प्रयत्न नहीं किया है बल्कि ज्यों-की-त्यों लोकप्रचलित टकसाली भाषा को उठाकर रख दिया है। बाल कृष्ण के प्रति कहे हुए नन्द और यशोदा के वत्सल वाक्य व्यवहार के अतिशय निकट हैं, न कि गढ़े हुए।

'कहा कहत मामी के आगे जानत नानी नानन'

'धान को गाँव पयार तें जानी'...'बहे जात माँगत उतराई'

'घर ही के बाढ़े' 'कत पट पर गोता मारत हो' आदि मुहावरे ठेठ बोलचाल के हैं। सूर के केवल मुहावरों का ही अध्ययन लोकवार्ता के अनेक तत्त्वों को प्रकाश में लाने के लिए काफी है, फिर स्वर लय का अध्ययन तो बारीक बातें हैं।

इसी तरह जायसी और तुलसी का काव्य अवधखण्ड की लोकवार्ताओं की सूक्ष्म देन को प्रतिध्वनित करता है। तुलसीदास ने लोकवार्ताओं के तत्त्वों को कुछ सुसंस्कृत और परिष्कृत कर दिया है किन्तु जायसी में वे बातें उसी कच्चे रूप में मिलती हैं। जायसी ने लोक प्रचलित कथा ही नहीं ली है बल्कि उनका बारहमासा भी लोकगीतों की मौखिक परम्परा से जुड़ा हुआ है। राजरानी नागमती सामान्य कृषक गृहिणी की भाँति वन-वन रोती फिरती है और उसके विलाप के समय सामान्य जनों के प्रतिनिधि कवि जायसी भूल जाते हैं कि वह रानी है। वर्षा में अपने घर को छाने-छोपने की चिन्ता जिस प्रकार कृषक-वधू करती है, उसी प्रकार रानी नागमती भी करती है भले ही वह कथन प्रतीकात्मक हो––

पुष्य नखत सिर ऊपर आवा। हौं बिनु नाह, मन्दिर को छावा॥

'बारहमासा' की परम्परा भी हिन्दी की अपनी है। संस्कृत, अपभ्रंश आदि में षऋतु वर्णन की परम्परा थी, बारहमासा की नहीं। निश्चय ही इसका आधार लोकप्रचलन रहा होगा। जायसी के बारहमासा के दोहे प्रायः स्वतन्त्र से हैं; सम्भव है कवि ने उन्हें लौकिक परम्परा से ज्यों का त्यों उठा लिया हो––

नहिं पावस ओहि देसरा, नहिं हेवन्त बसन्त।
ना कोकिल न पपीहरा, जेहि सुनि आवै कन्त॥

जैसे दोहे का भाव इधर के एक लोकगीत में अब भी मिलता है।

पूरे 'पदमावत' में 'सुआ' का इतना महत्त्व लोक आख्यायिकाओं की याद दिलाता है; संस्कृत काव्यों में शुक की अपेक्षा 'हंस' अधिक ग्राह्य रहा है। विपत्ति पड़ने पर 'गोरा पार्वती' और महादेव जी का आना प्रायः लोक-कथाओं में रूढ़ि बन

गया है जिसे जायसी ने भी अपनाया है। (दे. 22वाँ अध्याय)। पद्मिनी रानी, सिंहल द्वीप, जोगी प्रसंग में गोरखनाथ आदि की ओर संकेत आदि बातें लौकिक परम्परा की रूढ़ियाँ ही हैं। लौकिक परम्परा की दृष्टि से पद्मावत सर्वाधिक समृद्ध ग्रन्थ है—कथानक, कहावत, मुहावरा, काव्योपमा, प्रसंग-सृष्टि, रूप-वर्णन आदि सभी दृष्टियों से वह सजीव लोक कोश है।

तुलसीदास ने शिष्ट साहित्य और लोक साहित्य दोनों ही साहित्यिक परम्पराओं की गंगा-जमुनी छटा निभायी; वहाँ लोक-साहित्य का प्रभाव बहुत छने हुए रूप में उतरा है। फिर भी सोहर आदि ग्रामीण छन्दों में रामचरित की व्यंजना करके उन्होंने अपने लोकानुराग का अच्छा परिचय दिया है।

उस युग में अवध प्रान्त के ठेठ लोकगीतों को जिस कवि ने अत्यन्त मार्मिकता के साथ अपनाया, वे थे 'बरवै नायिका भेद' के रचयिता रहीम। यों तो तुलसीदास ने भी वरवै लिखा है लेकिन रहीम के बरव में गँवई धरती की सहज गन्ध आ बसी है। मामूली स्थिति की दीन-हीन नारी का सुख-दुख उनके बरव में मूर्तिमान हो उठा है—

लै के सुघर खुरपिया पिय के साथ।
छइबै एक छतरिया बरसत पाथ॥
टाट टूट घर टपकत खटियो टूट।
पिय की बाँह सिरहनवाँ सुख कै लूट॥

यह नायिका भेद परवर्ती परपाटीविहित साँचों से भिन्न है और इसमें भारतीय जीवन पूर्ण कटुता तथा माधुर्य के साथ उभर आया है। दरबार में ऊँचे पद पर रहते हुए भी रहीम ने सामान्य जनों की अनुभूतियों को वाणी दी, यह महत्त्वपूर्ण तथ्य है।

शिष्ट साहित्य का लोक-साहित्य से यह सान्निध्य पन्द्रहवीं शती के सांस्कृतिक पुनर्जागरण का परिणाम है, जिसमें सारा भारतीय समाज नीचे से ऊपर तक एक नये ढंग के रागात्मक सम्बन्ध और सहभाव का अनुभव करने लगा था। सन्त और भक्त कवि इस सौमनस्य के अमर गायक थे। जातिभेद और वर्णभेद की खाइयों को मानवता की सरस धारा से अप्लावित करते हुए इन लोकदर्शी कवियों ने साहित्य का वह आदर्श उपस्थित किया जिसमें सामान्य जन का हृदय अपनी पूरी संवेदना के साथ शताब्दियों बाद पहली बार उजागर हुआ। इसी बहुजन-स्पर्शी चेतना तथा सहानुभूति ने भक्तिकाव्य को वह शक्ति दी जो युग-युग तक मानव हृदय को रससिक्त कर सके। उस पराधीन और ह्रास युग में भी उच्चकोटि की काव्य-रचना हुई उसका मुख्य कारण यही है कि ऊपरी धरातल के कीच काच के नीचे अदम्य जनसमूह की अजस्र और व्यापक अन्तः सलिला मौन किन्तु शक्तिशाली रूप में तटवर्ती भूमिभाग

को प्रभावित कर रही थी। ह्रासयुग में भी प्रत्येक महान काव्य की पीठिका में यही प्राणमयी लोकधारा रही है और जिस युग में यह लोकधारा जिस हद तक जागरूक और गतिशील रही है, वह युग उतनी ही श्रेष्ठ कृतियों का जनक रहा है।

सोलहवीं सदी के बाद लगभग दो-ढाई सौ बरसों का हिन्दी साहित्य इस लोकधारा से विच्छिन्न होकर ऊपरी धरातल के पंक में फँसा रहा। इसलिए उस युग के कवि प्रायः पुरानी रूढ़ियों पर इधर-उधर पालिश लगाकर चमक पैदा करते रहे और भाषा की काट-छाँट भी बोलचाल से दूर केवल शिष्टों के मनोरंजन की वस्तु रह गयी। बिहारी के दोहों को इस युग का प्रतिनिधि काव्य मानकर सारी बातें स्पष्ट की जा सकती हैं। बिहारी के अनेक दोहे गाहा सत्तसई, आर्या-सप्तशती आदि पूर्ववर्ती प्राकृत संस्कृत मुक्तकों में ज़रा-ज़रा-सा वैशिष्ट्य लाकर चमत्कृत करते दिखायी पड़ते हैं; परन्तु उनमें गाहासत्तसई की वह ताजगी और सादगी नहीं। ग्रामीणों के प्रति हेठ नजर से देखनेवाले कवि से ऐसे काव्य के अतिरिक्त और आशा ही क्या की जा सकती है! जो कवि यह लिखता हो कि—

सबै हँसत कर तार दै नागरता के नाँव।
गयो गरब गुन कौ सरबु, गएँ गँवारैं गाँव॥

और जिस नागर कवि की सौन्दर्य दृष्टि भी इतनी उच्चवर्गीय हो कि ग्राम वधू की खिल्ली उड़ाये—

नागरि, विविधि बिलास तजि, बसी गवेलिनु माँहि।
मूढनि में गनबी कि तूँ, हठ्यौ दै इठलाहि॥

उससे यह उम्मीद करना बेकार है कि लोक साहित्य से प्रेरणा ग्रहण करे और सामान्य जन के लिए काव्य रचना करे। रीतियुगीन साहित्य की संकीर्णता और निकृष्टता का यही रहस्य है।

पश्चात् 19वीं सदी के सांस्कृतिक पुनर्जागरण के साथ देश में एक बार फिर समाज के विभिन्न स्तरों के अन्तर्वैयक्तिक सम्बन्धों में गर्मी आयी। नयी फ़िजा के साथ नया मध्यवर्ग पैदा हुआ जिसका एक पाँव ग्रामीण संस्कारों में था और दूसरा अपने ऊँचे लोगों में स्थान पाने को उन्मुख। भारतेन्दु का उदय इसी सन्धि-बेला में हुआ जिनके साहित्य में सामान्य जन की भाव-प्रतिमा भलीभांति प्रकट हुई। धीरे-धीरे औद्योगिक विकास के कारण पूरा समाज नगरों और गाँवों में बँट चला। एक ओर स्कूल, कालेज, कचहरी, दफ़्तर आदि में नौकरी पेशा लोगों का समुदाय और दूसरी ओर गाँवों का जातियों, वर्णोंवाला किसान समुदाय। मध्ययुग वाला वह घनिष्ठ

सम्बन्ध टूट चला। भक्तियुग के समाज में जातिभेद, वर्णभेद के बावजूद पारस्परिक सम्बन्ध बना हुआ था। इस युग में जो आर्थिक जाति-व्यवस्था बनी उसमें मालिक, नौकर, शहरी, गँवार की ऐसी भेद-भावना आयी जिसने जन सम्पर्क मात्र के प्रति घृणा जगा दी!

इधर हमारी राष्ट्रीयता ने एक ओर व्यापक क्षेत्र में प्रवेश किया है और उसमें समाज का स्वयं निचला स्तर ही उभरकर योग देने लगा है। इस उभरती हुई सामाजिक चेतना के प्रति सहानुभूति रखनेवाले मध्यवर्गीय कवियों ने नये ढंग की साहित्य-रचना आरम्भ कर दी है। लेकिन ग्राम जीवन से यथेष्ट सहचार्य और सम्पर्क के अभाव में साहित्य के ये नये प्रयत्न सजीव तथा मार्मिक नहीं हो पा रहे हैं। फिर भी इन प्रयत्नों में लोक-साहित्य से प्रेरणा ग्रहण करने की ललक है, इसीलिए इनमें विकास के बीज भी हैं।

संक्षेप में यही है हिन्दी साहित्य के इतिहास में लोक-साहित्य के योगदान की रूपरेखा। अभी इस पर विस्तार से अध्ययन करने की जरूरत है।

1953

इतिहास का नया दृष्टिकोण

मनुष्य अपने इतिहास का ही नहीं, इतिहास-विधायक दृष्टिकोण का भी निर्माण करता है और 'ऐतिहासिक भौतिकवाद' जीवन जगत् के प्रति ऐसा ही सर्वव्यापी दृष्टिकोण है जिसे आधुनिक युग की इतिहास-शिल्पी शक्तियों ने गढ़कर अस्त्र के रूप में अपनाया है। परन्तु अभी तक इसे सम्पूर्ण मानव-जाति नहीं अपना सकी है; कुछ इतिहास-विरोधी शक्तियाँ इसकी प्रगति में बाधा डालने के लिए नित्य नये शगूफे छोड़ रही हैं—कभी खण्डन तो कभी संशोधन; कभी परम्परा के नाम पर उसका बहिष्कार तो कभी उसके पुराने पड़ जाने की शिकायत, आदि आदि। इस तरह के प्रयत्न दर्शन, राजनीति, अर्थशास्त्र, भाषा-विज्ञान आदि अन्य विचार-प्रणालियों की तरह साहित्य में भी हो रहे हैं। तैयार तो हर क्षेत्र में हर पहलू से भ्रान्ति-निवारण के लिए रहना है, परन्तु इस समय मानवात्मा के शिल्पी साहित्यकारों के लिए आवश्यक हो उठा है कि साहित्यिक इतिहास के क्षेत्र में भी उस ऐतिहासिक दृष्टिकोण का निर्वचन करें। इतिहास का वह दृष्टिकोण लोगों के लिए अब अपरिचित नहीं रहा कि उसके मौलिक सिद्धान्तों को दुहराया जाये; प्रत्येक आवश्यकता के सम्मुख उसे प्रस्तुत करना ही प्रयत्न की नवीनता है। आज ऐसे ही प्रयत्न की आवश्यकता है।

परन्तु इतिहास-लेखन का कार्य एकदम नये सिरे से नहीं शुरू करना है। ऐतिहासिक अध्ययन की हमारी अपनी परम्परा है। जब तक हम उस परम्परा का विश्लेषण नहीं कर लेते, हमारा नया प्रयत्न अपूर्ण होगा। नयी परिस्थिति में इतिहास का उपयोग करते समय पूर्ववर्ती इतिहासकारों का अनुशीलन अत्यन्त आवश्यक है।

पिछले सौ वर्षों से हिन्दी-साहित्य के तथाकथित इतिहास-ग्रन्थ निकलते आ रहे हैं और समयानुसार उनके दृष्टिकोणों तथा प्रणालियों में विभिन्नता रही है। उन्नीसवीं सदी के प्रायः सभी इतिहास ग्रन्थ संग्रह हैं। ये संग्रह भी तरह-तरह के किये गये हैं। फ्रांसीसी लेखक गार्सां द तासी ने 'इस्त्वार द ला लितेत्यूर ऐंदुई ऐ ऐंदुस्तानी' (1839 और 1849 ई.) में 70 कवियों का संग्रह वर्णानुक्रम से किया तो शिवसिंह सेंगर ने

'शिवसिंह सरोज' (1877 ई.) में यों ही एक सहस्त्र कवियों का वृत्त एकत्र कर दिया है जिसमें संक्षिप्त जीवनवृत्त के साथ कविताओं के उदाहरण भी हैं। ग्रियर्सन ने 'माडर्न वर्नाक्यूलर लिटरेचर ऑव नॉर्दर्न हिन्दोस्तान' (1889 ई.) में 'शिवसिंह सरोज' की ही सामग्री को कालक्रम से इतिहास का रूप देने की चेष्टा की। इन संग्रहों का प्रयोजन शायद हिन्दी-साहित्य का केवल परिचय देना था और जैसा प्रयोजन वैसा निर्वचन। उन्होंने कुछ प्रसिद्ध और ज्ञात कवियों की सूची छाप दी। यह प्रवृत्ति साहित्य के इतिहास में ही नहीं थी बल्कि उस युग के समस्त ऐतिहासिक दृष्टिकोण का अंग मात्र थी। इतिहास का अर्थ था व्यक्तियों की सूची और उसका उपयोग था कोरी जानकारी प्राप्त करना अथवा अधिक-से-अधिक काव्य के उदाहरणों का रसास्वादन।

आज ऐसे ऐतिहासिक दृष्टिकोण के उपयोग का सवाल उठाना तो दूर उसके कुछ दिनों बाद ही समाज ने उसे छोड़ दिया। सांस्कृतिक पुनरुत्थान की लहर ने हमारे देश में नयी चेतना ला दी। अंग्रेजी साम्राज्यवाद के विरुद्ध राष्ट्रीयता की भावना उमड़ी। विदेशियों के विरुद्ध अपने को श्रेष्ठ सिद्ध करने की आकांक्षा हुई। वर्तमान तो उनका दास था, इसलिए अतीत का सहारा लिया गया। स्वतन्त्रता के संग्राम में इतिहास का उपयोग पहली बार करने की चेष्टा की गयी। इस प्रवृत्ति ने एक ओर अतीत के छिपे रत्नों को खोजने के लिए प्रेरित किया तो दूसरी ओर उन रत्नों को पुराने से पुराना सिद्ध करने तथा विदेशी प्रतिभाओं की तुलना में गौरवशाली दिखाने का प्रोत्साहन दिया। इस भावना ने पूर्ववर्ती इतिहासों के तथ्यपरक कंकाल को त्वचा से ढँककर आकार प्रदान किया। उस युग के साहित्य ही नहीं, सभी विषयों के इतिहासों में यह प्रवृति देखी जा सकती है। नागरी प्रचारिणी सभा ने व्यापक रूप से (1900-1911 ई.) कवियों की खोज का काम शुरू किया और उसके द्वारा आठ जिल्दों में प्रकाशित रिपोर्टों के आधार पर मिश्रबन्धुओं ने लगभग 5000 कवियों का विशाल वृत्त-संग्रह 'मिश्रबन्धु विनोद' तीन भागों में (1913 ई.) लिख डाला। 'हिन्दी नवरत्न' इसी का सार तथा पूरक बनकर सामने आया। इन प्रयत्नों ने ढंग तो पुराना ही रखा, परन्तु यह दिखा दिया कि कवि संख्या की दृष्टि से हिन्दी-साहित्य का इतिहास किसी साहित्य से हीन नहीं है और इसमें ऐसे नवरत्न भी हैं जो ऊँचाई में उन्नीस नहीं हैं।

शीघ्र ही पुनर्जागरण की भावना वैयक्तिक धरातल से आगे बढ़कर व्यापक सामाजिक क्षेत्र के रूप में उतरी और गांधीजी के साथ राष्ट्रीयता की भावना ने विकास का नया चरण रखा। विचारों में सामाजिक चेतना आयी। इतिहास में व्यक्तियों के सहारे समूची जाति का कार्य-कलाप दिखाने की चेष्टा होने लगी। व्यक्ति अपनी समस्त परिस्थितियों के साथ वर्णित हुआ। साहित्य का इतिहास अलग-अलग कवियों की समीक्षाओं का संग्रह था, अब विभिन्न युगों की राजनीतिक-सामाजिक परिस्थितियों

के वर्णन से भी संबलित हो उठा। एक युग तथा एक प्रकार की रचना करनेवाले कवियों की सामान्य विशेषताओं के अनुसार प्रवृत्तियों तथा युगों का विभाजन किया गया और इन साहित्यिक प्रवृत्तियों को तत्कालीन राजनीतिक-सामाजिक घटनाओं से सम्बद्ध करने का प्रयत्न हुआ। आचार्य रामचन्द्र शुक्ल का 'हिन्दी साहित्य का इतिहास' (1929 ई.) और डा. श्यामसुन्दरदास का 'हिन्दी भाषा और साहित्य' (1930 ई.) इस युग के प्रतिनिधि इतिहास हैं। इन दोनों में भी शुक्लजी के इतिहास को अग्रणी तथा पथप्रदर्शक मानना चाहिए।

मिश्रबन्धुओं ने हिन्दी-साहित्य के जिस कंकाल को आकार-भर दिया था उसमें शुक्लजी ने रक्त संचार किया और साथ ही उसे मांसल भी बनाया। ढाँचा 'मिश्रबन्धु विनोद' का ही था; सामग्री भी वही थी। शुक्लजी ने उस संग्रह से संकलन किया; खोज से प्राप्त नयी सामग्री के अनुसार यत्र-तत्र तिथि, स्थान तथा ग्रन्थ-संख्या सम्बन्धी संशोधन और विचार भी किया, लेकिन उनका मन तथ्यों की छानबीन की ओर उतना नहीं रमा। उनकी रस-दृष्टि तथा विवेचनशील प्रतिभा कवियों के मूल्यांकन में अधिक खुली। कवियों के जीवनवृत्त, ग्रन्थ-सूची आदि से आगे बढ़कर उन्होंने कवियों के साहित्यिक सामर्थ्य का उद्घाटन किया। सबकी रचना का नमूना देने का ढंग तो ज्यों-का-त्यों रहने दिया, परन्तु नमूनों को अधिक प्रतिनिधि तथा उत्कृष्ट बनाने की चेष्टा की। कवियों के नाम के पहले क्रम संख्या देने का ढंग भी वही रहने दिया, परन्तु प्रवृत्ति साम्य और युग के अनुसार कवियों को समुदायों में रखकर उन्होंने सामूहिक प्रभाव डालने की ओर ध्यान रखा। इसीलिए कुछ प्रवाह-पतित विशिष्ट कवियों को भी फुटकल खाते डाल देना पड़ा। इस तरह इतिहास के आदि, मध्य, आधुनिक जैसे कोरे कालपरक विभाजन को उन्होंने वीरगाथा, भक्ति, रीति और गद्य-काल की भावपरक क्यारियों में पुन: रोपने का उद्योग किया; साथ ही इन सबका सामान्य परिचय देकर एक ऐतिहासिक प्रवाह दिखाना चाहा। उन्होंने प्रवाह की गति का उत्थान-पतन भी दिखाया और 'लोक-संग्रह' की कसौटी पर इतिहास के समाजोन्मुख और समाज-पराङ्मुख युगों में अन्तर बतलाया। कुल मिलाकर यह निस्सन्देह कहा जा सकता है कि शुक्लजी को जो इतिहास पंचांग के रूप में प्राप्त हुआ था उसे उन्होंने मानवीय शक्ति से अनुप्राणित कर साहित्य बना दिया।

बाबू साहब वह गहराई और बारीकी तो न निभा सके, लेकिन उन्होंने शुक्लजी के इतिहास के विच्छिन्न प्रवाह को क्रम संख्या, रचनाओं का नमूना आदि बातें घटाकर अविच्छिन्न-सा दिखलाना चाहा। हाँ, उन्होंने शुक्लजी की अपेक्षा राजनीतिक, सामाजिक, सांस्कृतिक परिस्थितियों का खाता और लम्बा कर दिया।

फिर तो इन इतिहासों के पीछे लगी संक्षिप्त, मध्यम, सरल और सुबोध अनेक

छात्रोपयोगी इतिहास-पुस्तकें आयीं जिनमें नकल छिपाने के लिए यत्किंचित् शुक्लजी की तथ्य-सम्बन्धी भूलों का सुधार और अधिक-से-अधिक कालों के नाम परिवर्तन का सुझाव मिलता है। ये सभी प्रयत्न उसी सीमा में हुए, क्योंकि वह सीमा ऐतिहासिक और युगीन थी।

युग परिवर्तन के साथ ही शुक्लजी के ऐतिहासिक दृष्टिकोण तथा पद्धति की सीमाएँ स्पष्ट होने लगीं। वस्तुतः इतिहास की वह प्रणाली उनके जीवन-जगत्-सम्बन्धी दृष्टिकोण से ही निर्धारित हुई थी। उनके बादवाली पीढ़ी को 'शुक्ल-इतिहास' में सामाजिक परिस्थितियों, साहित्यिक प्रवृत्तियों तथा साहित्यिक व्यक्तियों के बीच जो कार्य-कारण-सम्बन्धी असंगति दिखायी पड़ने लगी वह उनके और उसके युग के जीवन जगत् सम्बन्धी दृष्टिकोण की असंगति थी। राष्ट्रीय आन्दोलन का वह गांधी युग था जिसमें व्यक्ति और समाज में यथोचित घनिष्ठ सम्बन्ध स्थापित न हो सका था। मध्यवर्गीय व्यक्ति-स्वातन्त्र्य-आन्दोलन के पीछे शेष जन-समूह नत्थी-भर था। विचार व्यापक जन-समाज से भिन्न थे। यही कारण है कि शुक्लजी के इतिहास में सामाजिक परिस्थितियाँ तथा साहित्यकार साथ-साथ रखे जाने पर भी एक-दूसरे से अलग हैं। जिस युक्ति से वे परिस्थितियों से उत्पन्न बताये जाते हैं वह तर्कसंगत प्रतीत नहीं होती, जैसे भक्त कवियों को मुसलमानी शासन की दासताजन्य निराशा से उत्पन्न बताना। युग-विभाजन करने में उनका 'ओसतवाद' वाला सिद्धान्त भी इसी अलगाव का परिणाम है और उनके दृष्टिकोण की असंगति को और भी उभारकर रखता है। एक ही परिस्थिति में विभिन्न काव्य-प्रवृत्तियों के अस्तित्व की संगति बैठाने में वे असमर्थ थे, क्योंकि उन्हें उन परिस्थितियों में पलनेवाली परस्पर विरोधी विविध सामाजिक शक्तियों के अन्तर्विरोध का पता न था। इसीलिए उन्हें अपने इतिहास के हर युग में एक फुटकल खाता खोलना पड़ा। दृष्टिकोण की इसी सीमा के कारण उनके मूल्यांकन की पदावली भी सीमित अथवा आवृत्तिमयी रही। इसीलिए अपने युग का प्रतिनिधित्व करता हुआ भी शुक्लजी का इतिहास आगामी युग के लिए अपूर्ण प्रतीत हुआ।

आचार्य हजारीप्रसाद द्विवेदी की 'हिन्दी साहित्य की भूमिका' (1940 ई.) ऐसे ही समय नवीन युग की भूमिका बनकर प्रकाश में आयी। पूर्ववर्ती व्यक्तिवादी इतिहास-प्रणाली के स्थान पर सामाजिक अथवा जातीय ऐतिहासिक प्रणाली का आरम्भ करनेवाली यह पहली हिन्दी पुस्तक है। अनेक साहित्यकारों का वैयक्तिक परिचय देने का मोह छोड़कर इस पुस्तक ने हिन्दी-साहित्य के विराट् पुरुष और उसके सामूहिक प्रभाव तथा साहित्यिक इतिहास के माध्यम से युग-युगान्तर से आती हुई अबाध हिन्दी जाति की विचारसरणी और भाव-परम्परा का दर्शन कराया। हिन्दी

जाति तथा हिन्दी-साहित्य के सम्यक् स्वरूप का परिचय देने के लिए आचार्य द्विवेदी ने हिन्दी-पूर्व सम्पूर्ण भारतीय साहित्य के सहज विकास के रूप में हिन्दी-साहित्य का निरूपण किया। परम्परा के इतने विराट् परिदृश्य में हिन्दी साहित्य को रखकर देखने का यह पहला प्रयत्न था। इस नैरन्तर्य-निरूपण में समाज-साहित्यकार तथा साहित्य की परस्पर सम्बद्धता, क्रमबद्धता तथा गतिशीलता ऐसे सजीव और अंगांगिभाव से निभायी गयी कि अतीत वर्तमान की चेतना बन गया। यहाँ सामाजिक परिस्थितियाँ घटनाओं के द्वारा सतही ढंग से वर्णित न थीं, बल्कि सजीव सामाजिक शक्तियों के क्रियाकलापों के माध्यम से अभिव्यक्त की गयीं। इसीलिए समाज और साहित्यकार में कारण कार्य सम्बन्ध स्थापित करने में चूक नहीं हुई। हिन्दी-साहित्य को संस्कृत और अपभ्रंश के ह्रासशील रूढ़ साहित्य के गर्भ से उत्पन्न लोकशक्ति की नवीन आकांक्षा कहना इसी सामाजिक दृष्टिकोण का परिणाम था। जो लोग केवल ऊपरी राजनीतिक परिवर्तनों के प्रभाव के अनुसार हिन्दी के भक्ति काव्य को निराशा से उत्पन्न कहते थे उनके लिए यह बहुत बड़ी चुनौती थी। इतना ही नहीं, सन्त और भक्ति काव्य को जाति-विरोधी तथा वर्णविरोधी दिखलाकर आचार्य द्विवेदी ने वस्तुतः अपने युग में प्रचलित प्राचीन सामन्ती जीवन-मूल्यों पर प्रहार किया। कुल मिलाकर यह ग्रन्थ हिन्दी-साहित्य की प्रमुख प्रवृत्तियों के उद्गम स्थलों का पता देते हुए रूढ़ि और नवीनता के ह्रास-विकास का संक्षिप्त रचनात्मक कोश है। आधुनिक युग के साहित्य की विधायक शक्तियों को पहचानते हुए भी 'भूमिका' लेखक ने केवल गतिविधि का संकेत करके सन्तोष किया है। निस्सन्देह 'हिन्दी साहित्य की भूमिका' नवीन युग और साहित्य के नवीन इतिहास की भूमिका है।

असंगतियाँ तो यहाँ भी हैं; जैसे सामाजिक ढाँचे के विवेचन में आर्य-अनार्य-मूलक जातिगत (रेशल) सिद्धान्तों का सहारा, जो 19वीं सदी के यूरोप का पूर्वग्रह था और जिसके कारण आगे चलकर 'फासिज्म' का उदय हुआ। किन्तु उक्त ग्रन्थ से यह युक्ति हटा देने पर भी मूल स्थापना में विशेष अन्तर नहीं पड़ता। इसी तरह, परम्परा-निर्वाह पर सम्भवतः अधिक बल प्रतीत होता है। इन कारणों से नवीन इतिहास की पृष्ठभूमि के रूप में इसे स्वीकार करते हुए भी हम इसके भाववादी दृष्टिकोण तथा प्रणाली को स्वीकार करने में असमर्थ हैं।

अब तक इतिहास के जिन दृष्टिकोणों और प्रणालियों की चर्चा हुई उनसे ऐसा प्रतीत हो सकता है कि हर नये युग में भारतीय समाज ने सामूहिक रूप से एक ही दृष्टिकोण का अवलम्बन किया। यह प्रतीति प्रायः उचित और सत्य है। इस बीच थोड़ा-बहुत अन्तर होते हुए भी स्वतन्त्रता के संघर्ष में भारतीय समाज के सभी स्तर प्रायः संयुक्त से थे। इसलिए इतिहास-सम्बन्धी दृष्टिकोण और प्रणाली में भी आधारभूत

मतभेद न था। परन्तु पाँचवें दशक से उक्त संयुक्त मोर्चे के स्तरों में मतभेद प्रकट होने लगा और यहीं से इतिहास-सम्बन्धी दृष्टिकोण तथा प्रणालियाँ भी परस्पर विरोधी आने लगीं। ऐसे दृष्टिकोणों में सबसे पहले जो सामने आया वह यह है कि इतिहास में 'दृष्टिकोण' के लिए कोई स्थान नहीं है; घटनाओं की खोज ही इतिहास है। इतिहास के इस तथ्यपरक दृष्टिकोण को 'वैज्ञानिकता' के नाम पर प्रचारित किया गया। इस वैज्ञानिक दृष्टिकोण के अनुसार आधुनिक हिन्दी-साहित्य के इतिहास-सम्बन्धी कुछ खोज-ग्रन्थ भी प्रकाशित हुए। कुछ विश्वविद्यालयों ने इसी प्रणाली को शिक्षोपयोगी (ऐकडेमिक) कहकर खोज का अधिकांश कार्य करवाया है।

इतिहास के प्रति ऐसा तथ्यपरक और नकारात्मक दृष्टिकोण अपने साहित्य का नया अनुसन्धान नहीं है; यूरोप में पिछले कई दर्शकों से बुर्जुआ इतिहासकार इस मत का प्रचार कर रहे हैं। वहाँ जब दार्शनिक और वैज्ञानिक स्तर पर 'ऐतिहासिक भौतिकवाद' का विरोध करते न बना तो बुर्जुआ इतिहासकारों ने इतिहास की प्रणाली को सर्वथा दृष्टिकोणरहित करने का नारा लगाया और तर्क दिया कि दृष्टिकोण-विशेष से इतिहास लिखने के कारण वह पूर्वग्रह ग्रस्त अथच विकृत हो जाता है। कहना न होगा कि यह भी एक दृष्टिकोण है। ऊपर से दृष्टिकोण का निषेध करते हुए भी दृष्टिकोण अपनाने की यह चाल आत्म-निषेध द्वारा अपनी सत्ता स्थापित करने के प्रयत्न-जैसा है।

यह तो नहीं कहा जा सकता कि अपने यहाँ भी इतिहास का यह 'वैज्ञानिक' दृष्टिकोण उसी उद्देश्य से प्रयुक्त हुआ, (क्योंकि यूरोप के हर नये विचार को बिना परख के अनजान भाव से अपनाना 'शुद्ध' विद्या-व्यसन भी तो हो सकता है) फिर भी यह दृष्टिकोण नकारात्मक तो है ही। तथ्य और विचार एकदम अलग नहीं किये जा सकते। जिस तथ्य-संग्रह में हम किसी योजना अथवा दृष्टिकोण का अभाव देखते हैं, वस्तुतः वह भी एक दृष्टिकोण ही है। 'हम किसी सामाजिक प्रयोजन के लिए ऐतिहासिक तथ्यों का उपयोग न करेंगे', यह 'शुद्ध' उद्देश्य समाज-निरपेक्षता तथा पराङ्मुखीनता का ही परिणाम है। आँकड़ों और घटनाओं को ठोस ऐतिहासिक परिस्थितियों तथा सामाजिक शक्तियों के प्रयत्नों के रूप में व्याख्या न कर सकना असमर्थता भी हो सकती है, लेकिन व्याख्या करने से इनकार करना शरारत है अथवा अपनी कमजोरी छिपाने का स्वाँग। तटस्थता और निष्पक्षता का अभिनय पर प्रवंचना ही नहीं आत्म-प्रवचना भी है। मानव-इतिहास की प्रवहमान धारा में धारा और किनारा सब कुछ मनुष्य ही है; तटस्थ कोई नहीं। जो विरोधी धाराओं के संघर्ष से घबड़ाकर निष्पक्षता में विश्राम करना चाहता है वह प्रवाह-पतित होकर अनजाने ही इतिहास-विरोधी धारा में जा पड़ता है। यद्यपि इन विद्वानों के तथ्य-संग्रह नये

इतिहास के लिए उपयोगी हो सकते हैं, फिर भी आज ऐसे नकारात्मक ऐतिहासिक दृष्टिकोण से काम नहीं चल सकता।

अब तक की समूची इतिहास-सम्पदा—खोज, मूल्यांकन आदि—को हम उत्तराधिकार के रूप में स्वीकार करते हैं और अपने पूर्ववर्ती इतिहास-शिल्पियों के ऋणी हैं कि उन्होंने हमारा भार बहुत-कुछ हल्का कर दिया है। हमारे लिए उनके तथ्य ही उपयोगी नहीं हैं, बल्कि उनका वह उत्साह प्रेरणादयक है जिससे उन्होंने साम्राज्यवादी शक्तियों से संघर्ष करने में इतिहास का उपयोग किया और मानव मुक्ति के अन्तिम लक्ष्य को निकट लाने में यथाशक्ति योग दिया। पिछली पीढ़ियों के निरन्तर प्रयत्न ने ही हमें इस ऐतिहासिक भूमिका में पहुँचाया है और अब हमारा कर्त्तव्य है कि आवश्यकता के वास्तविक रूप को पहचानकर इतिहास की व्याख्या और परिवर्तन का विधान करें। सौभाग्य से इसी आवश्यकता से उत्पन्न और साथ ही इसकी पूर्ति करनेवाला वैज्ञानिक जीवन-दर्शन हमें उपलब्ध है। यह जीवन दर्शन है : द्वन्द्वात्मक भौतिकवाद यानी भौतिकवादी दृष्टिकोण और द्वन्द्वात्मक प्रणाली। सामाजिक जीवन के अध्ययन के लिए इसका विस्तार किया गया है और उसी विस्तार को ऐतिहासिक भौतिकवाद कहते हैं।

हमें यह उपलब्ध है, इसका यह अर्थ नहीं है कि 'रेडीमेड' की तरह इस्तेमाल करें। उपलब्ध वस्तु या विचार को भी प्राप्त करना पड़ता है और उसे हर आदमी स्वयं अपने लिए प्राप्त करता है। प्राप्त करने के लिए अध्ययन मनन ही काफी नहीं है, बल्कि उसे जीवन-संघर्ष के हर क्षेत्र में कार्य-निर्देशक तथा अस्त्र के रूप में इस्तेमाल भी करना पड़ता है। ऐतिहासिक भौतिकवाद के प्रवर्तकों और योग्य अनुयायियों के साहित्य विषयक बिखरे हुए विचारों को सी-तागकर सुथना तैयार करने से हिन्दी-साहित्य का इतिहास नहीं ढँक सकता। हमें उन सूत्रों को केवल पथ-निर्देशक के रूप में सामने रखना चाहिए। ऐतिहासिक भौतिकवाद की यह पहली सीख है। अस्तु, सबसे पहले हिन्दी-साहित्य के इतिहास के अध्ययन के लिए द्वन्द्वात्मक प्रणाली का प्रयोग।

द्वन्द्वात्मक प्रणाली की पहली विशेषता है किसी वस्तु, व्यक्ति, घटना या विचार को अन्य वस्तुओं, व्यक्तियों, घटनाओं और विचारों के अविभाज्य प्रसंग में देखना। हिन्दी साहित्य कोई सर्वथा स्वतन्त्र विच्छिन्न और असम्बद्ध इकाई नहीं है। वह अन्य विचार-प्रणालियों, साहित्यों और परिस्थितियों से परस्पर सम्बद्ध है। यह सम्बन्ध सजीव है, मशीन के पुर्जों की तरह एक जगह फिट किया हुआ नहीं है। आचार्य शुक्ल ने हिन्दी साहित्य को पूर्ववर्ती संस्कृत साहित्य तथा समसामयिक अन्य भारतीय भाषाओं के साहित्य से अलग करके देखने की भूल की थी। आचार्य हजारीप्रसाद द्विवेदी ने इसी भूल सुधार के लिए मध्ययुग के हिन्दी-साहित्य का पूर्ववर्ती संस्कृत-साहित्य

तथा समसामयिक अन्तर्प्रान्तीय साहित्य के परिवेश में अध्ययन किया। इसी तरह प्रत्येक साहित्यिक प्रवृत्ति के साथ राजनीतिक-सामाजिक-धार्मिक परिस्थितियों का उल्लेख करते हुए भी पूर्ववर्ती इतिहासकारों ने परिस्थितियों और साहित्यिक प्रवृत्तियों का सजीव सम्बन्ध नहीं दिखलाया। ये सभी भूलें आध्यात्मिक प्रणाली के कारण हुईं।

द्वन्द्वात्मक प्रणाली की दूसरी विशेषता है—वस्तुओं, व्यक्तियों, घटनाओं और विचारों को गतिशील, परिवर्तनशील और क्रमबद्ध रूप में देखना। घटनाओं के सजीव सम्बन्ध का अर्थ ही यह है कि सम्बन्ध स्थिर नहीं है। हिन्दी-साहित्य के विभिन्न युग और व्यक्तियों के सम्बन्धों में एक क्रम है; यह क्रम केवल कालानुक्रम ही नहीं है। इस क्रम में आन्तरिक विकास की गति का पता चलता है। क्रम गति से ही सम्भव है और गति का स्पष्ट अर्थ है उद्भव और नाश की कड़ी। एक साहित्यिक प्रवृत्ति के अन्त से ही दूसरी साहित्यिक प्रवृत्ति की उत्पत्ति जुड़ी हुई है। कुछ पूर्ववर्ती इतिहासकारों ने साहित्यिक प्रवृत्तियों का विकास बतलाते समय इस सिद्धान्त को भुलाकर एक ही प्रवृत्ति को शाश्वत और सनातन रूप में दिखलाने की चेष्टा की है। जैसे सन्त परम्परा को उठाया तो नामदेव से लेकर गांधी तक पहुँचा दिया और दिखलाया कि एक ही प्रवृत्ति शताब्दियों से अविकल रूप में चली आ रही है। हिन्दी साहित्य की प्रवृत्तियों का इतिहास लिखनेवालों ने प्रायः इस उत्थान-पतन के गतिशील क्रम को भुला दिया है। बाबू साहब ने 'हिन्दी भाषा और साहित्य' में वीरगाथाओं की परम्परा दिखाते समय यही भूल की है। यह भी आध्यात्मिक प्रणाली का दोष है।

द्वन्द्वात्मक प्रणाली की तीसरी विशेषता है—विकास क्रम को ऊर्ध्वोन्मुख और अग्रसर रूप में देखना। विकास का अर्थ पुनरावृत्ति अथवा वृत्ताकार परिक्रमा नहीं है। पुनरुत्थान युग के इतिहासकारों ने बहुत-सी वर्तमान प्रवृत्तियों को ज्यों-का-त्यों अतीत में खोज दिखाया और अतीत के स्वर्ण-युग के पुनरागमन की कल्पना की। छायावादी कविता की रोमाण्टिक भावना' को कुछ विचक्षणों ने रीति काल के घनानन्द, बोधा, ठाकुर आदि कवियों पर आरोपित कर दिया। इसी तरह 'बिहारी सतसई' को 'गाहा सत्तसई' के नज़दीक बैठाया गया। आचार्य हजारीप्रसाद द्विवेदी की स्वच्छ दृष्टि ने इस तरह के भ्रमों का उच्छेद 'हिन्दी साहित्य की भूमिका' में किया है। इतिहास में कोई प्रवृत्ति दुहरायी जाने पर उपहासास्पद हो जाती है जैसे 'रामायण' के वजन पर आधुनिक युग में लिखा हुआ 'कृष्णायन'। यह ऊर्ध्वोन्मुख विकास-क्रम सोद्देश्य है और निश्चित लक्ष्य की ओर बढ़ रहा है। यदि इस बात को भुला दिया जायेगा तो फिर इतिहास के अध्ययन और निर्माण का प्रयोजन ही क्या होगा? पूर्ववर्ती इतिहासकारों ने इसे लक्षित नहीं किया था, इसीलिए वे इतिहास के केवल स्याहानवीस बने रहे।

द्वन्द्वात्मक प्रणाली की चौथी विशेषता है—वस्तुओं, व्यक्तियों, घटनाओं और

विचारों में असंगति अथवा अन्तर्विरोध को पहचानना। उदाहरणस्वरूप भक्ति काव्य के लोकोन्मुखी यथार्थ और अलौकिकता में आश्रय लेनेवाले आदर्श में अन्तर्विरोध था। इस अन्तर्विरोध के समझने पर ही स्पष्ट हो सकता है कि किस प्रकार उनके अलौकिक तत्त्वों को लेकर पीछे सम्प्रदाय और मठ खड़े हो गये और लोकोन्मुखी यथार्थ ने 19वीं सदी के सांस्कृतिक पुनर्जागरण को बल दिया। इसी तरह नायिकाभेद-परक रीतिवादी काव्य का उद्गम समझने के लिए कृष्णकाव्य के अन्तर्विरोधों का ज्ञान आवश्यक है। आधुनिक युग में छायावाद के अन्तर्विरोधों ने ही प्रगतिशील सामाजिक यथार्थ भावना को जन्म दिया। असंगतियों अथवा अन्तर्विरोधों के सहारे ही एक युग में पायी जानेवाली अनेक प्रवृत्तियों का कार्य-कारण सम्बन्ध स्थापित किया जा सकता है। इसी प्रणाली के अभाव में शुक्लजी को अपने इतिहास में, 'औसतवाद' का सहारा लेना पड़ा। युग-विशेष की प्रवृत्ति ही नहीं बल्कि प्रत्येक साहित्यकार तथा साहित्यिक कृति में यह असंगति मिलती है, क्योंकि वह असंगतिवाले समाज की उपज है। कभी-कभी लेखक के राजनीतिक-सामाजिक दृष्टिकोण तथा साहित्यिक चित्रण में असंगति दिखायी पड़ती है। इसीलिए इन बातों को ध्यान में रखने पर ही इतिहास का सम्यक् अध्ययन तथा साहित्यकारों का सही मूल्यांकन सम्भव है।

ऐसी ऐतिहासिक प्रणाली का सही उपयोग भौतिकवादी दृष्टिकोण से ही हो सकता है, क्योंकि साहित्य के इतिहास को परस्पर सम्बद्ध, क्रमबद्ध, गतिशील, आवृत्तहीन ऊर्ध्वमुख ढंग से वही देख सकता है जो उसे मूर्त्त और ठोस रूप में देखे। मनोलोकवासी आदर्शवादी विचारक इसे उक्त ढंग से नहीं देख सकते। यदि देखने की चेष्टा भी करें तो तस्वीर उन्हें उल्टी दिखायी पड़ेगी। इसलिए द्वन्द्वात्मक प्रणाली भौतिकवादी दृष्टिकोण का अनिवार्य अंग है।

साहित्य के इतिहास में भौतिकवाद का प्रयोग करते समय ऐतिहासिक भौतिकवाद' की पहली चेतावनी यह है कि विज्ञान, दर्शन, संगीत, चित्रकला आदि की भाँति साहित्य के भी अपने नियम हैं इसलिए उन नियमों की जानकारी पहले होनी चाहिए। यदि हम साहित्य की रूपतत्त्व सम्बन्धी विशेषताएँ नहीं जानते, तो भौतिकवाद के सामान्य सिद्धान्त इस दिशा में कोई सहायता नहीं कर सकते। साहित्य का भी अपना शास्त्र है और उस शास्त्र की महान् परम्परा है—रस-विवेक, अलंकार-विधान, पदचयन, छन्दोज्ञान, शैली-सिद्धि, नाट्य-विधान, औपन्यासिक कला, कहानी-कौशल आदि उसके विविध अवयव हैं। साहित्य के इतिहासकार के लिए इनकी बारीकियों का ज्ञान अत्यन्त आवश्यक है। लेकिन इन बारीकियों का जानना अपने-आपमें साध्य नहीं है। इन नियमों की जानकारी साधन ही हो सकती है-रचयिता के लिए भी और पाठक के लिए भी। केवल इसी हद तक साहित्य तथा उसके नियमों की सत्ता स्वतन्त्र है।

इसके अतिरिक्त साहित्य तथा उसके नियम अन्य वस्तुओं और विचारों से सम्बद्ध हैं। इसलिए साहित्य तथा उसके नियमों की जड़ें स्वयं साहित्य में ही नहीं हैं, बल्कि उसके बाहर हैं; बाहर का अर्थ है वातावरण, परिस्थिति और समाज। यहीं आदर्शवाद और भौतिकवाद में मतभेद है। भाववादी विचारक साहित्य की जड़ें व्यक्ति-साहित्यकार के मन में खोजते हैं जब कि भौतिकवाद उन जड़ों को उस समाज और परिस्थिति में खोजता है जिससे स्वयं व्यक्तिमन भी विकसित और निर्धारित हुआ है। समाज ने साहित्य को उत्पन्न किया है, साहित्य ने समाज को नहीं। इसलिए साहित्य का इतिहास समझने के लिए समाज के विकास का ज्ञान आवश्यक है।

परन्तु यह न भूलना चाहिए कि समाज से एक बार उत्पन्न हो जाने के बाद साहित्य स्वयं सामाजिक शक्ति बन जाता है और समाज के विकास में योग देता है। यदि ऐसा न हो तो फिर साहित्य की उपयोगिता ही क्या रहे। इसलिए मुख्य समस्या यही है कि कोई साहित्यिक कृति प्रभावशाली होने से पूर्व उत्पन्न कैसे हुई। इसके लिए हमें सामाजिक नियमों की ओर जाना होगा। किन्तु यहाँ भी यह ध्यान रखने की आवश्यकता है कि सामाजिक पृष्ठभूमि का अनुसन्धान साहित्य के अध्ययन का साधन मात्र है, साध्य नहीं। साहित्यिक विवेचन को समाज-शास्त्रीय विवेचन बना देना अवैज्ञानिक है। सामाजिक पृष्ठभूमि का उपयोग साहित्यिक समस्याओं को समझने की कुंजी के रूप में होना चाहिए; इससे अधिक जोर देना गलत है।

भाववादी इतिहासकारों ने भी हिन्दी साहित्य का इतिहास लिखते समय भक्ति काव्य, रीति-काव्य, छायावाद आदि की सामाजिक पृष्ठभूमि दी है और उससे उन काव्य-धाराओं का उत्पन्न अथवा प्रभावित होना भी दिखलाया है। किन्तु उनका सारा प्रयत्न चौखट में 'फिट' करने जैसा लगता है। वे ऐतिहासिक घटनाओं का हवाला देकर सीधे-सीधे लेखक तथा उनकी कृतियों को उसमें ला बिठाते हैं। कहना न होगा कि इस साँचेबाजी में लेखक और कृति की दुर्गति हो जाती है। यदि वह साँचे से बड़ा हुआ तो उसके अंग काट दिये जाते हैं और यदि वह छोटा पड़ा तो खींचकर बढ़ाने की चेष्टा की जाती है। अक्सर महान् साहित्यकार अपने युग के घटना-लेखकों के आँकड़ों से अधिक व्यापक और गहरे यथार्थ का अंकन करते हैं। वे उन घटनाओं के मूल तत्त्व को पकड़कर वास्तविकता की अभिव्यंजना करते हैं। इसलिए घटनाओं में 'फिट' करने पर प्रायः उनका कटा छँटा और एकांगी रूप ही सामने आता है। तुलसीदास को सामान्य इतिहास में वर्णित घटनाओं के अनुसार देखने पर उनकी यही दशा हुई है। दूसरी ओर कभी-कभी टुटपुंजिए साहित्यकारों को घटनाओं के अनुसार दिखाने में बढ़ा-चढ़ाकर चित्रित किया जाता है। छोटे साहित्यकारों को ही नहीं बड़े साहित्यकारों को भी खींचतान की दुर्दशा सहनी पड़ती है। ऐसा तब होता है

जब समीक्षक इतिहास में स्वयं अपने स्थान तथा आलोच्य साहित्यकार के स्थान में अन्तर करना भूल जाता है। फलतः वह उक्त साहित्यकार को उसके युग में 'फिट' करने के बदले अपने ही युग में 'फिट' करने लगता है। तुलसीदास को शाश्वत और युग-युग का सिद्ध करने के लिए भाववादी इतिहासकारों ने प्रत्येक आधुनिक समस्या के चौखटे में कसा है और उनके मुँह से अपने युग की---अपने पक्ष की—-बातें कहलायी हैं। यह कार्य पुनरुत्थानवादी सुधारकों ने तो किया ही, आरम्भिक प्रगतिशील समीक्षकों ने भी किया। अपने वर्तमान से अत्यधिक ग्रस्त होने पर अतीत भी उसी रंग में रंगा दिखता है और काल-विवेक मिट जाता है। 'ऐतिहासिक भौतिकवाद' इस भ्रम को दूर करता है।

वस्तुतः साहित्य का इतिहास लिखते समय ये समीक्षक भूल बैठते हैं कि वे साहित्य का इतिहास लिख रहे हैं। आलोच्य वस्तु साहित्यिक कृति और उसमें अंकित सामाजिक यथार्थ है। सामाजिक पृष्ठभूमि का उपयोग उस सामाजिक यथार्थ को समझने तथा परखने के लिए होना चाहिए। किन्तु यहाँ तो दूसरे साधनों से जुटायी हुई सामाजिक सामग्री ही प्रधान हो जाती है और साहित्यिक कृति का उपयोग उक्त सामग्री के समर्थन के लिए होने लगता है। इसका प्रत्यक्ष प्रमाण यह है कि साहित्यिक प्रवृत्ति का विवेचन करने से पूर्व वे लोग सामाजिक, राजनीतिक, धार्मिक आदि परिस्थितियों का खाता एक बार लिख जाते हैं, फिर उक्त साहित्यिक प्रवृत्ति का विवेचन करते हैं। जिस तरह अधपकी दाल में दाल अलग और पानी अलग रहता है उसी तरह एक पुस्तक में साथ-साथ छपने के अतिरिक्त इन दोनों में कोई सम्बन्ध नहीं रहता। सही तरीका यह है कि साहित्यिक कृति के सामाजिक यथार्थ के विश्लेषण के सिलसिले में यथास्थाम अन्य साधनों द्वारा प्राप्त सामाजिक सामग्री का उपयोग किया जाये। 'ऐतिहासिक भौतिकवाद' यही सिखलाता है।

साहित्य और समाज को इस तरह अलग-अलग रखकर देखने का मूल कारण यही है कि ये भाववादी इतिहासकार समाज और साहित्य का ठीक-ठीक सम्बन्ध नहीं समझ पाते। वे शुद्ध साहित्यवादी होते हुए भी साहित्य को सामाजिक घटनाओं के अनुवाद रूप में देखते हैं। यह उनकी असंगति है। मूलतः तो वे भाववादी हैं, लेकिन भौतिकवाद के दबाव के कारण समाज की उपेक्षा करने में असमर्थ हैं। इसलिए जिस तरह उनके दिमाग में भाववाद और भौतिक-वाद अलग-अलग पड़े हैं, उसी तरह उनकी समीक्षा में भी साहित्य और समाज परस्पर विच्छिन्न हैं। विवेचन का सारा ढाँचा भौतिकवादी-सा प्रतीत होते हुए भी उनका दृष्टिकोण भाववादी है। फिर चाहे वे आर्यसमाजी हों, चाहे किताबी मार्क्सवादी। साहित्य अनुकृति नहीं, रचनात्मक कृति है। सामाजिक सत्य को साहित्यकार नवीन चित्रों, मूर्तियों और मर्मछवियों में

गढ़ता है; मृत व्यक्तियों और घटनाओं को भी पुनर्जीवित करता है; जड़ पदार्थों को भी सजीव करता है, पेड़ के पत्तों को जुबान बना देता है और स्थिर पत्थर को भी स्पन्दनशील। इसलिए जितनी बड़ी साहित्यिक कृति होती है, उसमें वास्तविकता की रचनात्मक शक्ति भी उतनी ही अधिक होती है तथा अनुकृति उतनी ही कम। श्रेष्ठ राष्ट्रगीत वे नहीं हैं जो राष्ट्रीय संग्राम की घटनाओं की सूची बनाते हैं, बल्कि वे हैं जो उस संघर्ष की आग को देश-प्रेम की स्निग्धता से दीप्त करते हैं। ऐसी दशा में श्रेष्ठ कृतियों में अन्तर्निहित सामाजिक यथार्थ का विश्लेषण करना मुश्किल हो जाता है। जिस रचना में वास्तविकता तथा प्रतिकृति का सामंजस्य जितना ही प्रगाढ़ होता है, उसके प्रति समीक्षक का उत्तरदायित्व भी उतना ही बढ़ जाता है। 'रामचरितमानस' के कलिकाल-वर्णन के आधार पर तत्कालीन सामाजिक दशा का खाता खड़ा करना आसान है, किन्तु भरत की भक्ति में व्यंजित होनेवाले सामाजिक सत्य का विश्लेषण कितने लोग कर पाते हैं? वहाँ तो बस सेवक-सेव्य भाव की शास्त्रीय चर्चा तक ही पण्डित लोग हाथ-पांव मारते रहते हैं। 'कविता-वली' उत्तरकाण्ड के 'महामारी-वर्णन' का यथार्थ तो शब्दार्थ करनेवाला भी बता सकता है, किन्तु 'विनय पत्रिका' की मार्मिक वेदना का यथार्थ आधार कौन ढूँढ़ने की चेष्टा करता है? तुलसी के 'लोकसंग्रह' की लम्बी-चौड़ी चर्चा करनेवाले भी बस उनके वर्णाश्रम-सम्बन्धी विचारों को ही उछालते रह जाते हैं, लेकिन क्या कभी उन्होंने तुलसी के अन्तर्विरोधों की ओर भी ध्यान दिया है; उनके शूद्रविरोधी विचारों और निषाद, गुह, शबरी आदि के मार्मिक चित्रणों का अन्तर्विरोध तथा उसके कारणों की खोज हुई है? तुलसीदास में तो फिर भी सामाजिक आधार अपेक्षाकृत सहज ही मिल सकता है, परन्तु 'सूरदास' के लीला-पद में जहाँ वास्तविकता का चित्रण और भी गहरे स्तर पर हुआ है, ये समाजशास्त्री खूब गोता खाते हैं और इस तरह का फतवा देते हैं कि उन्होंने केवल मनोरंजन किया, समाज का मन बहलाया। ये हैं सूर को हिन्दी-साहित्य के आकाश का सूर्य कहनेवाले! इनका 'सूर्य' केवल बच्चे बहलाने का कार्य करता है। श्रद्धा और युक्ति में यह सम्बन्ध है! कस्तूरी की गन्ध शपथ द्वारा नहीं बतायी जा सकती, फिर मूल्य तो ओर भी नहीं।

समाज से साहित्य का सम्बन्ध कुछ-कुछ वही है जो धरती से फूल का है। फूल धरती से उत्पन्न होता है, इसका मतलब यह नहीं है कि उसके डाल, पात, पंखड़ी. वर्ण, गन्ध आदि मिट्टी के हैं, कि उससे मिट्टी की-सी ही सोंधी गन्ध आती है और रंग भी मटमैला होता है। धरती का रूप रस फूल में नया वर्ण, गन्ध उत्पन्न करता है। इसी तरह साहित्य में भी समाज ज्यों-का-त्यों नहीं झलकता, बल्कि रूपान्तरित रूप में अन्तर्निहित रहता है।

साहित्य और समाज के वास्तविक सम्बन्ध को न समझ सकने का मूल कारण है समाज के नियमों को ठीक-ठीक न समझना। भाववादी इतिहासकार साहित्य में या तो केवल विचार-ही विचार ढूँढ़ते हैं या फिर हवाई ढंग से समाज और परिस्थिति। इसी तरह साहित्य को भी बड़े अस्पष्ट और खयाली समाज में टटोलते हैं। समाज में साहित्य का स्रोत खोजने का मतलब है मनुष्य के मूर्त पारस्परिक सम्बन्धों में उसकी जड़ें खोजना। मनुष्य ही साहित्य का रचयिता भी है और वर्ण्य वस्तु भी। मनुष्य का मतलब कोई अस्पष्ट 'मनुष्य' नहीं है, बल्कि वह क्रियाशील प्राणी जो परिवार, राज्य, धर्म, विद्यालय आदि संस्थाओं के रूप में शतधा-सहस्रधा अभिव्यक्त है। साहित्य में यही मूर्त्त मनुष्य एक व्यक्ति पात्र के रूप में अभिव्यक्त होते हुए भी अपने समस्त सामाजिक सम्बन्धों के साथ आता है। साहित्यिक कृति में सामाजिक सम्बन्धों को बहुत सरल बनाकर देखना गलत होगा। जो लोग 'रामचरितमानस' के राम-रावण युद्ध को तत्कालीन हिन्दू-मुस्लिम संघर्ष के रूप में चित्रित करते हैं तथा सीता हरण को हिन्दुस्तान की धरती का अपहरण बतलाते हैं वे 'मानस' में त्रिम्बित सामाजिक सम्बन्धों को गहराई से नहीं देखते। मानस के राम, भरत, कैकेयी, वशिष्ठ आदि उस युग की पारिवारिक, धार्मिक आदि अनेक संस्थाओं के गूढ़ सम्बन्धों की ओर संकेत करते हैं।

परन्तु विविध संस्थाओं में बिखरे हुए सामाजिक सम्बन्धों का भी निश्चित आधार हैं। इसी आधार को भाववादी विचारक नहीं समझ पाते और तरह-तरह के खयाली कानूनों का सहारा लेते हैं। 'ऐतिहासिक भौतिकवाद' इस आधार को बहुत ठोस रूप में समझता है। इन संस्थाओं के पीछे अलग-अलग व्यक्ति नहीं, बल्कि एक प्रकार के व्यक्ति काम करते हैं और इस तरह सामाजिक शक्तियों के रूप में कार्यरत दिखायी पड़ते हैं। सामाजिक शक्तियाँ ठोस विश्लेषण करने पर 'उत्पादन की शक्तियों पर आधारित मालूम होती हैं—उत्पादन की शक्तियाँ यानी यन्त्र-प्रणाली, मनुष्य और उसका श्रम। इस तरह सामाजिक सम्बन्ध मूलतः उत्पादन सम्बन्ध है। उत्पादन-भौतिक या आध्यात्मिक-जब तक मनुष्य समभाव और सहभाव से करता है, सामाजिक सम्बन्ध भी समता और सहकारिता के होते हैं, परन्तु ज्यों ही मनुष्य अपने बन्धओं को उत्पादन-शक्ति के रूप में इस्तेमाल करने लगता है, सम्बन्ध विषम अर्थात् शासक और शासित, स्वामी और दास, के हो जाते हैं। यह मौलिक उत्पादन सम्बन्ध समस्त सामाजिक संस्थाओं के ढाँचे को निर्धारित करता है। उसी मौलिक सम्बन्ध को जानना समाज के मौलिक नियम को जानना है और उसे जानकर इतिहास की व्याख्या तथा परिवर्तन का विधान करना इतिहासकार का मुख्य कर्त्तव्य है।

इस विवेचन से स्पष्ट है कि समाज में मनुष्य व्यक्ति ही नहीं बल्कि वर्ग भी है।

व्यक्ति साहित्यकार के भी यही दो रूप हैं और उसकी कृति में अभिव्यक्त पात्रों के भी यही दोनों रूप आते हैं। इसी को 'विशेष' और 'सामान्य' (टाइप) का सिद्धान्त कहा जाता है। 'होरी' व्यक्ति के साथ ही भारतीय किसान का प्रतिनिधि भी है; वह 'विशेष' होने के साथ 'सामान्य' भी है। उसकी 'विशेषता' में सजीवता है और सामान्यता में व्यापक अपील। 'होरी' के इन दोनों रूपों को समझना ही 'गोदान' की सच्ची आत्मा को समझना है।

जहाँ तक साहित्यकार के वर्ग-प्रतिनिधि तथा व्यक्ति विशेष रूपों का सम्बन्ध है, बड़ा ही जटिल है। प्राय: कहा जाता है कि सत्ताधारी वर्ग ही उस युग की विचार-प्रणालियों का नियामक होता है और साहित्यकार उसका गायक। परन्तु यह बात विश्लेषण-सापेक्ष है। सत्ताधारी वर्ग की शक्ति के घटाव-बढ़ाव के अनुसार ही विचार प्रणालियों पर उसके प्रभाव का विचार हो सकता है। समाज में केवल प्रभुवर्ग ही नहीं रहता जो मनमाना किया करे; प्रभुवर्ग की आकांक्षाएँ सामान्य जन समूह द्वारा बाधित होती रहती हैं और आकांक्षाओं के इस संघर्ष से प्राय: ऐसा नया परिणाम निकल जाया करता है जो दोनों शक्तियों के लिए अचिन्त्य होता है। इस तरह वर्ग समाज में साहित्य का नियमन प्रभुवर्ग ही नहीं करता, बल्कि सामान्य जन भी करते हैं। सामान्य जन प्रभुवर्ग की आकांक्षाओं में जिस हद तक बाधा डालते हैं अर्थात् अपनी मुक्ति के लिए लड़ते हैं, साहित्य का उत्थान भी उसी हद तक होता है और साहित्यकार का पक्षधर-पक्ष भी उसी के अनुसार बढ़ता घटता रहता है। प्राय: साहित्य के महान् युगों में सामान्य जन का जागरण भी महान् रहा है। हिन्दी के भक्ति काव्य के पीछे सामान्य जन का यही जागरण था। रीति-काव्य के पीछे जनसाधारण का यह सहयोग न्यूनातिन्यून था। इसलिए यह महत्त्वपूर्ण नहीं है कि साहित्यकार किस वर्ग का प्राणी है और न तो उसे रंगे हाथों पकड़ने में ही कोई साहस है। मुख्य प्रश्न है उसकी सहानुभूति को तत्कालीन जन-जागरण के परिदृश्य में परखने का।

महान् साहित्यकार को किसी वर्ग विशेष का गायक कहने पर प्राय: भाववादी विचारक बिगड़ खड़े होते हैं। यदि वे यह समझकर बिगड़ते हैं कि उसे शासकवर्ग का गायक कहा जा रहा है तो उनका बिगड़ना वाजिब है। लेकिन बात कुछ और है। वर्ग विशेष का गायक कहने का यही मतलब है कि उसका काव्य उसके पाठकों और श्रोताओं द्वारा निर्धारित होता है। जिनके लिए वह लिखता है उनसे परोक्षत: प्रभावित भी होता है। तुलसी ने साधारण जनों के लिए लिखा, इसलिए उनके काव्य में ग्रामीण व्यापकता, सहजता, संवेदनशीलता तथा उत्फुल्लता आयी; इसके विपरीत बिहारी ने दरबार के शिष्ट लोगों के लिए लिखा, इसलिए उनमें दरबारी कीमियागीरी, चटक-मटक, चमत्कार आदि खुल पड़ा। इसके सिवा प्रयोजन से भी साहित्य निर्धारित होता

है। रोजी के लिए लिखा साहित्य रोज़ी चलानेवाले के अनुसार होगा और 'स्वान्तः सुखाय' लिखा साहित्य अपने आदर्शों के अनुसार। रोज़ी के लिए लिखने में भी फर्क है। गरीब कलाकार जब रोज़ी के लिए भी कलम चलाता है तो अपनी आत्मा नहीं बेच देता; लेकिन दरबारों से महज़ खिलअत की उम्मीद में लिखनेवाला खुश-नसीब कलाकार अपनी आत्मा पहले ही गिरवी रख चुका होता है। मध्ययुग की उर्दू शायरी के इतिहास में दोनों तरह के नमूने ढेरों मिलेंगे। यहाँ पुराने बादशाहों के संरक्षण और आज के महाजनों की छत्रछाया का अन्तर समझने की जरूरत है। पुराना सामन्त अपने कवि से अधिक-से-अधिक कुछ विरुद् सुन लेता था; उसके शेष काव्य के विषय में वह सावधान न था। लेकिन नया महाजन अपने पत्नों और प्रकाशनों से लेखक की समूची कलम पर हावी रहता है। पुराना छत्रसाल अपने कवि की पालकी में कन्धा भी लगा सकता था, लेकिन नया व्यवसायी केवल चाँदी की जूतियाँ लगाना जानता है। यह सब कहने का मतलब इतना ही है कि रीति-काव्य के कृतिकारों की परख करते समय सामन्ती अर्थ-व्यवस्था को ही ध्यान में रखना चाहिए। उन्हें दरबारी कहने का मतलब बिल्कुल खरीदा हुआ नहीं होता। वे दरबार के गुलाम नहीं, अलंकार थे; उनकी भी शान थी।

इससे स्पष्ट होता है कि उत्पादन सम्बन्ध भी बदलते रहे हैं। साहित्य के इतिहास का काल विभाजन इन्हीं सम्बन्धों के परिवर्तन के अनुसार होना चाहिए। अनुसार का मतलब दो त्रिभुजों की अनुरूपता नहीं, बल्कि उसे पथ-निर्देशक रेखा के रूप में इस्तेमाल करना। उत्पादन सम्बन्ध बदलते ही साहित्यिक प्रवृत्ति नहीं बदल जाती। साहित्य में परिवर्तन अपेक्षाकृत धीरे-धीरे होता है और साहित्य के रूप-विधान में तो और भी धीरे-धीरे। जहाँ तक हिन्दी-साहित्य के इतिहास के विभिन्न कालों के नामकरण का सवाल है, कोई जरूरी नहीं कि उन्हें उत्पादन सम्बन्धों के सामन्ती और पूँजीवादी कालों के नाम के अनुसार ढाला जाये। नाम तो साहित्य की अपनी प्रवृत्ति के अनुसार ही होना चाहिए; लेकिन उन प्रवृत्तियों के पीछे उक्त सामाजिक ढाँचे और काल-विभाजन का स्पष्ट आधार अवश्य हो। काल विभाजन अध्ययन की सुविधा मात्र है। काल-विभाजन से साहित्य की अखण्ड धारा बाधित न होनी चाहिए। नैरन्तर्य में कालान्तर और कालान्तर में नैरन्तर्य देखना तथा उसका निर्वाह करना इतिहासकार का कर्त्तव्य होना चाहिए।

परन्तु नैरन्तर्य किस बात का? साहित्यकार के बाद साहित्यकार उत्पन्न होते रहे और एक पुस्तक के बाद दूसरी पुस्तक निकलती गयी—यह दिखाना ही नैरन्तर्य नहीं है। नैरन्तर्य उस मूल मानववादी धारा का दिखाना चाहिए जो यत्र-तत्र यदा-कदा क्षीण स्रोत होने पर भी प्रधान रूप से स्रोतस्विनी रही। जिस प्रकार सामाजिक इतिहास

में विविध सत्ताधारी वर्गों का उत्थान-पतन होता गया, लेकिन आधारभूत जनता कभी खुले रूप में और कुछ चुपचाप अपने अधिकारों के लिए लड़ती चली आ रही है, उसी तरह हिन्दी-साहित्य की मूल धारा हिन्दी-जनता के सतत संघर्ष की कहानी है। भावी इतिहास के निर्माता को साहित्यिक इतिहास के इस जीवन्त नैरन्तर्य पर काफी जोर देने की जरूरत है, साथ ही यह भी बताने की जरूरत है कि यह अनन्त और निरुद्देश्य नहीं है।

इतिहास का यह नैरन्तर्य 'आवृत्ति' के साथ गड्डमड्ड न कर दिया जाये, इसके लिए कालान्तर का बोध कराना आवश्यक है। इतिहास के काल-बिभाजन की आवश्यकता इसीलिए पड़ती है। काल-विभाजन में मध्ययुग और आधुनिक युग के बीच विभाजक रेखा खींचना ही काफी नहीं है, बल्कि उत्पादन-शक्तियों के आधार पर इनमें से प्रत्येक युग के उत्थान-पतन का भी निदर्शन होना चाहिए। एक प्रकार की व्यवस्था होते हुए भी भक्ति काव्य क्यों उत्थान का प्रतीक है और रीति-काव्य पतन का। इसी प्रकार छायावादी-काव्य और प्रेमचन्द-साहित्य में मध्यवर्गीय राष्ट्रीय जागरण की जो उत्थान -भावना व्यक्त हुई है वह परवर्ती काव्य और उपन्यास में ह्रास की दशा पर पहुँची लगती है। जनसाधारण के धरातल पर उठने-गिरनेवाले ऊपरी वर्ग साहित्य के उत्थान-पतन को किस प्रकार प्रभावित करते हैं, यह बतलाना उतना ही आवश्यक है जितना यह बताना कि जनसाधारण साहित्य के उत्थान-पतन में कितना योग देता है। एक युग के पतन और दूसरे युग के उत्थान के साथ पूर्ववर्ती युग की सभी साहित्य प्रवृत्तियाँ समाप्त नहीं हो जातीं। होता इतना ही है कि उनकी प्रधानता समाप्त हो जाती है, जैसे ब्रजभाषा की पुराने ढंग की रचनाएँ छायावाद युग में भी होती रहीं और रत्नाकर जैसे सिद्ध कवि इसी युग में हुए। कारण स्पष्ट है—ब्रजभाषा-काव्य जिस पुराने सामन्ती ढाँचे से सम्बद्ध था वह ढाँचा आधुनिक समाज-व्यवस्था में भी कुछ-न-कुछ बना हुआ था। इसी तरह भारतेन्दु हरिश्चन्द्र में भी यह अन्तर्विरोध मिलता है। भारतेन्दु एक ओर तो आधुनिक युग के प्रतीक खड़ी बोली हिन्दी गद्य को स्थापित कर रहे थे और दूसरी ओर मध्ययुग के प्रतीक ब्रजभाषा-पद्य भी लिखते रहे।

जिस तरह एक युग के पतन के साथ पुरानी साहित्यिक प्रवृत्तियाँ समाप्त नहीं हो जातीं, उसी तरह नये युग के आरम्भ के साथ ही नयी साहित्यिक प्रवृत्ति भी आकार ग्रहण नहीं कर पाती। उत्पादन का ढंग बदलते ही साहित्यिक प्रवृत्ति नहीं बदलती। हिन्दी साहित्य में आधुनिक युग का आरम्भ दिखलाते समय यह चूक प्राय: होती है। लोग सोचते हैं कि जिस दिन से भारत में प्रेस की मशीन आयी, साहित्य का नया ढाँचा भी शुरू हो गया। पर हम जानते हैं। कि ऐसा नहीं हुआ। प्रेस के आगमन और नाग। टाइपों के ढलाव (1787 ई.) के बहुत दिनों बाद हिन्दी साहित्य में आधुनिकता

आयी। ऐतिहासिक भौतिकवाद' यहाँ स्पष्ट कहता है कि 'प्रेस' मूलतः पुनरुत्पादक (री-प्रोडक्टिव) शक्ति है, उत्पादक शक्ति नहीं। इसलिए यन्त्र-प्रणाली उत्पादन के समूचे ढाँचे के सजीव सम्बन्ध से ही साहित्य का इतिहास बदलने में कारगर होती है, अकेली नहीं। उदाहरणस्वरूप चीन में अत्यन्त प्राचीन युग से प्रेस था, फिर भी चीनी साहित्य में आधुनिकता यूरोप में प्रेस आविष्कृत होने के बहुत बाद आयी। जब चीन में यूरोपीय तथा आधुनिक ढंग की यन्त्र-प्रणाली का आगमन हुआ, तब नयी साहित्यिक प्रवृत्ति उगी।

'ऐतिहासिक भौतिकवाद' साहित्य के इतिहास में विषय-वस्तु के ही परिवर्तन की कुंजी नहीं देता, बल्कि 'रूपतत्त्व' के विकास का भी सूत्र बताता है। एक ओर यदि वह हिन्दी-साहित्य के मध्ययुग से आज तक की बदलती हुई 'प्रेम-भावना' के क्रमिक सोपानों को स्पष्ट करता है तो दूसरी ओर स्वयं उस भाव को वहन करनेवाली भाषा, अलंकार-विधान, शैली-शिल्प, छन्द आदि के विकास की भी व्याख्या करता है। इस क्षेत्र में उसकी पहली चेतावनी यह है कि विषय-वस्तु के साथ ही रूप-तत्त्व नहीं बदलता चलता।

रूप-तत्व का पहला और प्रधान अवयव है भाषा। स्पष्ट है कि सूर तुलसी की भाषा से भारतेन्दु, प्रेमचन्द, प्रसाद की भाषा तत्त्वतः भिन्न नहीं है। हिन्दी दोनों ही हैं, क्योंकि 'आधारभूत शब्द-समूह' और 'व्याकरणिक गठन' दोनों का लगभग एक है। परिवर्तन उसमें अवश्य हुआ है और परिस्थितियों के कारण हुआ है, परन्तु उसका मूल आधार वही है। 19वीं सदी के सांस्कृतिक पुनर्जागरण ने पुरानी हिन्दी में अनेक तद्भव शब्दों के स्थान पर तत्सम शब्द भर दिये। 16वीं सदी के सांस्कृतिक जागरण ने भी कुछ हद तक यही कार्य किया था। इधर बीसवीं सदी के तीसरे दशक से जनतान्त्रिक आन्दोलन ने पुनः ग्रामीण तद्भव शब्दों के प्रयोग को प्रोत्साहन दिया और प्रेमचन्द ने उसका उत्कृष्ट रूप दिखलाया। नित्य व्यवहार की नवीन वस्तुओं के आगमन से अनेक नये शब्द साहित्य की भाषा में आये। छायावाद तथा उसके बाद के कवियों ने नये ऐन्द्रिय बोधों तथा अनुभूतियों के लिए नयी पदावली अपनायी। इसी तरह मध्ययुग की साहित्यिक भाषा का वाक्य गठन भी आधुनिक युग में कुछ हद तक बदल गया। नवीन परसर्गों और पदमात्रों के अतिरिक्त क्रियापदों में भी खड़ी बोली का रंग आया। इधर बीसवीं सदी के चौथे दशक से चिन्तन-क्रिया की गूढ़ता के साथ अँग्रेजी ढंग की 'पैथोसिस' का भी प्रवेश वाक्य-विन्यास में हो चला। फिर भी मूलतः यह भाषा हिन्दी ही रही—वह हिन्दी जिसका आरम्भ भक्ति भावना की जनवादी प्रेरणा से हुआ था। भक्तों ने संस्कृत के विरुद्ध जो 'भाषा'-आन्दोलन किया था वह पण्डितों द्वारा पोषित रूढ़िवादी भावना के विरुद्ध नवीन जनवादी

चेतना की अभिव्यक्ति थी।

आदर्शवादी समीक्षक अलंकार-विधान में परिवर्तन लक्षित नहीं कर पाते। फलतः छायावाद तथा उसके बाद की नयी कविता को भी पण्डितों ने उपमा-रूपकादि प्राचीन अलंकारों के मानदण्ड पर परखा है। अलंकारों का सम्बन्ध मनुष्य की सौन्दर्य-भावना से है और कहना न होगा कि यह भावना परिस्थितियों के अनुसार कुछ-न-कुछ बदलती चलती है। मध्ययुग के नारी-पुरुषों का प्रसाधन और शृंगार आधुनिक युग में नहीं रहा। प्रकृति-सम्बन्धी रुचियाँ बदल गयीं, रंग और गन्ध-सम्बन्धी ऐन्द्रिय बोध परिवर्तित हो गये, फूलों की पसन्द और हो गयी। इन तमाम बातों ने काव्य के अलंकार-विधान को प्रभावित किया है। छायावाद की कल्पना-समृद्धि को मध्ययुगीन उपमा-रूपकादि के साँचे में बैठाना अवैज्ञानिक है। अलंकार क्षेत्र में औपम्य या साम्य-विधान की आधारभूत विशेषता सभी युगों में सामान्य होते हुए भी युग-युग में कवियों ने 'विशेष' प्रयोग किये हैं, इसका ध्यान रखना चाहिए।

इसी तरह छन्दों में जो परिवर्तन हुए हैं उनको भी भाववादी समीक्षक या तो कवि की केवल व्यक्तिगत रुचि का परिणाम बताते हैं या हवाई ढंग से युग-परिवर्तन के कारण मान लेते हैं। आवश्यकता है उस यन्त्रगर्मी लय को ढूँढ़ने की जो मध्ययुग में और थी तथा आधुनिक युग में और हो गयी। पता लगाना चाहिए कि दोहा, छप्पय, घनाक्षरी और सवैया के मूल में वह कौन-सी लयात्मक इकाई है जिसका सम्बन्ध, मध्ययुगीन लोकचित्त से था और आधुनिक युग में वह इकाई विविध गीतों के रूप में क्यों बदल गयी? इसी तरह 'मुक्तछन्द में पुराने छन्दो-विधान के चरण-साम्य तथा तुक की रूढ़ि के विरुद्ध जो वेग है वह किस यन्त्र-प्रणाली, किस चित्त-गति के कारण सम्भव हुआ? वस्तुतः प्रत्येक साहित्य की तरह हिन्दी के भी रूप-तत्त्व की अपनी विशेष परम्परा है और उसकी बारीकियों का सम्यक् विश्लेषण सविस्तर होना चाहिए। प्रस्तुत निबन्ध में यह सब सम्भव नहीं।

इस प्रकार ऐतिहासिक भौतिकवाद साहित्यिक इतिहास में रूप-विधान-सम्बन्धी मौलिक उद्भावनाओं तथा परम्परा पालन को समझने के लिए ठोस आधार प्रदान करता है जो इतिहास-लेखक के लिए बहुत आवश्यक है।

संक्षेप में यही है इतिहास के अध्ययन के नये दृष्टिकोण की मोटी रूपरेखा। हिन्दी साहित्य क्या, किसी भी साहित्य का इतिहास लिखने के लिए 'दृष्टिकोण' निर्धारित करते समय केवल निर्देशक-सूत्र देना ही सम्भव है। इतिहास-लेखक के सामने कदम-कदम पर जो अनेक बारीक सवाल उठते हैं उनका आकलन यहाँ नहीं हो सकता। निस्सन्देह साहित्य-सृष्टि अनेक जटिल प्रभावों तथा तत्त्वों का घात-प्रतिघात है और उसका कतिपय नियमों द्वारा अति सरलीकरण करना गलत है। किन्तु उन

जटिल तत्त्वों को एक-एक कर विलगाना असम्भव है, यह धारणा और भी गलत है। ऐतिहासिक तथ्यों को विकृत न करते हुए साहित्य के इतिहास को समझना ही हमारा ध्येय होना चाहिए। केवल इसी प्रकार हम मानवता की मुक्ति के इस अन्तिम संघर्ष में योग दे सकेंगे। अतीत का अविकृत और सत्यपूर्ण उद्घाटन ही वर्तमान में सक्रिय हो सकता है। यह ऐतिहासिक भौतिकवाद से ही सम्भव है। यदि ऐसा नहीं है तो इतिहास के आर्यसमाजी व्याख्याकारों और ऐतिहासिक भौतिकवादियों में क्या फर्क रहेगा? अपने अतीत के जय-पराजय, हर्ष-शोक, आशा-निराशा का यथार्थ चित्रण ही हमें आज विजय के लिए प्रेरणा दे सकेगा।

1952

हिन्दी-साहित्य के इतिहास पर पुनर्विचार

इतिहास लिखने की ओर कोई जाति तभी प्रवृत्त होती है जब उसका ध्यान अपने इतिहास के निर्माण की ओर जाता है। यह बात साहित्य के बारे में उतनी ही सच है जितनी जीवन के। हिन्दी में आज इतिहास लिखने के लिए यदि विशेष उत्साह दिखायी पड़ रहा है तो यही समझा जायेगा कि स्वराज्य-प्राप्ति के बाद सारा भारत जिस प्रकार सभी क्षेत्रों में इतिहास-निर्माण के लिए आकुल है उसी प्रकार हिन्दी के विद्वान एवं साहित्यकार भी अपना ऐतिहासिक दायित्व निभाने के लिए प्रयत्नशील हैं। पहले भी जब साहित्य का इतिहास लिखने की परम्परा का सूत्रपात हुआ था तो सम्पूर्ण राष्ट्रीय जीवन के विविध क्षेत्रों के इतिहास-निर्माण के साथ ही। यदि आरम्भिक इतिहासों के इतिहास में न जाकर पं. रामचन्द्र शुक्ल के इतिहास को ही लें, जो हिन्दी साहित्य का पहला व्यवस्थित इतिहास माना जाता है, तो उसकी ऐतिहासिकता द्योतित करने के लिए उस युग का राष्ट्रीय आन्दोलन समानान्तर दिखायी पड़ेगा। राजनैतिक इतिहास-ग्रन्थों का सिलसिला भी उसी ऐतिहासिक दौर में जमा। परन्तु शुक्लजी के इतिहास के सन्दर्भ में जो सबसे प्रासंगिक तथ्य है वह है तत्कालीन रचनात्मक साहित्य की ऐतिहासिक क्रान्ति-कविता और कथा-साहित्य का नवीन सृजनात्मक प्रयत्न। साहित्य का वैसा इतिहास तभी सम्भव हुआ जब साहित्य-रचना के क्षेत्र में एक ऐतिहासिक परिवर्तन आया, जब सच्चे अर्थों में इतिहास बना।

इसके अतिरिक्त, शुक्लजी का इतिहास 'हिन्दी शब्द सागर' के साथ आया था, जिसके आसपास ही पं. कामताप्रसाद गुरु का पहला प्रामाणिक 'हिन्दी व्याकरण' भी निकला था। साहित्य का इतिहास, शब्दकोश एवं व्याकरण-क्या इन तीनों का एक साथ बनना आकस्मिक है? यह तथ्य इसलिए ध्यान देने योग्य है कि आज फिर जब साहित्यिक इतिहास लिखने का उत्साह उमड़ा है तो साथ-साथ शब्दकोश और व्याकरण के संशोधन एवं परिवर्तन के प्रयत्न भी हो रहे हैं; बल्कि जिस काशी नागरी प्रचारिणी सभा ने पिछले ऐतिहासिक दौर में ये तीनों कार्य किये थे, वही संस्था आज

फिर बहुत बड़े पैमाने पर तीनों योजनाओं के साथ प्रस्तुत है। और चूंकि अब हिन्दी का कार्यक्षेत्र पहले से कहीं अधिक व्यापक हो गया है इसलिए इस प्रकार के प्रयत्न यदि अन्य अनेक जगहों से भी हों तो स्वाभाविक ही कहा जायेगा, जैसे भारतीय हिन्दी परिषद्, प्रयाग की ओर से तीन जिल्दों में प्रकाशित होनेवाला 'हिन्दी साहित्य'। इन तथ्यों से प्रमाणित होता है कि आज भी हिन्दी उन सभी आवश्यकताओं की पूर्ति के लिए पूर्णत: तत्पर है, जो कि उससे अपेक्षित हैं। साथ ही इससे यह भी पता चलता है कि अपनी विशेष सुविधाओं के कारण अन्य भाषाएँ जो कार्य काफ़ी पहले कर चुकी हैं उसे थोड़े समय में ही जल्द-से-जल्द पूरा करके हिन्दी भी सबके साथ आ जाना चाहती है, बल्कि सम्भव हुआ तो आगे निकल जाने के लिए भी आकुल है। सभा एवं परिषद् के बृहद्-मध्यम इतिहास अनायास ही 'कैम्ब्रिज़ हिस्ट्री आफ़ इंगलिश लिटरेचर' और 'आक्सफोर्ड हिस्ट्री आफ़ इगलिश लिटरेचर' की याद दिला देते हैं। जैसा कि इन हिन्दी इतिहासों का मन्तव्य स्पष्ट किया गया है, "कोई एक लेखक सभी विषयों पर विशेषज्ञता की दृष्टि से विचार नहीं कर सकता है, इसलिए विभिन्न विषयों के विशेषज्ञों के सहयोग से ऐसा इतिहास प्रस्तुत किया जाये जिसमें नवीनतम खोजों और नवीन व्याख्याओं का समुचित उपयोग हो सके।" ऐसे सन्दर्भ-ग्रन्थों की एक निश्चित उपयोगिता है किन्तु यह उनकी अनिवार्य सीमा भी है। इस सीमा को ध्यान में रखकर ही साहित्यिक इतिहास पर पुनर्विचार सम्भव है।

ये ग्रन्थ अपनी प्रकृति से सूचना-धर्मी हैं और आवश्यक जानकारी के लिए समय-समय पर इन्हें देखने की ज़रूरत पड़ती है। अपने सर्वोत्तम रूप में ये *इतिहास की सामग्री* ही हो सकते हैं, इतिहास नहीं। जिन ग्रन्थों का लक्ष्य नवीनतम खोजों और नवीन व्याख्याओं का 'उपयोग' करना-भर हो, उनका उपयोग अधिक-से-अधिक नवीनतम खोजों और नवीन व्याख्याओं की जानकारी प्राप्त करने के लिए ही हो सकता है। नवीन व्याख्याओं का उपयोग' इतिहास नहीं है, इतिहास स्वयं एक नयी व्याख्या है। ये स्वयं इतिहास को बनाने या बदलने में असमर्थ हैं, इनका उपयोग करके कोई चाहे तो इतिहास भले ही बना दे। इसीलिए इन ग्रन्थों की समस्याएँ भी दूसरे प्रकार की हैं जिनका सम्बन्ध पाठालोचन, काल-निर्णय, तथ्य-संग्रह, तथ्य-चयन, सामग्रियों के वर्गीकरण आदि से है। काल-विभाजन की समस्या भी एक तरह से इन्हीं समस्याओं से सम्बद्ध है जो हिन्दी-साहित्य के इतिहासकारों को प्राय: सबसे बड़ी समस्या मालूम होती है और इतिहास पर पुनर्विचार करते समय सबसे पहले इस काल-विभाजन की समस्या को ही सामने रखा जाता है—यहाँ तक कि काल विभाजन हिन्दी साहित्य के इतिहास सम्बन्धी पुनर्विचार का पर्याय हो चला है। ध्यान से देखा जाये तो इनमें से एक भी ठेठ इतिहास की समस्या नहीं है। जहाँ अब तक की प्राप्त सामग्री के

वर्गीकरण एवं सम्पादन की समस्या प्रधान हो वहाँ विचार का रूप बहुत कुछ शुद्ध 'तकनीकी' होगा जैसा कि पुस्तकालय विज्ञान या संग्रहालय-विज्ञान में होता है। जहाँ दृष्टि अतीतोन्मुखी हो वहाँ इतिहास नहीं है, क्योंकि इतिहास में दृष्टि भविष्योन्मुखी होती है और इतिहास की चिन्ता का केन्द्र-बिन्दु ठेठ समसामयिक होता है।

वस्तुतः इतिहास लिखने का कार्य वही कर सकता है जो स्वयं इतिहास बनाने में योग देता है अथवा दिलचस्पी रखता है—इतिहास अर्थात् समसामयिक इतिहास, क्योंकि जो बीत चुका उसका अब क्या बनाया जा सकता है? इसलिए साहित्य के इतिहास की मुख्य समस्या है समसामयिक साहित्य की समस्या; अन्य युगों की सारी समस्याएँ सहायक हैं, अथच गौण। इस प्रकार जो समसामयिक साहित्य की समस्याओं से जूझ रहे हैं वे इतिहास न लिखते हुए भी वस्तुतः इतिहास बनाने में योग दे रहे हैं। समसामयिक साहित्य के सन्दर्भ में उठी हुई सारी समस्याएँ इतिहास की समस्याएँ हैं। यह आकस्मिक नहीं है कि साहित्य के अनेक इतिहासकार अपने इतिहास में समसामयिक साहित्य की चर्चा करने से प्रायः कतराते रहे हैं और अपनी इस कमी या कमज़ोरी को ढकने के लिए तरह-तरह के सिद्धान्त गढ़ते रहे हैं। वैसे, समसामयिक साहित्यकारों तथा साहित्य-कृतियों की चर्चा लक्षण मात्र है, अपने-आपमें नितान्त अनिवार्य न होते हुए भी वस्तुतः यह एक इतिहासकार की बद्धमूल ऐतिहासिक समझ का आभास देती है। इससे एक इतिहासकार की अपनी ऐतिहासिक सीमा का पता चलता है।

समसामयिक साहित्य का इतिहास बनाने में सबसे अधिक योग एक रचनाकार का होता है क्योंकि रचना के द्वारा ही इतिहास का निर्माण सम्भव है; किन्तु कभी-कभी, और आज की जटिल परिस्थिति में तो अधिकांशतः, रचनाकार को भी समीक्षक का कार्य करना पड़ता है। निस्सन्देह इस कार्य में उसे कतिपय समीक्षकों का भी सहयोग प्राप्त होता है जो अनिवार्यतः सहमतिपरक न होते हुए भी अन्ततः इतिहास की सामान्य धारा के लिए उपयोगी होता है। चूँकि साहित्य-समीक्षा के द्वारा ही समसामयिक समस्याओं का विचार सम्भव है, इसलिए जहाँ तक इतिहास लिखने का कार्य है उसका उत्तरदायित्व एक समीक्षक के ही कन्धों पर है। इसका अर्थ स्पष्ट है कि बहुत काफी जानकारी तथा सूचनाओं की पूँजी रखते हुए भी कोई विद्वान अध्यापक यदि जागरूक समीक्षक नहीं है तो एक अध्यापक की हैसियत से वह 'इतिहास' नहीं लिख सकता—इतिहास के नाम पर कोई सूचनाधर्मी कार्य भले कर दे। ध्यान देने योग्य है कि हिन्दी-साहित्य का पहला व्यवस्थित इतिहास लिखनेवाले पं. रामचन्द्र शुक्ल अपने युग के सबसे जागरूक आलोचक भी थे—बल्कि वे मूलतः आलोचक ही थे और उनके 'इतिहास' का स्थायित्व उनके आलोचनात्मक मूल्यांकन के कारण

है। निस्सन्देह वे साहित्य एवं दर्शन के गम्भीर विद्वान भी थे और उस विद्वत्ता के योग से उनकी समीक्षा-दृष्टि और भी प्रखर हो उठी; किन्तु जहाँ तक उनके इतिहास का विद्वत्ता प्राप्त पक्ष है उसका आधार स्वयं उन्हीं के शब्दों में अन्य विद्वानों का ही श्रमसिद्ध 'वृत्तान्त' रहा है। इधर कुछ ऐसी परम्परा चल पड़ी है कि इतिहास-लेखन एवं साहित्य-समीक्षा के बीच सम्बन्ध टूट गया है। इतिहास लिखने का कार्य अध्यापकों ने अपने जिम्मे कर लिया है और समसामयिक साहित्य की समीक्षा लिखने का कार्य साहित्य-ज़ीवी लेखक करते हैं या फिर पत्रकार (और अध्यापक तो सब कुछ करने का अधिकार रखता ही है, इसलिए कभी-कभी कृपापूर्वक किसी कृति की समीक्षा भी लिख देता है।)

परन्तु इतिहास-लेखन एवं साहित्य-समीक्षा का सम्बन्ध-विच्छेद और भी गहरे स्तर पर हो चुका है। इतिहास की समस्याएँ अलग मानी जाती हैं और साहित्य-समीक्षा की समस्याएँ अलग। उदाहरण के लिए, इतिहास की समस्याओं पर विचार करते समय यदि कोई आलोचना के प्रतिमान की बात उठा दे तो समझा जायेगा कि विषय से बाहर की बात है, गोया काल विभाजन वगैरह ही इतिहास की अपनी समस्याएँ हैं। इतिहास और आलोचना के इस बिलगाव से स्पष्ट हो जाता है कि हमारे साहित्य-चिन्तन में अतीत और वर्तमान के बीच कितनी गहरी और चौड़ी खाई आ गयी है। व्यवहार में परिणाम प्रकट है : इतिहास नामधारी इधर के अधिकांश ग्रन्थों का आलोचना-पक्ष दरिद्र है; किसी कवि या कृति के बारे में जाने कब की स्थिर की हुई मान्यताएँ प्रमाण-पत्र की तरह उद्धृत होती चली आ रही हैं। दो-चार नये तथ्यों के विवरण भले जुड़ जायें, किसी कवि-कृति या युग-प्रवृत्ति का मूल्यांकन यथावत् बना रहता है, गोया तथ्य और मूल्यांकन में कोई सम्भावित सम्बन्ध नहीं है और न नये तथ्यों के द्वारा मूल्यांकन में किसी प्रकार के परिवर्तन की आशंका ही है। ऐसे अविचलित इतिहासकारों के लिए नवीनतम खोजों का उपयोग क्या और अनुपयोग क्या? खोज में प्राप्त नये तथ्य ऐसे इतिहास में स्थान पाकर भी क्या करेंगे—पाताल-फोड़ कुएँ में दस लोटा दूध डालिए चाहे सो लोटा, क्या फ़र्क पड़ता है!

निस्सन्देह जुलाई '54 की त्रैमासिक 'आलोचना' में 'इतिहास का पुनर्नवीकरण' शीर्षक सम्पादकीय के अन्तर्गत सम्भवतः पहली बार स्पष्ट शब्दों में कहा गया है कि " इतिहास के नवीकरण का प्रश्न समीक्षा के नवीकरण का प्रश्न हो जाता है।" किन्तु वहाँ इस कथन पर आगे और विचार न देखकर ऐसा प्रतीत होता है जैसे यह एक वाक्य अनायास ही कलम से फिसल गया हो। निश्चय-वाचक 'है' के स्थान पर 'हो जाता है' क्रिया स्वयं एक प्रकार के अनिश्चय का आभास देती है। इससे पहले अक्तूबर '52 की त्रैमासिक 'आलोचना' के इतिहास-विशेषांक के सम्पादकीय में भी

हिन्दी-साहित्य की नयी पुरानी सभी प्रवृत्तियों को "विशिष्ट ऐतिहासिक परिस्थितियों के प्रसंग में रखकर जाँचने" और चन्द से लेकर पन्त तक की "कृतियों के अध्ययन से उनकी वास्तविक महत्ता को उद्घाटित करने" की आवाज उठायी गयी है लेकिन वहाँ भी स्पष्ट रूप से यह नहीं कहा गया कि इतिहास के पुनर्नवीकरण की समस्या वस्तुतः आलोचना के प्रतिमान के पुनर्नवीकरण की समस्या है। यह अस्पष्टता इतिहास और आलोचना के आपसी सम्बन्ध के बारे में दिमागी अस्पष्टता को सूचित करती है, क्योंकि अनजान ढंग से तो किसी-न-किसी रूप में हर इतिहासकार आलोचना करता ही है और आलोचक भी इतिहास का हवाला देता ही रहता है, लेकिन मुख्य प्रश्न इसके प्रति आत्मचेता होने का है वरना 'अन्धे के हाथ बटेर' लगी भी तो क्या?

इसलिए साहित्य के इतिहासकार की पहली समस्या 'समसामयिकता के बोध' की है और यह कहते हुए मुझे पता है कि सिद्धान्त रूप से इस बात को सभी जानते हैं और स्वयंसिद्धि के समान मानते भी हैं। कठिनाई सिर्फ इतनी है कि यह केवल जान लेने और मान लेने की बात नहीं है। कौन नहीं कहता कि हर युग की आवश्यकता के अनुसार इतिहास की बार-बार पुनर्व्यवस्था होनी चाहिए? परिवर्तन का सत्य इतना प्रत्यक्ष है कि बड़े-से-बड़ा शाश्वतवादी भी 'संसार परिवर्तनशील है' कहता पाया जाता है। जुलाई 4 की 'आलोचना' के उसी सम्पादकीय में "इतिहास के युगीन-सापेक्ष पुनर्नवीकरण की आवश्यकता" व्यक्त की गयी है और इस बात पर खेद प्रकट किया गया है कि "हिन्दी-साहित्य के इतिहास-लेखन की प्रगति युग-जीवन की प्रगति के साथ नहीं चल सकी हैं।' किन्तु इसके बाद ही हिन्दी साहित्य के इतिहासों की जो युग सापेक्ष सीमाएँ बतलायी गयी हैं उनसे स्पष्ट हो जाता है कि साहित्यिक इतिहास की युग सापेक्षता के बारे में समझ कितनी सतही हो सकती है। उदाहरण के लिए, शुक्लजी के इतिहास की युग सापेक्ष सीमा बतलाते हुए जहाँ तत्कालीन राष्ट्रीय जागरण की राजनीतिक पृष्ठभूमि को तूल दिया गया है वहाँ यह अत्यन्त प्रासंगिक प्रश्न नहीं उठाया गया कि साहित्य के सम्बन्ध में शुक्लजी का ऐतिहासिक दृष्टिकोण अपने समकालीन साहित्य के राग-बोध से किस हद तक निर्धारित हुआ था। यदि शुक्लजी का इतिहास सचमुच ही युग सापेक्ष था तो उसे प्रथमतः साहित्यिक स्तर पर युग सापेक्ष होना चाहिए। कवियों, कृतियों एवं प्रवृत्तियों के मूल्यांकन में शुक्लजी की जो विशेष प्रकार की साहित्यिक अभिरुचि दिखायी पड़ती है उस पर उनके समकालीन काव्य-बोध का कितना गहरा रंग है? शुक्लजी के इतिहास की आलोचना करते हुए क्या यह प्रश्न कभी उठाया गया है? किसी को उनके पक्के काल विभाजन को तोड़ने की चिन्ता है तो किसी को किसी कवि-सम्बन्धी मूल्यांकन से मतभेद; किसी को कुछ छूट जाने की शिकायत है तो किसी को कुछ जोड़ देने की लालसा-लेकिन इस तथ्य

की ओर किसी का ध्यान नहीं गया कि इतिहास की हर व्याख्या और हर मूल्यांकन कालक्रम से स्वयं उस इतिहास के अभिन्न अंग बन जाते हैं। आगे चलकर उनका मूल्यांकन करने के लिए हर कोई स्वतन्त्र है लेकिन इतिहास का एक तथ्य मानकर। फिर वह तथ्य चाहे जितना 'गलत' हो लेकिन है इतिहास का अमिट तथ्य। ऐसी स्थिति में उसकी साहित्यिक युग सापेक्षता सबसे पहले विचारणीय है। परन्तु उस युग सापेक्षता का ठीक-ठीक निर्णय करने के लिए इस बारीक भेद का विवेक होना बहुत जरूरी है कि इतिहासकार समीक्षक का काव्य-बोध 'सदोष' है या 'सीमित'।

इसी प्रकार पं. हजारीप्रसाद द्विवेदी का 'हिन्दी साहित्य : उद्‌भव और विकास' प्रकाशित हुआ तो अनेक लोगों का धीरज छूट गया और बहुतों की ओर से शिकायत आयी कि यह इतिहास द्विवेदीजी के गौरव के अनुकूल नहीं है, वैसे ज्यादातर लोगों को उसके सम्यक् अद्यतन न हो पाने का कष्टथा। यह जानते हुए भी कि इतिहास घोषित रूप से छात्रों के उपयोगार्थ लिखा गया है, किसी का ध्यान उसके युग-सापेक्ष साहित्यिक बोध की नवीनता एवं सीमा की ओर नहीं गया। शुक्लजी के इतिहास के साथ उसे मिलाकर किसी ने यह देखने की कोशिश नहीं की कि दोनों इतिहासों में जो एक पीढ़ी का अन्तर है उसके कारण परम्परा के निरूपण एवं मूल्यांकन में कहाँ-कहाँ अन्तर आ गया है! क्या यह आकस्मिक है कि शुक्लजी ने जहाँ तुलसीदास को अपना मानदण्ड बनाया. द्विवेदीजी ने कबीरदास को? यही नहीं, बल्कि उन्होंने तुलसीदास को भी कबीर के रंग से रंग दिया? और नहीं तो शुक्लजी और द्विवेदीजी के तुलसीदास सम्बन्धी विचारों की तुलना से ही स्पष्ट हो जायेगा कि दोनों इतिहासकारों के ऐतिहासिक-बोध में कितना और क्या अन्तर है। यह अन्तर सूरदास की समीक्षा में भी देखा जा सकता है या फिर मतिराम, बिहारी, देव, पद्‌माकर, घनानन्द आदि तथाकथित रीतिकालीन कवियों की तुलनात्मक समीक्षा में। क्या अक्खड़ता, फक्कड़ता, सहजता, मस्ती आदि के आधार पर साहित्यिक परम्परा बाँधनेवाले द्विवेदीजी के इतिहास तथा उनकी पीढ़ी के दिनकर, नवीन, भगवतीचरण वर्मा आदि 'जब नी' के कवियों में कोई बिम्ब प्रतिबिम्ब सम्बन्ध नहीं है? और यहाँ भी उस बात को एक बार फिर दुहराना आवश्यक है कि इतिहास की यह व्याख्या भी इतिहास का एक अमिट तथ्य है। यह किसी आचार्य की सम्मति नहीं है कि प्रमाणपत्र के रूप में चुपचाप नत्थी कर दी जाये और न किसी की व्यक्तिगत चुनौती ही है कि अपनी मौलिकता प्रमाणित करने के लिए खामखाह ग़लत काटी जाये।

तात्पर्य यह कि इन दो इतिहासों की प्रचलित आलोचनाओं से स्पष्ट है कि इतिहास पर पुनर्विचार करनेवालों में स्वयं अपने युग का बोध कितना कम है। जिसे इतिहास के एक तथ्य की युग सापेक्षता का बोध न हो उसके अपने युग-सापेक्ष बोध का क्या

प्रमाण? पूर्ववर्ती इतिहासों एवं इतिहासकारों की अन्धाधुन्ध आलोचना इतिहास का पुनर्विचार नहीं है और न ही है उनकी तथ्य अथवा व्याख्या सम्बन्धी सीमाओं को 'ग़लत' मानना। 'ग़लती' युग-निरपेक्ष होती है जबकि किसी इतिहास की युग सापेक्ष 'ग़लती' 'सीमा' कहलाती है।

जब किसी पूर्ववर्ती इतिहास में ग़लती दिखायी पड़े तो उसके साथ अपने युगबोध के अन्तर का परीक्षण करना वास्तविक ऐतिहासिक बोध है। ऐसी स्थिति में इस तथ्य की छानबीन आवश्यक हो जाती है कि उस इतिहासकार ने ऐसी व्याख्या क्यों की? क्यों उसने किसी कृति को मूल्यवान माना और किस प्रकार का है उसका मूल्य? उस मूल्य का स्रोत क्या है? यदि आज हम उससे सहमत होने में अपने को असमर्थ पा रहे हैं तो क्यों? हमारे भीतर का वह कौन-सा तत्त्व है जो असहमति प्रकट कर रहा है और इस तत्त्व के पीछे कौन-सा समसामयिक बोध है? लेकिन ये प्रश्न तभी उठ सकते हैं जब इन तमाम व्याख्याओं का अवरोध पार करके मूल कृति के साथ हमारा सीधा साक्षात्कार सम्भव हो सके ऐसा साक्षात्कार जो प्रथम परिचय जैसा प्रत्यग्र एवं संवेदनक्षम हो। इतिहास-सम्बन्धी पुनर्विचार का आरम्भ कदाचित् इसी प्रक्रिया से होता है, अन्यथा पुनर्विचार के नाम पर 'पुनि-पुनि मुनि उकसहि अकुलाहीं' का ही दृश्य उपस्थित होगा मुस्कानेवाले 'हरगन' भले ही न दिखें।

लेकिन इसका अर्थ यह नहीं है कि आज की हिन्दी मनीषा में 'समसाम-यिकता के बोध' का नितान्त अभाव है। निश्चित रूप से हमारे सामने अपना एक 'जीवित' रचनात्मक साहित्य है, इससे सम्बद्ध एक ओर जागरूक रचनाकार हैं तो दूसरी ओर ग्रहणशील पाठक भी, और एक हद तक दोनों ही अपनी ऐतिहासिक परम्परा के प्रति सचेत साकांक्ष हैं। किन्तु कुछ तो आज का व्यापक सांस्कृतिक संकट, उससे उत्पन्न कुछ नये साहित्य की क्षणवादी प्रवृत्ति और कुछ नये साहित्य के प्रति साहित्य के विद्वानों का कभी विरोध भाव एवं कभी उपेक्षा भाव—नयी पीढ़ी अपने इतिहास के प्रति यदि उदासीन नहीं तो काफ़ी सशंक ही उठी है और कुल मिलाकर इतिहास-विधायक शक्तियों में एक हद तक बिखराव आ गया है। इसका प्रत्यक्ष प्रमाण है ऐसे स्वयंसिद्ध वक्तव्य की इतनी साग्रह पुनरुक्ति! अन्यथा कौन नहीं जानता कि वर्तमान साहित्य को समझने-समझाने और आँकने के लिए आलोचना के प्रतिमान बनते हैं तथा वर्तमान साहित्य को समझने-समझाने एवं आँकने के लिए ही इतिहास भी लिखा जाता है। इस प्रकार लक्ष्य की एकता प्रतिमान-निर्माण एवं इतिहास-निर्माण की प्रक्रिया को भी आरम्भ से ही समेकित कर देती है। 'परम्परा और प्रगति' तथा 'परम्परा और प्रयोग' पर इधर जो इतनी सैद्धान्तिक तथा व्यावहारिक चर्चा हुई, वह भी एक प्रकार से इतिहास पर पुनर्विचार ही है, निस्सन्देह एकेडेमिक क्षेत्रों में

'इतिहास पर पुनर्विचार' को जिस रूप में समझा जाता है, उससे इसकी संज्ञा भिन्न है। शायद विद्वानों के उस शब्दकोश में 'परम्परा' और 'इतिहास' अकारादिक्रम से ही अलग-अलग नहीं हैं बल्कि अर्थ की दृष्टि से भी विजातीय हैं। यहाँ तो ऐसी स्थिति है कि जब तक साफ शब्दों में शीर्षक देकर लिख नहीं दिया जायेगा कि यह 'इतिहास' पर पुनर्विचार है, तब तक लोग मानेंगे ही नहीं कि परम्परा-सम्बन्धी किसी विचार की प्रासंगिकता इतिहास में सम्भव है।

अज्ञेय ने टी. एस. इलियट के विख्यात निबन्ध का भावानुवाद 'रूढ़ि और मौलिकता' शीर्षक से सन् '40 के आसपास ही कर लिया था और इस प्रकार वह निबन्ध हिन्दी की अपनी समीक्षा-परम्परा के अन्तर्गत एक ऐतिहासिक तथ्य बनकर स्थापित हो गया, किन्तु इतिहास पर पुनर्विचार करते हुए कितने लोगों ने इस तथ्य को लक्षित किया? क्या यह भी कहना पड़ेगा कि वह निबन्ध एक नये ऐतिहासिक दृष्टिकोण का ही नहीं बल्कि हिन्दी के एक साहित्यकार के माध्यम से हिन्दी में एक नये ऐतिहासिक बोध के उदय का सूचक है?

उस निबन्ध में साफ कहा गया है कि "परम्परा के सजीव स्पन्दन की चेतना के लिए निरी जानकारी और पाण्डित्य जरूरी नहीं है" अर्थात् एक बहुत बड़े पण्डित के लिए वह दुर्लभ हो सकती है और एक अनुभूति प्रवण नवयुवक उसे अनायास ही प्राप्त कर सकता है, क्योंकि उसमें अपने वर्तमान का तीखा बोध होता है और चूँकि "जागरूक वर्तमान अतीत की एक नये ढंग की और नये परिमाण में अनुभूति का नाम है, जैसी और जितनी अनुभूति उस अतीत को स्वयं नहीं थी", इसलिए वर्तमान के गहरे बोध के माध्यम से ही उसे अतीत की भी ऐतिहासिक चेतना सहज प्राप्त हो जाती है। इस प्रकार "अतीत और वर्तमान के इस दुहरे अस्तित्व की, उनकी पृथक् वर्तमानता और उनकी एक-सूत्रता की, निरन्तर अनुभूति ही ऐतिहासिक चेतना है।" इस ऐतिहासिक चेतना से युक्त होने के कारण ही समर्थ नया लेखक यह देख लेता है कि अतीत के साहित्य का कितना अंश आज भी हमारे लिए जीवन्त या जीविष्णु है। यदि इतिहास लिखने का हौसला रखनेवाले अनेक विद्वान इस विवेक में सफल न दिखायी पड़ें तो यही कहा जायेगा कि उन्हें अपने वर्तमान का सम्यक् बोध नहीं है, इसलिए अतीत का भी बोध नहीं है! जो अपने युग के बोध से रिक्त है वह किसी दूसरे युग को जान सकने में क्योंकर समर्थ होगा? आखिर अतीत युग 'जैसा था' वैसे का वैसा आज किस प्रकार जाना जा सकता है : प्रमाण-विद्या का यह बहुत ही जटिल प्रश्न है।

प्रश्न यह है कि इस प्रकार की ऐतिहासिक चेतना आज सचमुच कितने लोगों में है? यदि केवल कुछ लेखकों और कुछ सहृदय पाठकों में यह चेतना हो भी तो

इतने से क्या हो सकता है?

यदि किसी युग के बहुसंख्यक समाज में परम्परा का जीवित बोध हो तो सम्भवतः साहित्य के इतिहास की कोई आवश्यकता ही न रहे। जिस जाति के लिए सम्पूर्ण परम्परा एक जीता-जागता वर्तमान सत्य हो उसे अलग से इतिहास पढ़ने की आवश्यकता क्यों पड़े? ऐसा प्रतीत होता है कि संस्कृत काव्य-शास्त्र में जो अलग से इतिहास लिखने की प्रणाली नहीं थी उसका एक कारण सम्भवतः यह भी था। उस युग के अधिकांश लोगों के लिए सारा अतीत साहित्य बहुत-कुछ समसामयिक-जैसा रहा होगा और बहुत सम्भव है कि वे सम्पूर्ण साहित्यिक परम्परा को समसामयिक-सा ग्रहण करके रसास्वादन करने में समर्थ रहे होंगे।

कालक्रम से यह परम्परा टूट गयी, इसीलिए अतीत को वर्तमान से जोड़ने के लिए इतिहास-ग्रन्थों की आवश्यकता पड़ी। पण्डित हजारीप्रसाद द्विवेदी ने 'साहित्य का मर्म' में इस कष्टदायक अवस्था के परिणामों की ओर काफी पहले संकेत किया था। "जब नये विज्ञान-युग का आविर्भाव इस देश में हुआ तो दुर्भाग्यवश हमारी शिक्षा पद्धति एकदम अभारतीय हो गयी और नवीन शिक्षितों के सामने हमारे देश की एक सुचिन्तित विचारधारा का उत्तराधिकार नहीं मिला...देश के विचारशील लोगों को यह अवस्था कष्टदायक लगी। नाना भाव से अपने देश को समझने-समझाने की आवश्यकता पर जोर दिया गया। विशेषज्ञों का एक दल—जिसमें विदेशी पण्डितों का महत्त्वपूर्ण स्थान था—अपने देश की विद्या का अध्ययन करके लुप्त होती हुई सामग्री का उद्धार करने में लग गया। बहुत-कुछ बचाया जा सका, बहुत कुछ उबारा जा सका, परन्तु इन विषयों का उस प्रकार उपयोग नहीं किया जा सका जिस प्रकार जीवन रस देनेवाले साहित्य का होना चाहिए। प्रधान प्रेरणा-स्रोत विदेशी विचारक बने रहे और इस देश के शिक्षितों ने अपने पुराने साहित्य के प्रति एक ऐसा मनोभाव पैदा कर लिया जिसे अंग्रेजी में 'म्यूजियम इन्टरेस्ट' कहते हैं। यह एक दृष्टि से बहुत बुरा हुआ। इनको यदि सम्पूर्ण समाज की बृहत्तर पटभूमिका में रखकर और प्रधान प्रेरणा-स्रोत मानकर अपना आलोचना-मान निर्धारित किया गया होता तो कुछ और ही फल होता। सामाजिक पटभूमि से विच्छिन्न होकर हमारे प्राचीन ग्रन्थ केवल प्रदर्शनी की वस्तु रह गये। उनका अधिक-से-अधिक उपयोग केवल इतना समझा गया कि उनसे प्राचीन भारतीय साहित्य के अध्ययन में सहायता मिलती है।"

यह स्थिति बहुत कुछ आज भी है, यहाँ तक कि इतिहास पर पुनर्विचार करते समय भी अधिकांश चर्चा पाश्चात्य विचारकों के विचारों की उद्धरणी होकर रह जाती है; अपनी प्रस्तुत समस्याओं से वे सिद्धान्त निकलते हुए नहीं दिखते, बल्कि उन्हें बाहर से लेकर अपने यहाँ 'लागू' करने की समस्या रह जाती है। और स्वाभाविक

है कि इस प्रकार सिद्धान्त को व्यवहार में 'लागू' करते हुए क्वचित कदाचित मेल न खाये। इसलिए हिन्दी के इतिहास-सिद्धान्त-सम्बन्धी पहली और अभी तक अकेली पुस्तक 'साहित्य का इतिहास-दर्शन' में श्री नलिन-विलोचन शर्मा जैसे कृती कवि, कहानीकार, आलोचक एवं प्राध्यापक को भी यदि यही कठिनाई दिखायी पड़ती है तो कोई आश्चर्य नहीं होता। संसार के प्रायः समस्त साहित्यों की प्रचलित ऐतिहासिक पद्धति का विवरण देने एवं हिन्दी-साहित्य के समस्त इतिहासों की सूक्ष्म समीक्षा करने के बाद जब नलिनजी स्वयं ही हिन्दी-साहित्य की परम्परा निरूपित करने चलते हैं तो उनके निष्कर्षो की अतिसरलता देखकर दंग रह जाना पड़ता है। यहाँ तक कि स्वयं उसी निबन्ध में बार-बार टी. एस. इलियट के निबन्ध का उद्धरण देते हुए भी वे हिन्दी-साहित्य की परम्परा-भौतिकता, यथार्थता, मानववाद, मानवतावाद और धार्मिकता जैसी-पाँच सदानीरा धाराओं के रूप में गिनाते हैं। इसे अतिसरलता कहें या कोई अपरिहार्य विवशता!

हिन्दी-साहित्य के इतिहास में इस प्रकार जो भौतिकता, यथार्थता, मानववाद, मानवतावाद एवं धार्मिकता की पाँच परम्पराएँ दिखायी गयी हैं, वे संसार के किसी भी साहित्य में दिखलायी जा सकती हैं, वस्तुतः वे हिन्दी साहित्य की अपनी विशिष्ट परम्पराएँ नहीं हैं। इसलिए बहस इनके होने या न होने को लेकर नहीं है और न इस संख्या को घटाने या बढ़ाने पर ही कोई आग्रह है। बहस इस बात से भी नहीं है कि ये तथाकथित सदानीरा धाराएँ साहित्यिक हैं या नहीं। बहस है उस ऐतिहासिक दृष्टि से, उस ऐतिहासिक पद्धति से जो किसी साहित्य की विशिष्ट जटिलता की परीक्षा न करके एक सरल रूपाकार या पैटर्न के रूप में ऊपर से आरोपित कर दी जाती है। इससे स्पष्ट है कि हमारे यहाँ वर्तमान का सम्बन्ध परम्परा से कितना टूट चुका है, साथ ही इससे यह भी सूचित होता है कि हमारी ऐतिहासिक चिन्तन पद्धति भी ठोस ऐतिहासिक वास्तविकता से कितनी अलग जा पड़ी है; और यह स्थिति और भी खतरनाक है। जब किसी साहित्य में वर्तमान का सम्बन्ध अतीत से टूट जाता है तो चिन्तन पद्धति भी वास्तविक परम्परा से विच्छिन्न होकर अमूर्त सैद्धान्तिकता और शास्त्रीयता के संकीर्ण हवामहल में कैद हो जाती है।

वस्तुतः एक प्रकार से यह खतरा स्वयं ऐतिहासिक चिन्तन पद्धति क्या, किसी भी चिन्तन पद्धति में प्रकृत्या अन्तर्निहित है; क्योंकि इतिहास-लेखन एक प्रकार का सामान्यीकरण है-मूर्त तथ्यों से निकाले हुए अमूर्त नियमों का विचार-क्रम। इसलिए जीवन्त तथ्यों से निरन्तर सम्पर्क बनाये रखने के लिए भी इतिहास पर सतत विचार करते रहना आवश्यक है। अपनी ऐतिहासिक चेतना को जीवन्त बनाये रखने के लिए ऐतिहासिक वास्तविकता की जटिलता का अहसास होते रहना आवश्यक है। इतिहास

सम्बन्धी पुनर्विचार का अर्थ है क्रमश. अपने वास्तव-बोध को जटिल बनाते रहना। चूंकि हमारे जाने या अनजाने किसी-न-किसी प्रकार इतिहास-बोध सदा हमारे साथ है, इसलिए उसके दुरुपयोग के संकट से बचने के लिए इतिहास-बोध को संतत सूक्ष्मतर एवं यथातथ बनाये रखना नितान्त आवश्यक है।

इस सन्दर्भ में बहुचचित 'काल विभाजन' की समस्या ली जा सकती है। हिन्दी-साहित्य को तिथिक्रम की दृष्टि से, आदिकाल, मध्यकाल एवं आधुनिक काल-तीन काल खण्डों में बाँटने की परिपाटी है; मध्यकाल के दो उपविभाग हैं: पूर्व मध्यकाल और उत्तर मध्यकाल। आधुनिक काल का विभाजन कई ढंग से किया जाता है जिनमें पच्चीस-पच्चीस वर्षों का विभाजन अधिक प्रचलित है। इस काल विभाजन का साहित्यिक रूप वीरगाथा काल, भक्तिकाल, रीतिकाल, भारतेन्दु-काल, द्विवेदी-काल, छायावाद-युग, प्रगतिवाद, प्रयोगवाद आदि नामों से स्थापित है। काल विभाजन का यह ढाँचा बहुत-कुछ शुक्लजी के इतिहास द्वारा प्रतिष्ठित हुआ है। बहुत दिनों से इसमें संशोधन उपस्थित किये जा रहे हैं। एक भक्तिकाल को छोड़कर प्रायः सभी नामों के औचित्य को चुनौतियाँ दी गयी हैं। प्रायः प्रत्येक युग के अन्तर्गत एक से अधिक साहित्यिक प्रवृत्तियों के अस्तित्व की ओर संकेत किया गया है। एक युग के अन्दर अनेक प्रवृत्तियों के मिलने से हर युग के अन्तर्विरोध का पता चलता है और कभी-कभी इस अन्त-विरोध के कारण युग-विभाजन का ढाँचा चरमराता दिखता है। कुछ लोगों ने इस काल विभाजन-व्यवस्था के अन्तर्गत सीमा रेखाओं को कहीं कहीं दस-बीस वर्ष इधर-उधर भी करने की कोशिश की है और कुछ लोगों ने, यदि प्राचीन नहीं तो, आधुनिक काल में महत्त्वपूर्ण राजनीतिक घटनाओं के अनुसार युग की सीमा-रेखाएँ निर्धारित करने का सुझाव रखा है। इधर 'भारतीय हिन्दी परिषद्' से 'हिन्दी साहित्य' का जो द्वितीय खण्ड प्रकाश में आया है उसमें आदि, मध्य, आधुनिक तीन कालों को तोड़कर प्राचीन एवं आधुनिक—केवल दो कालों का अस्तित्व वैज्ञानिक माना गया है जो और नहीं तो, राजनीतिक इतिहासों की परिपाटी के अनुरूप तो है ही; क्योंकि हिन्दी साहित्य के उदय काल से भारतीय इतिहास के केवल मध्यकाल और आधुनिक काल-दो ही होते हैं। परन्तु नागरी प्रचारिणी सभा के वृहद् इतिहास में मूलतः ढाँचा प्रायः शुक्लजी के ही इतिहास का रखा गया है बल्कि भेदोपभेदों की जटिलता के द्वारा उसे और भी खण्ड-खण्ड कर दिया गया है जो नलिनजी के शब्दों में "भारतीय मनीषा के हासकालीन वर्गीकरण-प्रेम के सर्वथा अनुरूप है।"

इस विचार-वैविध्य की सतह के नीचे साहित्य के सामान्य विद्यार्थियों का वह विशाल समूह है जो अविचलित चित्त से शुक्लजी द्वारा निर्धारित काल-विभाजन को ही स्वीकार किये चल रहा है। विवादों के कोलाहल से घबड़ाकर कुछ विद्वान् भी

अन्ततः शुक्लजी के ही काल विभाजन में अपना चित्त स्थिर करते पाये जाते हैं : 'जैसे उड़ि जहाज को पंछी फिर जहाज पै आवे।' इधर कोई परिवर्तन हुआ हो तो नहीं पता, किन्तु 'रीतिकाव्य की भूमिका' में डा. नगेन्द्र ने भी यही स्वीकार किया है कि शुक्लजी का काल विभाजन "वास्तव में सर्वथा निर्दोष न होते हुए भी, बहुत कुछ संगत एवं विवेकपूर्ण है।"

'साहित्य का इतिहास-दर्शन' में युग-विभाजन की जटिल समस्या में अन्त-निहित कठिनाइयों पर रोशनी डालने के लिए श्री नलिनविलोचन शर्मा ने 'ऑक्सफोर्ड हिस्ट्री ऑफ़ इंगलिश लिटरेचर' का यह उद्धरण दिया है—

"किसी युग, सप्ताह या दिवस में जो जीवन वस्तुतः जिया जाता है वह ऐसे सूक्ष्म तत्त्वों और असम्प्रेषित, असम्प्रेष्य तक अनुभवों से बना होता है जो समस्त आलेखों को चकमा दे जाते हैं। जो कुछ भी बचता है, संयोग से ही बचता है। ऐसे आधार पर, मैं समझता हूँ, वैसे ज्ञान तक पहुंचना असम्भव है जो इतिहास के 'दर्शन' के विचार में अन्तर्निहित है। ऐतिहासिक युगों पर आरोपित प्रवृत्तियों, 'अर्थों' और 'गुणों' के बारे में यह भी कहना रह जाता है कि वे उन्हीं युगों में सर्वाधिक परिलक्षित होते हैं जिनका हमने न्यूनतम अध्ययन किया है। किन्तु यद्यपि 'युग' सदोष विभावन है, फिर भी वे *पद्धतिक अनिवार्यता* हैं।"

स्वयं नलिनजी ने इसके बाद हिन्दी-साहित्य के सम्बन्ध में अपनी ओर से काल-विभाजन की कोई नयी योजना प्रस्तुत नहीं की है और न उन्होंने इतिहास में युग-विभाजन की 'पद्धतिक अनिवार्यता पर आगे और प्रकाश ही डाला है। इसलिए इस पद्धति अनिवार्यता' के प्रश्न को थोड़ा और आगे बढ़ाना आवश्यक हो जाता है। क्या यह 'पद्धतिक अनिवार्यता' सचमुच अनिवार्य है? यह अनिवार्यता क्या इतिहास के तथ्यों से पुष्ट होती है? 'युग' इतिहास की तथ्यपूर्ण वास्त-विकता है या इतिहासकार के मन से उत्पन्न एक अवबोध? इतिहास में समय-समय पर आनेवाले परिवर्तन ऐतिहासिक तथ्य हैं या इतिहासकारों द्वारा खोजे हुए 'सत्य'? इसके अतिरिक्त, राजनीतिक इतिहास की तरह क्या साहित्यिक इतिहास में भी इस प्रकार की क्रान्तियाँ या परिवर्तन वस्तुतः परिलक्ष्य है? कहीं ऐसा तो नहीं है कि साहित्य के इतिहास में जितनी क्रान्तियाँ वस्तुतः होती नहीं उनसे अधिक गिना दी जाती हैं? यदि ऐसा है तो जैसा कि ज्याक बार्जून ने कहीं कहा है, ऐसी 'बौद्धिक व्यवस्था' (Intellectual order) से इतिहास की वह 'बोधगम्य अव्यवस्था' (Intelligible disorder) ही अच्छी। यदि युग-विभाजन इतिहास की केवल 'पद्धतिक अनिवार्यता है तो इसका औचित्य केवल ऐतिहासिक बोध की उपयोगिता से ही समर्थित हो सकता है। इसलिए यदि इस पद्धति के द्वारा इतिहास के वास्तविक रूप को समझने में बाधा पड़ती है तो इसे

छोड़ देने में ही कल्याण है।

और हिन्दी साहित्य के इतिहास का अभी तक जैसा काल विभाजन किया गया है, उसके परिणामों को देखते हुए हम कह सकते हैं कि इन युग-विभाजनों से इतिहास के वास्तविक स्वरूप को समझने में बाधा ही पहुँची है। इन प्रस्तावित कालों के कारण हमारा साहित्यिक इतिहास खण्डित हुआ है। इन युगों के द्वारा हमें इतिहास के खण्डचित्र प्राप्त होते हैं, इतिहास का अखण्ड प्रवाह नहीं मिलता। जिस संक्रमण-बिन्दु अथवा सन्धिरेखा पर इतिहास दो युगों में तोड़ा जाता है, वहाँ इतिहास की चिन्ताधारा ही नहीं टूटती, बल्कि इस टूटने की क्रिया में बहुत कुछ छूट भी जाता है और छूटा ही रह जाता है। इसी प्रकार एक काल-खण्ड का व्यवस्थित ढाँचा बनाते समय कुछ महत्त्वपूर्ण तथ्य, अथवा ऐसे तथ्य जो महत्त्वपूर्ण हो सकते हैं, समेटने से रह जाते हैं।

इसके अतिरिक्त, इस प्रवृत्ति का सबसे खतरनाक असर समीक्षा-पद्धति पर पड़ता है। साहित्य की शिक्षा प्राप्त करने के बाद जब हिन्दी के छात्र समसामयिक साहित्य की आलोचना में प्रवृत्त होते हैं तो उनका ध्यान मुख्यत: विभाजन एवं वर्गीकरण की ओर रहता है। वे किसी रचनाकार या रचना के वैशिष्ट्य का मूल्यांकन करने की अपेक्षा उसमें उस सामान्य गुण की खोज पहले करते हैं जिनके द्वारा वह किसी अन्य रचनाकार अथवा रचना के सदृश या उससे सम्बद्ध दिखायी पड़ती है; और इस प्रकार वे 'प्रवृत्तियों का निरूपण करते हैं। ऐसा प्रतीत होता है कि अध्ययन-अध्यापन में सुविधा के लिए ही प्राय: ऐसा किया जाता है। किन्तु इससे निश्चय ही किसी रचना के स्वच्छ रसास्वादन एवं स्वस्थ मूल्यांकन में बाधा पड़ती है। इससे किसी छात्र, अध्यापक या आलोचक का काम चाहे जितना सरल हो जाये लेकिन यह सरलता बड़ी महँगी पड़ती है। इस प्रवृत्ति के कारण आलोचना का कार्य इतना 'सरल' हो गया है कि हर कोई प्रवृत्तियों पर लेख लिखकर आलोचक बन बैठा है। इस 'प्रवृत्ति मार्ग' की प्रति-क्रिया में यदि हिन्दी साहित्य का अधिकांश पाठक समुदाय निवृत्ति-मार्गी हो जाये तो किमाश्चर्यमत: परम्। इस साहित्यिक अहित की जिम्मेदारी किस पर होगी? ध्यान देने की बात है कि आज के अनेक रचनाकारों ने इस प्रचलित प्रवृत्ति के प्रति घोर असन्तोष प्रकट किया है।

वस्तुत: इस प्रवृत्ति-निरूपण का घातक प्रभाव साहित्य-रचना के क्षेत्र पर भी पड़ता है और स्पष्टत: आज पड़ भी रहा है। जब कोई रचनाकर देखता है कि किसी रचनाकार का उल्लेख आलोचना में केवल इसलिए होता है कि उसमें किसी वाद, सम्प्रदाय या प्रवृत्ति की अधिकांश विशेषताएँ आपातत: मिल जाती हैं तो वह अपनी विशिष्ट रचना-प्रक्रिया को छोड़कर उस प्रवृत्ति-विशेष से सम्बद्ध होने के लिए प्रचलित सामान्य परिपाटी का ही अनुसरण करना श्रेयस्कर समझता है। इस प्रकार

रचना के क्षेत्र में नये प्रयोगों की सम्भावना कुण्ठित होती है और केवल रूढ़ियों की लीक बनती है।

इस ऐतिहासिक प्रवृत्ति का प्रभाव नये इतिहासकार की ऐतिहासिक चेतना को भी किसी हद तक धूमिल कर सकता है। इस प्रभाव की व्यापकता का अनुमान इसी से लगाया जा सकता है कि हिन्दी की शिक्षा-परिपाटी से सर्वथा अछूते अज्ञेय जैसे रचनाकर को भी ऐसा प्रतीत होता है कि "हिन्दी साहित्य व्यक्तिगत कृतित्व की अपेक्षा प्रवृत्तियों का साहित्य रहा है और इतिहास में प्रमुख स्थान अलग-अलग महान प्रतिभाओं का नहीं बल्कि वैचारिक आन्दोलनों और संवेदना के रूप परिवर्तन का रहा है।" साहित्य के इतिहास में विद्यापति, कबीर, सूर, तुलसी जैसी प्रतिभाओं की मान्यता को देखते हुए भी जब इस तरह का वक्तव्य दिया जा रहा हो तो यह कहना पड़ेगा कि प्रवृत्तिमार्गी इतिहासकारों ने काल विभाजन के द्वारा महान प्रतिभाओं के महत्त्व को भी काफी घटा दिया है। यहाँ यह ध्यान देने योग्य है कि सामान्य जनता कबीर, सूर, तुलसी को जानती है, किसी भक्तिकाल या भक्ति आन्दोलन को नहीं; और साहित्य का सामान्य पाठक भी गोदान, कामायनी, मैला आँचल या कोई अन्य कृति-विशेष ही पढ़ता है, यथार्थवाद, छायावाद, प्रगतिवाद, प्रयोगवाद आदि नहीं। क्या ये तथ्य इतिहासकार के लिए मार्गदर्शक नहीं हैं?

किन्तु इसका मतलब यह बिलकुल नहीं है कि इतिहास में वस्तुतः समय-समय पर उठनेवाले आन्दोलनों तथा कुछ समय तक व्यापक रूप में प्रचलित रहनेवाली प्रवृत्तियों का सामूहिक विवेचन किया ही न जाये। कभी-कभी किसी कृति अथवा कृती कवि को पूर्णतः समझने एवं रसास्वादन करने के लिए उसके साहित्यिक परिदृश्य—समय तथा रूढ़ि का ज्ञान अनिवार्य हो जाता है। वैसे भी, किसी युग की कृतियों में 'पारिवारिक सादृश्य' लक्षित कर लेना विकसित भी साहित्यबोध का सूचक है। किसी रचना का रचनाकाल न मालूम होते हुए केवल उसकी 'शैली' को देखकर लगभग रचना-काल बता देना एक इतिहासकार के इतिहास-बोध की कसौटी है। एक इतिहासकार की ऐतिहासिक सूझ की परीक्षा केवल इस बात से हो जाती है कि उसमें 'शैली की पहचान' कितनी है? और जब हम 'शैली की पहचान' को इतिहासकार की कसौटी मानते हैं तो शैली के स्थूल अर्थ से आगे बढ़कर—ज़िसे किसी युग की 'नब्ज' कहा जाता है या अग्रेज़ी में कोई 'फील' और कोई लुक' कहना चाहता है—जिस 'शैली' से कोई युग अपने आन्तरिक रूप में पहचाना जाता है, एक प्रकार से 'वह चितवन औरे कछू' है। यह 'शैली' किसी युग के समूचे कृतित्व का वह आन्तरिक स्पर्श है जिसकी सूक्ष्म अनुभूति उस कृतित्व के किसी भी अंग के सम्पर्क में आने पर एक संवेदनशील इतिहासकार को सबसे पहले झटके की तरह होती है।

इतिहासकार के इस शैली-बोध में इतनी क्षमता होती है कि किसी युग की केवल एक कृति के एक सामान्य से अंश की भी परीक्षा करके उसके सहारे समूचे युग की मूल चेतना का अहसास करा सकती है। 'गब्दों' से अधिक होते हुए भी यह 'शैली' केवल 'शब्दों' के द्वारा ही प्रत्यभिज्ञान करा सकने में समर्थ है।

ऐसे 'शैलीबोध' के द्वारा साहित्यिक इतिहास की विभिन्न अवस्थाओं को विविक्त करते हुए भी एक धारावाहिक परम्परा का निरूपण किया जा सकता है। अनुभव के आधार पर कहा जा सकता है कि विभिन्न साहित्यिक कालों के बीच की आन्तरिक एकता स्वयं उनके विचारों या साहित्य रूपों की ऊपरी समानता के द्वारा नहीं बल्कि हर युग द्वारा उठाये गये प्रश्नों की परम्परा से उभरती है, जिनका समाधान उपस्थित करने के लिए वे विचार एवं साहित्य-रूप निर्मित होते हैं। इस सूक्ष्म परम्परा-बोध के अभाव के कारण ही अब तक के साहित्यिक इतिहास आपातत: खण्डित एवं सायास एकसूत्रित दिखायी पड़ते हैं। कहना न होगा कि आज इस आन्तरिक परम्परा के निरूपण की कितनी आवश्यकता है।

हमारे समकालीन साहित्य में परम्परा का प्रश्न सबसे ज्वलन्त दिखायी पड़ता है। ज्वलन्त इसलिए कि वह अत्यन्त व्यावहारिक है, जैसे कि कुछ जीवन-मरण की समस्याएँ होती हैं। इसीलिए यह प्रश्न कई रूपों में उठाया गया है। कभी परम्परा बनाम प्रगति, कभी परम्परा बनाम प्रयोग, कभी रूढ़ि बनाम मौलिकता, कभी इतिहास बनाम व्यक्ति प्रतिभा, कभी पूर्व बनाम पश्चिम आदि। प्रेषणीयता की समस्या भी अन्तत: परम्परा के प्रश्न से ही आकर जुड़ जाती है। इधर जो 'आधुनिकता बोध' सम्बन्धी विचार-विमर्श आरम्भ हुआ है वह भी इसी व्यावहारिक समस्या से उत्पन्न है। निस्सन्देह कुछ लोगों के लिए यह शुद्ध बुद्धि-विलास है और 'एकेडेमिक' रुचि के विद्वान इस पर शास्त्रीय व्यायाम करके कृतकार्य हो रहे हैं, किन्तु इससे यही प्रमाणित होता है कि आज का साहित्यिक इतिहासकार अपना कर्त्तव्य पालन नहीं कर रहा है। समकालीन साहित्य को परम्पराच्युत कह देने मात्र से इतिहासकार के कर्त्तव्य की इतिश्री नहीं हो जाती। इतिहासकार को अपनी सार्थकता प्रमाणित करने के लिए समकालीन रचनाकारों द्वारा उठाये गये प्रश्नों का समुचित समाधान प्रस्तुत करना पड़ेगा। क्या यह तथ्य नहीं है कि "छायावाद जब तक एक जीवित अभि-व्यक्ति था, तब तक वह जिन्हें अग्राह्य था, आज वे उसके समर्थक और प्रतिपादक हैं जब वह मृत हो चुका है, आज वे उसे उनसे बचाना चाहते हैं जिनमें आज का जीवित सत्य अभिव्यक्ति खोज रहा है, भले ही अटपटे शब्दों में।" कहने के लिए यह वक्तव्य 'दूसरा सप्तक' की भूमिका में अज्ञेय द्वारा उपस्थित है किन्तु क्या यह आज के अनेक रचनाकारों के मन की प्रतिध्वनि नहीं है? एक ओर आज के साहित्यकार का

यह प्रयत्न है कि परम्परा को इस प्रकार आत्मसात् करे कि जब तक वह इतना गहरा संस्कार नहीं बन जाती कि उसका चेष्टा-पूर्वक ध्यान रखकर उसका निर्वाह करना आवश्यक न हो जाय" वहाँ दूसरी ओर आज के अधिकांश इतिहासकारों के अतिरिक्त सचेष्ट प्रयत्न से वह परम्परा अभी से 'अनावश्यक' हो उठी है। जब अज्ञेय कहते हैं कि जो परम्परा कवि को संस्कार नहीं देती, "वह इतिहास है, शास्त्र है, ज्ञान-भण्डार है, जिससे अपरिचित ही रहा जा सकता है और इससे अपरिचित रहकर भी परम्परा से अवगत हुआ जा सकता है और कविता की जा सकती है" तो सहज चिन्ता होती है कि क्या हिन्दी के इतिहासकारों ने इतिहास को सचमुच ही 'इतिहास' बना दिया है, 'शास्त्र' बना दिया है! जिस 'इतिहास' से आज का समवर्ती रचनाकार अपरिचित रहने की धमकी दे रहा है, उस इतिहास की क्या उपयोगिता है? जिस 'इतिहास' से अपरिचित रहकर भी आज का रचनाकार 'परम्परा से अवगत' होने का दावा करता है उस इतिहास का होना न होना, लिखा जाना-न-लिखा जाना बराबर है। प्रश्न यह है कि यह आज के रचनाकार का कोरा दम्भ है या आज के इतिहासों की सीमा? क्या है यह? प्रश्न गम्भीर है, इसलिए गम्भीरतापूर्वक विचारणीय भी।

आगे कही हुई यह बात कहाँ तक सच है कि "जो आलोचक इस परिवर्तन को नहीं समझ पा रहे हैं वे उस वास्तविकता से टूट गये हैं जो आज की वास्तविकता है, उससे रागात्मक सम्बन्ध जोड़ने में असमर्थ वे उसे केवल बाह्य वास्तविकता मानते हैं?" क्या ये आलोचक सचमुच "यह कहते हैं कि 'कल का सत्य कल सब समझते थे, आज का सत्य अगर आज सब एक साथ नहीं समझते तो हम उसे छोड़कर कल ही का सत्य कहें'—बिना यह विचारे कि कल के उस सत्य की आज क्या प्रासंगिकता है, आज कौन उसके साथ तुष्टिकर रागात्मक सम्बन्ध जोड़ सकता है?" यदि यह तथ्य है तो इतिहास की 'प्रासंगिकता' के लिए बहुत बड़ी चुनौती है।

प्रस्तुत स्थिति में एक बार यह प्रश्न भी उठ सकता है कि हिन्दी-साहित्य, या फिर हिन्दी कविता की सचमुच कोई एक परम्परा है भी या नहीं? इस परम्परा के प्रति हर युग के कवि कितने सचेत थे? अपने पूर्ववर्तियों के प्रति अचेत रहते हुए भी क्या परम्परा का निर्वाह किया जा सकता है? या फिर हिन्दी भाषा में लिखने मात्र से ही कोई हिन्दी की साहित्य-परम्परा में स्थान पाने का अधिकारी हो जाता है! जिस बात को पूर्ववर्ती इतिहासकार स्वयं-सिद्ध सत्य मानकर चलते थे आज वह भी एक प्रश्न बनकर हमारे सामने उपस्थित है। ऐसे प्रश्नों का उत्तर खोजने के लिए ही नहीं बल्कि इस प्रकार के अनेक प्रश्न उठाने के लिए भी आज के इतिहासकार से एक 'खुलेपन' की अपेक्षा है।

परम्परा के प्रश्न को 'काव्य-भाषा' के भी स्तर पर उठाकर नये रचनाकारों ने

इतिहासकारों के सम्मुख एक जटिल समस्या रख दी है—ऐसी समस्या जिस पर अभी तक हिन्दी साहित्य के इतिहास में समुचित विचार नहीं हुआ है। वस्तुत: 'काव्य-भाषा' का प्रश्न नयी कविता के रचना-प्रक्रिया सम्बन्धी अनुभवों से उत्पन्न हुआ है और इस पर अभी तक सबसे अधिक विचार नये कवियों द्वारा लिखित कुछ रचना-प्रक्रिया सम्बन्धी निबन्धों में ही हुआ है। कौन नहीं जानता कि "भाषा के उपयोग में ही परम्परा का पालन भी ओर उसका न्यूनाधिक परिवर्तन भी निहित है," किन्तु नये कवियों ने परम्परा प्राप्त शब्दों में नये अर्थ भरने का प्रयोग करके पूर्ववर्ती काव्य-कृतियों में भी इस प्रवृत्ति के अन्वेषण की सम्भावना की ओर संकेत किया है। इस प्रकार आज के इतिहासकार के लिए आवश्यक हो जाता है कि भक्तिकाव्य और रीति-काव्य की भाषा-प्रकृति की सूक्ष्मताओं का विश्लेषण करके साहित्य के *माध्यम की रचनात्मक परम्परा* का निरूपण करे।

रचना-प्रक्रिया सम्बन्धी नवीन काव्य-विमर्श से साहित्य-रचना के और भी अनेक कलात्मक, मनोवैज्ञानिक तथा सामाजिक पक्षों के उद्घाटन की सम्भावनाएँ दिखती हैं जिनसे किसी भी इतिहास-लेखन का प्रभावित होना अवश्यम्भावी है। जहाँ अभी तक साहित्यकारों के जीवन-वृत्त, सामाजिक वातावरण तथा अन्य बाह्य 'प्रभावों' के आधार पर इतिहास खड़ा करने की स्थूल-परिपाटी चली आ रही थी, अब हर रचना के जटिल सन्दर्भों की गहराई में उतरने की स्थिति उत्पन्न हो गयी है। सन्दर्भ की जटिलता का एक सूत्र है उस मूल पाठक समुदाय की खोज जिसके लिए कोई साहित्यिक कृति लिखी गयी; क्योंकि कुछ इतिहास-कारों के विचार से किसी साहित्यिक कृति का मूल अर्थ स्वयं उस कृति तथा उसके मूल अथवा अभीष्ट पाठकों की ग्रहणशीलता के द्वन्द्वात्मक सम्बन्ध में ही निहित होता है। इस प्रकार किसी रचना के सन्दर्भ की खोज का अर्थ है उसके ऐतिहासिक अर्थ की खोज! यह सूत्र हमें एक-दूसरे सम्बन्ध-सूत्र को भी खोजने के लिए मार्ग दिखाता है कि यदि कोई रचना अपने युग के सम्पूर्ण सामाजिक सत्य को वाणी नहीं दे सकी है तो वस्तुत: उसमें कौन से तत्त्व बाधक हुए हैं—किसी प्रकार का सामाजिक-राजनैतिक नियन्त्रण या कवि समय अथवा माध्यम की सीमा या फ़िर लेखक एवं पाठक के बीच की कोई खाई! फ़िलहाल इन बारीकियों के ब्यौरे में न जाकर केवल इतना ही कहना काफी होगा कि हमारे समसामयिक साहित्य ने सम्पूर्ण इतिहास के अन्त:सूत्रों को काफी जटिल बना दिया है, इसलिए परम्परा के साथ प्रस्तुत साहित्य के सम्बन्ध पर विचार करते समय अत्यधिक सावधानी की आवश्यकता है। कोई आवश्यक नहीं कि परम्परा के साथ प्रस्तुत साहित्य का सम्बन्ध बलात् जोड़ा ही जाय; लेकिन इतना निश्चित है कि किसी-न-किसी रूप में यह साहित्य हमारे इतिहास का अंग होगा। ऐसी स्थिति में इसे

सर्व निर्णायक समय देवता पर छोड़ना अपने उत्तर-दायित्व से कतराना कहलायेगा। आज हम अपने उत्तरदायित्व को भावी पीढ़ियों पर छोड़कर निश्चिन्त भले हो लें, लेकिन यह न भूलें कि भावी पीढ़ियाँ आज के साहित्य के साथ आज के इतिहासकार पर भी निर्णय करेंगी और देखेंगी कि आज का इतिहासकार कल के लिए आज के साहित्य की प्रतिक्रिया अथवा ग्रहणशीलता की कैसी वसीयत छोड़ गया है? यदि आज के आत्म-चेता रचनाकारों ने आज के इतिहासकारों को इतना आत्म-सजग नहीं बनाया है तो प्रस्तुत आत्म-सजग साहित्य के साथ परम्परा की पुनर्व्यवस्था कठिन है। निःसन्देह आत्म-सजगता के कारण हमारी कठिनाई और भी बढ़ जाती है लेकिन ऐसे ज्ञान के बाद क्षमा क्या?

परम्परा इतिहास के अन्दर केवल सम्बन्ध-भावना नहीं, बल्कि साहित्य का एक निश्चित प्रतिमान है, इसलिए इतिहास अन्ततः समीक्षा का प्रतिमान है। ऐतिहासिक बोध वस्तुतः आलोचनात्मक बोध है—ऐसा आलोचनात्मक बोध जिसे आत्मपरीक्षा के लिए हर साहित्य सतत परखता चलता है। इसीलिए इतिहास की अनेक अन्तर्धाराओं में से हर युग अपने लिए एक प्रासंगिक धारा का अन्वेषण, तदुपरान्त निर्माण करता है। कभी-कभी एक ही युग में दृष्टि-भेद से इस प्रकार की एक से अधिक धाराएँ प्रस्तुत की जाती हैं। इन प्रस्तुत ऐतिहासिक धाराओं में जो वस्तुतः एक साथ ही जितनी युग सापेक्ष एवं युग-निरपेक्ष होती है, उतनी ही प्रासंगिक एवं सार्थक मानी जाती है। इसलिए इतिहास की विविध अन्तर्धाराओं के बीच से एक धारा का निर्माण करते समय इस बात को याद रखना बहुत जरूरी है कि प्रतिमान के रूप में किसी परम्परा का प्रयोग करना स्वतः अपने-आप को भी समीक्षा के लिए उद्घाटित करना है, क्योंकि किसी सैद्धान्तिक प्रतिमान की तुलना में परम्परा एक व्यावहारिक प्रतिमान है : व्यावहारिक अर्थात् स्वयं प्रयुक्त और प्रयोक्तव्य, विनियुक्त और विनियोज्य, अधिक स्पष्ट शब्दों में, व्यवहार के रूप में सिद्धान्त। इसलिए साहित्य के प्रतिमान सम्बन्धी किसी भी सैद्धान्तिक प्रश्न को इतिहास के क्षेत्र में ले आना एक इतिहासकार का सबसे महत्त्वपूर्ण कर्त्तव्य है।

इतिहास का पुनर्विचार मुख्यतः इतिहास का पुनर्मूल्यांकन है और यह पुनर्मूल्यांकन अन्ततः मूल्यांकन का प्रतिमान है। इसलिए इतिहास में किसी साहित्यकार, साहित्यिक कृति अथवा साहित्यिक युग का पुनर्मूल्यांकन करते समय यह ध्यान रखना जरूरी है कि वह केवल नवीन मूल्यांकन-भर न हो। इस बात की ओर ध्यान दिलाना इसलिए जरूरी है कि इधर पुनर्मूल्यांकन के नाम पर प्रायः कोरी नवीनता और मौलिकता का प्रदर्शन हुआ है। किसी को लगा कि एक इतिहासकार ने सूर को तुलसी से घटकर दिखलाया है। इसलिए उसने अपनी मौलिकता दिखाने के लिए सूर को तुलसी से श्रेष्ठ

साबित कर डाला। किसी को महसूस हुआ कि केशवदास को जरूरत से ज्यादा गिरा दिया गया है। इसलिए वह प्राणपण से केशवदास के उद्धार में लग गया। इसी प्रकार पुनर्मूल्यांकन के नाम पर इधर रीतिकाव्य के पुनरुद्धार के लिए काफी प्रयत्न किया जा रहा है और उसमें भी किसी ने देव को सर्वश्रेष्ठ कवि ठहराने की कोशिश की है तो किसी ने घनानन्द को। इधर एक संपादित इतिहास की भूमिका में कृष्णभक्ति काव्य को ही "काल विस्तार, रचना-प्राचुर्य तथा साहित्यिक महत्त्व, सभी दृष्टियों में हिन्दी की सबसे प्रधान काव्य-धारा" घोषित किया गया है। शोध के उत्साह में अनेक शोधकर्ताओं ने हिन्दी के गौण कवियों का जीर्णोद्धार करते समय उनके साहित्यिक महत्त्व की प्रतिष्ठा में सन्तुलन को ताक पर रख दिया है।

तात्पर्य यह कि शुक्लजी के इतिहास की प्रतिक्रिया में उत्साही संशोधन-कर्ताओं ने नितान्त एकांगिता एवं अराजकता की स्थिति उत्पन्न कर दी है। पुनर्मूल्यांकन के नाम पर वस्तुतः यह मूल्यहीनता या फिर मूल्यमूढ़ता है। किसी ऐतिहासिक तारतम्य के अभाव में ऐसे पुनर्मूल्यांकन से अव्यवस्था की सृष्टि होती है। डा. रामविलास शर्मा ने 'आचार्य रामचन्द्र शुक्ल और हिन्दी आलोचना' नामक पुस्तक में इन पुनर्मूल्यांकनों की त्रुटियों की यथोचित समीक्षा की है जिससे उद्धरण देना यहाँ अनावश्यक है।

इसका अर्थ यह नहीं है कि पुनर्मूल्यांकन हो ही न। इसकी सही प्रतिक्रिया यह नहीं है कि तारतमिक और तुलनात्मक आलोचना-मात्र त्याज्य है। वस्तुतः तारतमिक आलोचना का सर्वथा परित्याग आलोचनात्मक पलायनवाद (और आलोचना से पलायन) है। कहना इतना ही है कि किसी भी पुनर्मूल्यांकन के मूल में मूल्यों की एक व्यवस्था एवं प्रणाली होनी चाहिए। हर कवि या कृति के मूल्यांकन के लिए एक नये मूल्य और नये प्रतिमान का प्रयोग पुनर्मूल्यांकन नहीं है। इतिहासकार को यह न भूलना चाहिए कि एक कृति का पुनर्मूल्यांकन करते हुए उसके साथ ही वह सम्पूर्ण इतिहास का मूल्यांकन कर रहा है और इस दृष्टि से यह कहना अप्रासंगिक न होगा कि एक कृति की समीक्षा भी उसी प्रकार इतिहास है जिस प्रकार सम्पूर्ण साहित्य की समीक्षा।

ऐसे अव्यवस्थित एवं तारतम्यहीन पुनर्मूल्यांकनों की अपेक्षा वे आलोचनाएँ अधिक व्यवस्थित एवं सुसंगत हैं जिनमें एक निश्चित प्रयोजन के लिए इतिहास की अनेक अन्तर्धाराओं में से एक परम्परा को अलग कर लिया गया है। 'तुलसीदास की परम्परा', 'भारतेन्दु की परम्परा', 'प्रेमचन्द की परम्परा' अथवा 'निराला की परम्परा' जैसे आलोचनात्मक प्रयत्न इसी प्रवृत्ति के सूचक हैं। इनका एकांगिता स्पष्ट है और यही उनकी सीमा है किन्तु अपनी सीमा को स्पष्ट करने के कारण ही वे मूल्यवान भी हैं। इसी प्रकार का एक एकांगी किन्तु मूल्यवान प्रयास है श्री विजयदेवनारायण साही

का निबन्ध 'लघु मानव के बहाने हिन्दी कविता पर एक बहस' जिसमें हिंन्दी-काव्य के विभिन्न युगों में चित्रित मानव-प्रतिमा के परिवर्तित रूपों के आधार पर आधुनिक काव्य-परम्परा का एक पुनर्मूल्यांकन प्रस्तुत किया गया है।

आखिर हिन्दी-साहित्य है क्या? युग परिवर्तन के हर मोड़ पर यह सवाल पूछा जाता रहा है। आज फिर यह सवाल पूछने की जरूरत है। निस्सन्देह उन लोगों के लिए यह सवाल निरर्थक है जो हिन्दी-साहित्य को एक 'चीज़' समझते हैं-पहले से बनी-बनायी कहीं रखी हुई कोई चीज! लेकिन जो सृजनधर्मा मनीषा है उसे इस तथ्य की अवगति है कि हिन्दी-साहित्य वस्तुतः एक 'आविष्कार' है जिसे सुविधा और आवश्यकता के अनुसार पुनराविष्कृत किया जा सकता है। जो इतिहास का सक्रिय अंग है उसके लिए हिन्दी-साहित्य स्वभावतः एक सतत गतिशील चैतन्यधारा है जिसका स्वरूप निर्धारण बहुत कुछ आविष्कर्त्ता पर निर्भर है। इतिहास की यह मुक्तिदायिनी अस्थिरता या सापेक्षता ही वह नयी दृष्टि है जिससे हिन्दी-साहित्य का सच्चा पुनर्मूल्यांकन सम्भव है।

जैसा कि एक अंग्रेजी समीक्षक ने लिखा है हर आलोचना एक 'कोण-निर्धारित दर्पण' (चार्टेड मिरर) है और किसी दृश्य को उद्‌भासित करने के लिए रोशनी एक निश्चित कोण से ही डाली जाती है—इससे भले ही उस दृश्य का एक भाग छाया में पड़ जाय। कहना न होगा कि ऐसे ही त्रिभिन्न कोणों के प्रक्षिप्त आलोक से उद्‌भासित दृश्यों को एक सम्पूर्णता में रचनात्मक ढंग से पुनर्गठित करने से ही आज का वास्तविक इतिहास-लेखन पूरा हो सकता है। परन्तु आज के रचनात्मक साहित्य की विघटित स्थिति को देखते हुए तो ऐसा ही प्रतीत होता है कि आलोचना के क्षेत्र में भी इतिहास का ऐसा नया पुनर्गठन आज शायद ही सम्भव हो सके। हिन्दी-साहित्य के इतिहास पर अभी तक जिस ढंग से पुनर्विचार हुआ है और स्वयं इतिहास लेखन की दिशा में जिस प्रकार के प्रयत्न हुए हैं उनकी विशृंखलता से भी यही धारणा बनती है। किन्तु इतिहास की एक शिक्षा यह भी है कि वास्तविक इतिहास स्वतः आत्मनिषेध है। जिस इतिहास के बोध से मन स्वयं उस इतिहास का अतिक्रमण कर जाय, सच्चा इतिहास वही है। मार्क्स का इतिहास-दर्शन इतिहास से मुक्ति की यही चेतना प्रदान करता है।

1961

इतिहास और आलोचना

आम शिकायत है कि आलोचना के क्षेत्र में बेहद अराजकता है। रचनाकार अलग असन्तुष्ट हैं तो पाठक अलग। आलोचना के दायित्व की याद हर कोई दिला रहा है। और आलोचक भी आलोचना के दायित्व पर निबन्ध लिख-लिखकर अपना दायित्व पूरा कर रहे हैं। दूसरी ओर कुछ लोगों का ख़याल है कि एक प्रतिमान के न होने से ही सारी गड़बड़ी है। लिहाजा वे प्रतिमान बनाने में व्यस्त हैं। गोया एक बार प्रतिमान बन गया तो उसे लेकर कोई भी आदमी किसी भी रचना का मूल्यांकन आसानी से कर लेगा। प्रतिमान निश्चित करने के लिए साहित्यिक गोष्ठियाँ हो रही हैं, सम्मेलन बुलाये जा रहे हैं और लेख पर लेख लिखे जा रहे हैं। और नतीजा? प्रतिमान का निश्चित होना तो दरकिनार, जिस समसामयिक साहित्य के मूल्यांकन के लिए प्रतिमान की खोज है, स्वयं वही दृष्टि से ओझल हो रहा है और चर्चा शास्त्रीय ऊहापोह की दुनिया में चक्कर काट रही है। क्या ये सारी बातें भी उसी अराजकता का अंग नहीं हैं? फिर क्या यह उचित नहीं कि शिकायत की तल्खी और समाधान की उतावली को छोड़कर पहले इस तथाकथित अराजकता की ही ढंग से छानबीन की जाये?

अराजकता पिछले युग की आलोचना में भी थी, जिसका ज़िक्र आचार्य रामचन्द्र शुक्ल ने अपने इतिहास में किया है। क्या उसी प्रकार की अराजकता आज भी है अथवा आज की अराजकता की प्रकृति कुछ भिन्न है? किसी सामान्य-सी रचना का महान बन जाना अथवा किसी महत्त्वपूर्ण रचना का उपेक्षित हो जाना आम बात है। पहले भी ऐसा कई बार हुआ है और आज भी हो रहा है, लेकिन कुछ एक ही रचनाओं के साथ ऐसा होता है। शुक्लजी ने अपने युग की जिस आलोचनात्मक अराजकता की चर्चा की है, उसके मूल में अतिशय भावुकता थी। शुक्लजी के शब्दों में वह 'प्रभावाभिव्यंजक समीक्षा' थी जिसके चलन ने 'अध्ययन, चिन्तन और प्रकृत समीक्षा का रास्ता ही छेक लिया।' ऐसी आलोचना पर शुक्लजी की इतनी ही आपत्ति थी कि 'कवि के विवक्षित भावों से उनके वाग्विलास का कोई लगाव न था।'

क्या आज की आलोचनात्मक अराजकता के मूल में भी वही भावुकता है? जिस युग के रचनात्मक साहित्य में भावुकता का लेश न हो, बल्कि जो पूर्ववर्ती युग की भावुकता की प्रतिक्रिया में बौद्धिकता का व्रत लेकर उत्पन्न हुआ हो, उस युग की आलोचना में भावुकता का अतिरेक होना नामुमकिन ही कहा जायेगा। वैसे, आज भी यह सम्भव है कि कवि के विवक्षित भावों से आलोचक के वाग्विलास का कोई लगाव न हो, लेकिन यह वाग्विलास बहुत कुछ 'बौद्धिक' होता है। आज कोई आलोचक यह नहीं कहेगा कि 'एक बार इस कविता के प्रवाह में पड़कर बहना ही पड़ता है,' 'स्वयं कवि को भी विवशता के साथ बहना पड़ा है,' 'वह एकाधिक बार मयूर की भाँति अपने सौन्दर्य पर आप ही नाच उठा है!' आज का आलोचक कोई नयी कविता उद्धृत करके कुछ इस प्रकार कहता है कि 'इसमें भावबोध के नये आयाम, सौन्दर्यबोध के नये स्तर और मूल्यबोध के नये परिप्रेक्ष्य उद्घाटित हो रहे हैं।'

इस प्रकार जिस भावुकता के कारण पिछले युग की आलोचना में गैर-जिम्मेदारी आयी थी, आज की गैरजिम्मेदारी बहुत कुछ उस भावुकता की कमी के कारण है—साथ ही अर्थ-बोध की कमी को छिपाने के लिए बौद्धिकता का एक नया कवच भी मिल गया है। आलोचना के क्षेत्र में यह दूसरा आतंकवाद है! शुक्लजी ने जो बात अपने युग की प्रभावाभिव्यंजक आलोचनाओं के बारे में कही थी, वह बिना किसी हेरफेर के आज की इन आलोचनाओं के बारे में भी कही जा सकती है; "ऊपरी रंग-ढंग से तो ऐसा जान पड़ेगा कि कवि के हृदय के भीतर सेंध लगाकर घुसे हैं और बड़े-बड़े गूढ़ कोने झाँक रहे हैं, पर कवि के उद्धृत पद्यों से मिलान कीजिए तो पता चलेगा कि कवि के विवक्षित भावों से वाग्विलास का कोई लगाव नहीं।" लेकिन पिछली पीढ़ी के ऐसे आलोचक जहाँ भावान्ध होकर ऐसा करते थे, वहाँ आज के आलोचक की दृष्टि ऐसे स्थलों पर बौद्धिक-विलास से ग्रस्त दिखायी पड़ती है। पहले के आलोचक जहाँ समझने में असमर्थ थे, वहाँ आज के आलोचक कभी-कभी समझने से इन्कार करते हैं—ख़ास तौर पर विरोधी आलोचना लिखते समय। इस प्रकार आज की गैरजिम्मेदारी अक्सर बौद्धिक गैरईमानदारी से पैदा होती है, और इस गैरईमानदारी की जड़ें कहीं राजनीतिक दलबन्दी में जाती हैं, तो कहीं साहित्यिक गुटबन्दी में और कहीं व्यावसायिक हदबन्दी में।

ऐसा नहीं है कि इन तथ्यों से लोग परिचित नहीं हैं, बल्कि ऐसे तथ्यों के बारे में आज पहले से कहीं अधिक जागरूकता है। यदि कोई प्रकाशक अपने प्रभावशाली प्रचार-यन्त्र के द्वारा किसी रचना को स्थापित करने की कोशिश करता है तो यह रहस्य भी किसी से छिपा नहीं रहता। इसके विपरीत, यदि कोई उस रचना के प्रकाशित होते

ही सारा आलस्य त्यागकर खड्गहस्त हो जाता है तो लोग देर-सबेर उस तत्परता को भी भाँप ही लेते हैं। इतनी जागरूकता के बाद भी यदि हिन्दी आलोचना में अराजकता दिखायी पड़े तो यही कहना पड़ेगा कि इस जागरूकता में ही कहीं-न-कहीं कोई कमी है। यह केवल सतर्कता है या सचमुच जागरूकता? यदि यह जागरूकता है तो फिर साहित्यिक स्तर पर क्यों नहीं प्रकट होती? जिस समाज में किसी रचना की विविध आलोचनाओं के बारे में लोग इतने सतर्क हों वहाँ थोड़े से पुस्तक समीक्षकों और आलोचकों द्वारा व्यापक पाठक-समूह का गुमराह होना नामुमकिन है। परन्तु स्थिति यह है कि किसी आलोचना के साहित्येतर अभिप्रायों और स्वार्थों की जानकारी रखते हुए भी प्रायः लोग उसके समुचित साहित्यिक मूल्यांकन में निरुपाय दिखायी पड़ते हैं। और जहाँ साहित्यिक जागरूकता से सम्पन्न व्यापक पाठकसमूह न हो वहाँ आलोचना में अराजकता का होना अनिवार्य है।

इस दृष्टि से वस्तुस्थिति अन्तर्विरोधों से युक्त है। एक ओर तेज़ी से शिक्षा का प्रसार हो रहा है। स्कूलों, कालेजों की ही नहीं बल्कि ऐसे विश्वविद्यालयों की संख्या बहुत अधिक बढ़ गयी है, जिनमें हिन्दी साहित्य की ऊँची शिक्षा दी जा रही है; पत्र-पत्रिकाएँ पहले से कई गुना अधिक निकल रही हैं, पहले से कई गुना अधिक पुस्तकें प्रकाशित हो रही हैं और अधिक से अधिक संख्या में लोगों के पास पहुँच रही हैं। विदेशी पुस्तकों का आयात बढ़ गया है, सस्ते संस्करण में आज वे पुस्तकें सुलभ हो रही हैं, जो आज़ादी के पहले शायद कुछ बड़े पुस्तकालयों में ही बन्द थीं। परन्तु दूसरी ओर यह व्यापक शिक्षित समुदाय बिखरा हुआ भी है; यही नहीं, बल्कि एक प्रकार से अपनी जीवित साहित्यिक परम्परा से विच्छिन्न भी है। पुराने और नये का कुछ ऐसा संक्रमण काल है कि पुरानी परम्परा कहीं रूढ़ि बन रही है तो नया साहित्य-बोध कहीं परम्परा-च्युत् है। जहाँ साहित्यिक स्तर पर नवीन भावबोध की जीवन्त परम्परा है, वहाँ भी सामाजिक स्तर पर दृष्टि में बहुत कुछ अस्पष्टता और दुविधा है। इसी तथ्य को कुछ लोग 'मूल्यों का संक्रमण' और संकट कहते हैं।

ऐसे वातावरण में साहित्यिक मूल्यों को लेकर मतभेद होना स्वाभाविक है। लेकिन केवल 'मतभेद' अराजकता नहीं है। प्रबुद्ध से प्रबुद्ध समाज में भी मतभेद रहता है और सर्वमान्य कृति का मूल्य भी सापेक्षिक होता है। लेकिन प्रबुद्ध साहित्यिक वातावरण में मतभेद का आधार ज्ञातव्य रहता है और लोगों को बराबर यह पता होता है कि मतभेद का निश्चित बिन्दु क्या है। मूल्य सर्वसम्मत भले ही न हों लेकिन उनकी सापेक्षता सर्वसम्मत होती है और इस प्रकार मतभेद का बिन्दु सर्वसम्मत होता है। उत्तर भले ही अनिश्चित हों, लेकिन प्रश्न निश्चित होते हैं और जिन तथ्यों से वे प्रश्न निकलते हैं वे तथ्य देखने-दिखाने तथा समझने और समझाने की पहुँच में होते

हैं। सवाल यह है कि क्या हिन्दी में मतभेद की यह स्थिति है? स्पष्ट है कि मतभेद की ऐसी स्थिति होती तो आलोचना में बार-बार सर्वसम्मत प्रतिमान की माँग न की जाती। यही नहीं, बल्कि आलोचना के प्रतिमान की चर्चा इस प्रकार का 'शास्त्रीय' और 'एकेडेमिक' रूप न लेती। जब किसी चर्चा का सम्बन्ध वास्तविकता से नहीं होता अथवा टूट जाता है तभी वह 'शास्त्रीय' रूप लेती है। जहाँ अपील के लिए प्रबुद्ध पाठक समुदाय नहीं होता, वहीं हर आदमी अपने-अपने सिद्धान्त की दुहाई देता है, और हर सम्मति को पूर्वाग्रह कहा जाता है। यदि प्रतिमान बनानेवालों को इस वस्तुस्थिति का बोध होता तो वे प्रतिमान की खोज में प्राचीन शास्त्रों की व्यर्थ ही खाक न छानते, बल्कि उनका ध्यान सामयिक साहित्यिक वातावरण में निहित प्रतिमान की ओर जाता।

यदि हिन्दी में आज जीवन्त साहित्य है तो निश्चय ही उसके समानान्तर जीवन्त साहित्य-बोध भी है--चाहे इस साहित्य-बोध से युक्त शिक्षित समुदाय जितना छोटा हो और इस प्रबुद्ध समुदाय के बीच आज का साहित्य ही नहीं, बल्कि अतीत के उन साहित्यकारों की भी कृतियाँ जीवित हैं, जिन्हें वह आज भी प्रासंगिक समझता है। कहना न होगा कि आज साहित्यिक प्रतिमान का संरक्षक यही समुदाय है, जिसमें परम्परा का जीवित बोध है, जिसमें अतीत की जीवन्त स्मृति के साथ ही परिवर्तनशील वर्तमान के प्रति सतत जागरूकता भी है। आज आलोचना का कार्य इसी 'संश्लिष्ट समसामयिक बोध' को परिभाषित और संगठित करना है—स्वयं अधिक-से-अधिक लोगों को इस आत्मबोध के प्रति सतर्क करते हुए उसके निर्माण में सहायता देना है। आलोचना का ठोस, मूर्ति-मान एवं व्यावहारिक प्रतिमान यही है--एक प्रकार से यही साहित्य का प्रतिमान भी है और साहित्य का इतिहास भी। इससे भिन्न प्रतिमान के नाम पर जो सिद्धान्त पेश किये जाते हैं, वे निर्जीव रूढ़ि हैं और इससे भिन्न जो इतिहास लिखा जाता है, वह सूची पत्र है।

हिन्दी आलोचना की अराजकता यही है कि उसने इस जीवन्त समसामयिक बोध को परिभाषित और संगठित करने का प्रयत्न नहीं किया--यहाँ तक कि इस तथ्य की वास्तविकता की ओर भी अधिकांश आलोचकों की दृष्टि नहीं गयी। यह समसामयिक साहित्य से ही नहीं, बल्कि जीवन से भी विच्छिन्न है।

जहाँ ऐसी विच्छिन्नता घटित होती है, वहाँ आलोचना का प्रतिमान ही नहीं गिरता बल्कि चिन्तन के स्तर में भी गिरावट आती है--आलोचना की भाषा में गिरावट आती है, लफ्फाजी बढ़ती है, गोलमोल भाषा में हवाई बातें कही जाती हैं, उधार के पारिभाषिक शब्दों से कारोबार चलाया जाता है, जिनका सम्बन्ध अपने यहाँ की वास्तविकता से कतई नहीं होता, अनिश्चित अर्थ वाले शब्द इस्तेमाल किये जाते हैं

और चिन्तन की मौलिकता समाप्त हो जाती है। कहना न होगा कि हिन्दी आलोचना में आज व्यापक रूप से यह गिरावट आयी है और कोई चाहे तो इसे केवल भाषा के स्तर पर ही देख सकता है।

इसी गिरावट का एक रूप यह है कि आलोचना के प्रतिमान की चर्चा अलग होती है तो इतिहास के पुनर्लेखन की चर्चा अलग। गोया एक से दूसरे को अलग करके विचार करना सम्भव है! जीवन्त वास्तविकता से कट जाने पर चिन्तन एक ओर जड़ शास्त्र हो जाता है, तो दूसरी ओर वह शास्त्र भी अनेक शाखाओं-प्रशाखाओं में विभक्त होकर असम्बद्ध हो पड़ता है और इस प्रकार दिग्भ्रान्त हो जाता है।

कहने के लिए हिन्दी में 'आलोचनात्मक इतिहास' भी लिखे गये हैं और समीक्षा-सिद्धान्त की पाठ्य-पुस्तकों में जहाँ आलोचना के प्रकार गिनाये जाते हैं 'ऐतिहासिक आलोचना' का भी उल्लेख होता है, किन्तु व्यवहार में 'इतिहास' अलग है और 'आलोचना' अलग—यहाँ तक कि दोनों की समस्याएँ भी अलग-अलग हैं। इतनी मोटी-सी बात भी लोगों के दिमाग में नहीं आती कि सम्पूर्ण साहित्यकारों तथा साहित्यिक कृतियों का लेखा-जोखा ही इतिहास नहीं है, बल्कि किसी एक साहित्यकार अथवा एक साहित्यिक कृति का समुचित मूल्यांकन भी इतिहास हो सकता है, क्योंकि मुख्य प्रश्न ऐतिहासिक परिप्रेक्ष्य का है। वास्तविक आलोचक किसी एक कृति का मूल्यांकन करते समय परोक्ष रूप से साहित्य की समस्त कृतियों का मूल्यांकन करता है, यदि वह ऐसा नहीं करता तो वह मूल्यांकन ही नहीं है, और उसके अन्तर्निहित प्रतिमान में कहीं न कहीं असंगति है। जो हर रचना के मूल्यांकन के लिए एक नया प्रतिमान इस्तेमाल करता है अथवा किसी कृति का मूल्यांकन उस कृति के अनुरूप प्रतिमान से करता है और दूसरी कृति के समय उसे भूल जाता है उसे 'गंगा गये गंगादास और जमुना गये जमुनादास' ही कहा जायेगा।

कहना न होगा कि हिन्दी के बहुत से इतिहास इसी तरह के हैं और यदि इतिहास किसी साहित्य का कुछ भी पता देते हैं तो हिन्दी के ये इतिहास हिन्दी आलोचना की अराजकता के दर्पण हैं। बल्कि यहाँ तक कहा जा सकता है कि हिन्दी आलोचना को अराजकता की स्थिति तक ले जाने में इन इतिहासों का भी बड़ा हाथ है। इनसे तो कम हानिकारक शुद्ध सूची पत्र हैं। अपनी मौलिकता दिखाने के लोभ में इन इतिहासों ने जिस मनमाने ढंग से कवियों का 'पुनर्मूल्यांकन' किया है और निष्पक्षता अथवा वस्तुनिष्ठता की ओट में अपनी आलोचनात्मक असमर्थता छिपाने के लिए हर साहित्यिक और हर कृति को जिस प्रकार समानभाव से श्रेष्ठ बतलाया है, उससे अराजकता उत्पन्न न होगी तो क्या होगा?

इनसे तो लाख दर्जे अच्छे वे आलोचक हैं, जिन्होंने समूचे इतिहास की विभिन्न

अन्तर्धाराओं में से किसी एक धारा को मुख्य परम्परा के रूप में पेश किया है। और उसी परम्परा को आलोचना के प्रतिमान के रूप में इस्तेमाल किया है। जो लोग यह कहते थकते नहीं कि आचार्य रामचन्द्र शुक्ल ने हिन्दी आलोचना का मानदण्ड निश्चित किया, उन्हें शायद पता नहीं है कि वह मानदण्ड उनका 'हिन्दी साहित्य का इतिहास' है। इतिहास के द्वारा शुक्लजी ने हिन्दी साहित्य की सम्पूर्ण परम्परा को एक व्यवस्था दी, जिस अनुक्रम अथवा तारतम्य में उन्होंने साहित्यकारों एवं साहित्यिक कृतियों को रखा है, उसी में स्पष्टत: एक प्रतिमान अन्तर्निहित है, जो अनजाने ही क्रमशः अनेक अध्यापकों, विद्यार्थियों, सामान्य पाठकों एवं लेखकों का संस्कार बन गया। और यदि इस प्रतिमान को व्यापक प्रतिष्ठा मिली तो इसलिए कि उसकी उत्पत्ति तत्कालीन जीवन्त साहित्य के ही सामयिक बोध से हुई थी। जो लोग हर चीज को ऊपर-ऊपर से देखने के आदी हैं, उन्हें सम्भवत: यह बात असंगत प्रतीत होगी कि शुक्लजी ने जिस छायावाद की कड़ी आलोचना की, उसी छायावादी काव्य-बोध से उनका प्रतिमान कैसे निर्मित हो सकता है? किन्तु दिमाग पर थोड़ा-सा ज़ोर डालने पर यह बात साफ हो जायेगी कि शुक्लजी का प्रतिमान उस साहित्यिक एवं सामाजिक बोध का सूचक है, जो छायावाद युग में सामान्य रूप से प्रचलित था, जिसके एक ओर छोर पर विभिन्न छायावादी कवि तथा उनके सहृदय प्रशंसक थे, तो दूसरे छोर पर उनके कट्टर विरोधी भी थे और इन दोनों छोरों के बीच क्या एक ऐसा समुदाय नहीं था, जो छायावाद की रचनात्मक उपलब्धियों का स्वागत करते हुए भी उसकी भावुकता, वैयक्तिकता, अन्तर्मुखता, रहस्यवादिता और रूपगत निरी विचित्रता का आलोचक था और फिर क्या उसी युग में प्रेमचन्द भी नहीं थे?

लेकिन इसका मतलब यह नहीं है कि शुक्लजी का इतिहास और इतिहास के रूप में साहित्यिक प्रतिमान उस युग के सामयिक बोध का एकदम सही प्रतिनिधि था, निश्चित इतना ही है कि वह केन्द्र के कहीं आसपास ही था और अकेले शुक्लजी के माध्यम से ही यह 'केन्द्रीयता' प्रकट हुई। यह आकस्मिक नहीं है कि आचार्य शुक्ल हिन्दी के पहले 'आलोचक' ही नहीं बल्कि पहले 'इतिहासकार' भी हैं, निश्चय ही व्यवस्थित आलोचक और व्यवस्थित इतिहास-कार।

यदि आज हम हिन्दी आलोचना की अराजकता को दूर करना चाहते हैं तो हमें इतिहास और आलोचना—दोनों दिशाओं से एक साथ परस्पर-सम्बद्ध चिन्तन-पद्धति के द्वारा लक्ष्यैकोन्मुख भाव से कार्य आरम्भ करना होगा। जिस प्रकार अराजकता की समस्या केवल साहित्यिक नहीं, बल्कि सामाजिक और सांस्कृतिक है, उसी प्रकार आलोचना का यह कार्य भी एक प्रकार से प्रकृत्या सामाजिक और सांस्कृतिक

कार्य है। शुद्ध साहित्यशास्त्र के स्तर पर समस्या का हल ढूँढ़ने वाले अपने कार्य की असफलता प्रमाणित कर चुके हैं। इसलिए एक व्यापक सामाजिक आवश्यकता के परिवेश में ही इस पर विचार करना सार्थक हो सकता है। और इतना महत्त्वपूर्ण कार्य व्यापक रूप से सामूहिक तथा सहयोगी चिन्तन की अपेक्षा रखता है।

1961